辉煌四十年

中国基础教育改革大事记

学前教育卷

总主编◎陈如平
本卷主编◎易凌云　高丙成　尹国强

山东友谊出版社

图书在版编目（CIP）数据

辉煌四十年：中国基础教育改革大事记. 学前教育卷 / 陈如平主编；易凌云，高丙成，尹国强分册主编. —济南：山东友谊出版社，2019.3

ISBN 978-7-5516-1767-3

Ⅰ. ①辉… Ⅱ. ①陈… ②易… ③高… ④尹… Ⅲ. ①学前教育－教育改革－大事记－中国 Ⅳ. ①G639.21

中国版本图书馆CIP数据核字(2018)第294083号

HUIHUANG SISHI NIAN ZHONGGUO JICHU JIAOYU GAIGE DASHIJI

辉煌四十年：中国基础教育改革大事记

XUEQIAN JIAOYU JUAN

学前教育卷

主管单位：山东出版传媒股份有限公司

出版发行：山东友谊出版社

地　　址：济南市英雄山路189号　　邮政编码：250002

电　　话：出版管理部（0531）82098756

　　　　　市场营销部（0531）82098035（传真）

印　　刷：山东临沂新华印刷物流集团有限责任公司

版　　次：2019年3月第1版

印　　次：2019年3月第1次印刷

开　　本：710mm × 1000mm　1/16

印　　张：28.5

字　　数：382千字

定　　价：148.00元

（如印装质量有问题，请与出版社出版管理部联系调换）

《辉煌四十年：中国基础教育改革大事记》
编纂委员会

前言

改革开放是中国共产党历史上乃至中国历史发展长河中的重大事件。改革开放是决定当代中国命运的关键一招，也是决定实现“两个一百年”奋斗目标、实现中华民族伟大复兴的关键一招。

2018年是我国改革开放四十周年。以1977年恢复高考、1978年扩大公派留学生为标志，我国拉开了教育改革和教育对外开放的序幕，同时为改革开放事业吹响了先声号角。四十年来，教育改革开放驰而不息、持续推进，释放出前所未有的发展活力。特别是党的十八大以来，以习近平同志为核心的党中央统筹推进“五位一体”总体布局、协调推进“四个全面”战略布局，高度重视教育事业发展，深化教育领域综合改革，为决胜全面建成小康社会，开启全面建设社会主义现代化国家新征程提供了重要支撑。中国共产党领导人民立足基本国情，坚持改革开放，成功探索出一条中国特色社会主义教育发展道路。

改革开放四十年来，我国基础教育改革发展波澜壮阔、成就斐然。九年义务教育全面普及，进入均衡发展乃至城乡一体化新阶段。从1978年到2018年，全国小学学龄儿童净入学率从94%上升到99.95%，初中和高中阶段毛入学率分别从66.4%和33.6%提高到100.9%和88.8%，高中阶段教育基本普及。学前教育毛入园率也创下81.7%的历史新高。全国新增劳动力的平均受教育年限超过13年。我国基础教育成为在读规模最大、学龄最长、体系最完整的教育，普及程度和总体发展水平已进入中高收入国家行列。从“有学上”到“上好学”，中国基础教育进入新时代。

党的十九大从新时代坚持和发展中国特色社会主义的战略高度，作出了优先发展教育事业、加快教育现代化、建设教育强国的重大部署。2018年9月10日，全国教育大会召开，习近平总书记在会上作重要讲话，明确指出，教育是民族振兴、社会进步的重要基石，是功在当代、利在千秋的德政工程，对提高人民综合素质、促进人的全面发展、增强中华民族创新创造活力、实现中华民族伟大复兴具有决定性意义。教育是国之大计、党之大计。面对中国特色社会主义进入新时代，习近平总书记强调，要努力构建德智体美劳全面培养的教育体系，形成更高水平的人才培养体系。要把立德树人融入思想道德教育、文化知识教育、社会实践教育各环节，贯穿基础教育、职业教育、高等教育各领域。习近平总书记一系列关于教育的重要论述，为整个教育领域特别是基础教育的改革创新和可持续发展，指明了前进方向。

站在新时代新起点上，总结回顾改革开放四十年来我国基础教育改革发展的辉煌成就，总结历史经验，对于坚持和发展中国特色社会主义教育发展道路，进一步取得教育改革开放和发展的新成果，具有重大意义。同时，我国基础教育改革发展的成功经验，也可为世界其他国家实现教育现代化提供鲜活案例。

《辉煌四十年：中国基础教育改革大事记》（以下简称《大事记》）系2018年度中国教育科学研究院基本科研业务费专项基金课题的重大成果。编纂《大事记》的目的在于通过对改革开放四十年来我国基础教育政策和实践的梳理，全面立体地反映基础教育改革发展的历史脉络，系统整体地呈现基础教育改革发展的过程和成就等。《大事记》选取时间节点始于1977年5月邓小平发表“两个尊重”的讲话，终于2018年9月全国教育大会召开。重点选取了改革开放四十年来基础教育改革发展的标志性事件，以纪实形式述说往事、提炼亮点，反映基础教育改革发展中的重点热点难点问题，总结基础教育改革实践的基本经验，对于全面了解和把握我国基础教育的发展历程，具有重要的史料价值和借鉴意义。

坚持以事实性史料为主，《大事记》收录的信息主要有六大类。一是政策文件类，包括党中央、国务院出台的教育方面重大政策、法律法规、规划报告等；教育部及其他国家部、委、办出台的文件和重大政策、计划等；

各省（自治区、直辖市）、地市发市的具有典型性、代表性的重大政策文件等。二是重大事件类，包括重要会议、重大活动、重大项目、重要改革经验等。三是地方经验类，主要收集具有典型性、影响力的地方改革发展经验。四是学校案例类，主要包括反映基础教育各学段改革发展的典型经验与事件。五是社会组织类，主要包括各类社会组织有关基础教育各学段的研究成果和调研报告等。六是专家学者类，主要收集国内外专家学者在学术期刊等媒体公开发表的有关基础教育的研究成果和真知灼见等。

《大事记》采用编年体形式，按照事件发生的年、月、日时间顺序编排，每年增加“改革进行时”部分，分设重要文件、重要政策、重要会议、改革亮点四大板块。书的结尾还附设索引表，便于读者快速查阅信息。希望《大事记》能够成为广大教育行政干部、学校领导和教师的案头必备工具书，用以指导各学段教育和学校的改革发展，为我国基础教育发展续写更多的辉煌篇章提供帮助。

《大事记》编委会主任由中国教育科学研究院院长崔保师担任，编委会副主任由中国教育科学研究院副院长马涛、山东友谊出版社总编辑张继红担任。《大事记》共分三卷，编纂者均为中国教育科学研究院基础教育研究所研究人员。总主编为陈如平，学前教育卷主编为易凌云、高丙成、尹国强，义务教育卷主编为方铭琳、李红恩、单志艳、牛楠森，高中教育卷主编为李建民、王玉国、朱忠琴。《人民教育》杂志原总编傅国亮、中国教育科学研究院副院长马涛、中国教育科学研究院研究员刘占兰担任总审稿专家。中国教育科学研究院科研处处长王小飞给予科研指导。编纂初期，我们还聘请若干北京等地高校的本科生、研究生搜集素材信息，他们是于泳稼、韩祉佚、霍少波、王安琪、陈瑜儿、李乐巍、朱汗青、徐温迪、张建良、姜晓琳、刘明显。

由于编纂者水平有限，知识和经验不够全面，本书的缺点和疏漏之处在所难免，敬请读者提出宝贵意见和建议。

编 者

2019 年 2 月

凡　例

一、本书对中国基础教育改革四十年的历程进行总结回顾，以事实性史料为主，梳理基础教育改革发展的历程、成就、经验等。又作客观记述，不作主观评价。

二、整个“大事记”的时间起点是1977年邓小平发表“两个尊重”的讲话，终点是2018年全国教育大会。时间跨度为41年，书名进行了取整处理。

三、收录原则：所选事件须为我国基础教育领域发生的典型性事件，类型主要包括政策文件、重要事件、地方经验、学校案例、社会组织报告、专家学者观点等。

四、编写体例：按年份编排，每一年份包含“改革进行时”和年度事件，最后附有“索引表”。“改革进行时”对本年度的重要文件、重要政策、重要会议和改革亮点进行梳理。在“重要文件”“重要政策”“重要会议”栏目中，根据文件、政策、会议的重要性进行罗列。“改革亮点”栏目主要是描述本年度改革的亮点。记述年度事件时，按事件发生的时间先后顺序排列，每一个事件为一个条目，条目标题为事件发生具体月日。正文后面附有索引表。根据学段特点和研究、关注热点，提炼出索引词。读者可根据索引表查找前文与索引词对应的条目。“索引表”中的各索引词按其第一个字的拼音首字母对应的英文字母顺序排序。

五、为便于索引，本书对每一个条目进行了编号。每一个编号的前两位数为条目所在的年份的最后两个数字，后面的数字为条目在本年度出现的次序数。以1978年为例，根据事件发生的时间顺序，依次编码为7801、7802、7803……

六、技术处理：1.书中涉及的国家机构名称，统一使用规范简称；对于名称已经发生变化或被取消的国家机构，使用其当时的简称。2.对于一些特定时期的特定提法，本着尊重历史的原则，未做修改。比如，“有中国特色的社会主义”“有中国特色社会主义”“中国特色社会主义”的说法，按照当时的提法记述。3.文件名在“改革进行时”部分使用全称；在正文第一次出现时，使用全称，以后出现时，根据语境使用简称。4.同一年份，关联性很强的时间，放在一个段落里表述。5.各文件的发布时间，以文件最后的落款时间或印发发布通知的时间为准。6.未查询到具体发生时间的条目，所标注时间为《中国教育报》等权威媒体的报道时间，并在条目内容之首标注“据……报道”。7.在保持事件原意的基础上，对事件中的部分标点、词句进行了改写，使之更加符合现代汉语规范。8.书中有些关于中小学的条目，适用于学前阶段。

七、资料来源：教育部组织编写的《中国教育年鉴》《中华人民共和国重要教育文献》；中央教科所（今中国教科院）编写的《中华人民共和国教育大事记（1949—1982）》；《中国教育报》《人民日报》《人民教育》等报纸期刊；教育部网站中的“教育大事记”“教育史上的今天”“教育文献”“工作要点”；等等。书中涉及的历次党代会的内容引自领导人著作和中国共产党新闻网，《政府工作报告》的内容引自《政府工作报告汇编（1954—2017）》（中国言实出版社2017年版）和中国政府网。

目录

1977年 001
1978年 007
1979年 015
1980年 021
1981年 027
1982年 035
1983年 041
1984年 047
1985年 053
1986年 061
1987年 071
1988年 083
1989年 093
1990年 107
1991年 117
1992年 125
1993年 137
1994年 149
1995年 161

1996年 *171*	1997年 *183*	1998年 *191*	1999年 *199*
2000年 *207*	2001年 *215*	2002年 *227*	2003年 *241*
2004年 *253*	2005年 *265*	2006年 *273*	2007年 *285*
2008年 *293*	2009年 *305*	2010年 *313*	2011年 *331*
2012年 *345*	2013年 *357*	2014年 *371*	2015年 *383*
2016年 *393*	2017年 *405*	2018年 *419*	索引表 *435*

1977年

改革进行时

• 重要文件

中共中央《关于召开全国科学大会的通知》

中共中央转发中共教育部党组《关于工宣队问题的请示报告》

教育部《关于加强中小学在职教师培训工作的意见》

• 重要政策

教育战线率先进行拨乱反正

加强中小学在职教师培训

• 重要会议

邓小平主持召开科学和教育工作座谈会

• 改革亮点

教育战线率先进行拨乱反正。1976年10月，党中央一举粉碎“四人帮”，以党自身的力量纠正了错误。1977年，邓小平复出并主管教育科学工作，教育战线全面整顿，学前教育事业在党和人民政府的关怀下，较为迅速地恢复了应有秩序，并为开创新局面奠定了组织领导和政策引路的基础。

7701 | **5 月 24 日**

邓小平同中央两位同志谈话，针对“尊重知识，尊重人才”的问题，邓小平指出：我们要实现现代化，关键是科学技术要能上去。发展科学技术，不抓教育不行。靠空讲不能实现现代化，必须有知识，有人才。抓科技必须同时抓教育。从小学抓起，一直到中学、大学。五年小见成效，十年中见成效，十五年二十年大见成效。办教育要两条腿走路，既注意普及，又注意提高。要办重点小学、重点中学、重点大学。要经过严格考试，把最优秀的人集中在重点中学和大学。一定要在党内造成一种空气：尊重知识，尊重人才。[①]

7702 | **7 月 21 日**

党的十届三中全会闭幕，决定恢复邓小平中共中央委员，中央政治局委员、常委，中共中央副主席，中共中央军委副主席，国务院副总理，中国人民解放军总参谋长的职务。邓小平正式复出工作，主动要求分管教育、科学工作。

7703 | **8 月 4 日至 8 日**

邓小平主持召开科学和教育工作座谈会。8 日，邓小平作了《关于科学和教育工作的几点意见》的讲话。邓小平说：我自告奋勇管科教方面的工作。我们国家要赶上世界先进水平，从何着手呢？我想，要从科学和教育着手。[②] 邓小平重点讲了六个方面的问题：一、关于对十七年的估计问题；二、关于调动积极性问题；三、关于体制、机构问题；四、关于教育制度和教育质量问题；五、关于后勤工作问题；六、关于学风问题。

---

① 参见《邓小平文选》第二卷，人民出版社 1994 年版，第 40—41 页。

② 同上，第 48 页。

7704 | **8月12日至18日**

党的十一大在北京举行。大会宣告“文化大革命”结束，重申在20世纪内把中国建设成为社会主义的现代化强国的目标。

7705 | **8月18日**

《人民日报》刊登新华社记者述评文章《人民教师应当受到尊重》。在此前后，全国各地各类学校都采取召开代表会议等方式表扬和奖励优秀教师和先进集体。

7706 | **8月19日**

《人民日报》发表教育部理论组的文章《教育必须大干快上》。文章提出，建设社会主义强国，迫切需要大批又红又专的人才。各级各类学校发展速度要加快，发展规模要扩大，教育质量要提高。

7707 | **9月18日**

中共中央印发《关于召开全国科学大会的通知》，动员全党全军全国各族人民和全体科学技术工作者，向科学技术现代化进军。通知指出，“四个现代化的关键是科学技术现代化”，“科学人才的培养，基础在教育”。通知明确提出，“应当恢复技术职称，建立考核制度，实行技术岗位责任制”。

7708 | **9月19日**

邓小平与教育部部长刘西尧谈教育战线的拨乱反正问题时，提出要对1971年《全国教育工作会议纪要》进行批判，划清是非界限。“两个估计”是不符合实际的。“教育部要解放思想，争取主动。”[①] 由此，教育战线以推翻“两个估计”为突破口，进行拨乱反正，平反冤假错案。

① 《邓小平文选》第二卷，人民出版社1994年版，第71页。

7709 | **10月31日至11月15日**

教育部在北京召开中小学师资培训座谈会。会议提出要采取多种形式，提高现有教师的水平。争取三五年内，经过培训，使现有教学水平较低的教师，绝大多数达到合格程度。要尽快建立和健全省、地、县、公社和学校的五级师资培训机构。

7710 | **10月**

自本月起调整教师工资，调整的重点对象是全国公立学校工作多年、工资偏低的教职工。之后，全国近60%的教职工不同程度地增加了工资。

7711 | **11月6日**

中共中央转发中共教育部党组《关于工宣队问题的请示报告》，批准工宣队撤出学校。这为学校恢复正常教学秩序创造了条件。

7712 | **11月18日**

《人民日报》发表教育部大批判组的文章《教育战线的一场大论战——批判“四人帮”炮制的“两个估计”》。文章指出，教育系统要拨乱反正，必须高举毛主席伟大旗帜，彻底推翻“四人帮”的“两个估计”，澄清路线是非，还历史以本来面目。

7713 | **12月7日**

《人民日报》发表评论员文章《大力发展各级各类教育事业》。文章提出，为了多出人才，快出人才，必须从我国的实际情况出发，坚持毛主席一贯提倡的“两条腿走路”、多种形式办学的方针。

7714 | **12月10日**

教育部印发《关于加强中小学在职教师培训工作的意见》。《意见》就如何开展师资培训工作提出具体要求：一是要深入揭批“四人帮”反革命修正路线的极右实质及其在教育战线的表现，正确执行党对知识分子的政策，调动广大教师的积极性。二是要坚持又红又专的方向，明确培训的目标和要求，所有的教师都要学会普通话，板书、批语要正确工整。三是要尽快建立和健全省、地、县、公社和学校的师资培训网，各级培训机构要明确分工、相互协作，并和师范院校密切协作，搞好培训工作。四是动员各方面的力量，组织好培训师资的专职教师队伍和兼职教师队伍。五是从实际出发，鼓励教师以自学为主、业余为主的原则进修，采取学校自培、举办函授教育、举办专题讲座、举办业余大学和电视大学、举办培训班等多种形式。六是要求各级教育行政部门要在党的领导下制定教师培训的规划并建立制度保障。

1978年

改革进行时

• 重要文件

国务院批转教育部《关于加强中小学教师队伍管理工作的意见》

教育部、国家体委、卫生部《关于加强学校体育、卫生工作的通知》

教育部《关于加强和发展师范教育的意见》

教育部、国家计委《关于评选特级教师的暂行规定》

• 重要政策

重申党的教育方针

恢复教育督导制度

积极办好幼儿师范学校

评选幼儿园特级教师

• 重要会议

中共中央、国务院召开全国科学大会

教育部召开全国教育工作会议

• **改革亮点**

各级教育行政部门加快教育领域的恢复、调整、整顿工作。随着党的十一届三中全会召开，全党工作重点转移到社会主义现代化建设上来，教育部恢复了幼儿教育处，各级教育行政部门积极恢复各项工作，初步形成自上而下的学前教育管理体制。

7801 | **1 月 7 日**

国务院批转教育部《关于加强中小学教师队伍管理工作的意见》。《意见》指出，中小学公办教师的管理、调配工作，应在党委一元化领导下，由县以上各级教育行政部门负责；高师、中师毕业生应全部到教育战线工作；公办教师的自然减员，应由教育部门于当年如数从民办（代课）教师中选择补充；各级教育行政部门不应占用教育事业编制；民办教师的选用、辞退、调换均需由县教育行政部门统筹规划。

7802 | **1 月**

根据邓小平指示，教育部成立巡视室。这标志着我国教育督导制度的恢复。

7803 | **1 月**

《人民教育》发表评论文章《抓纲治教 乘胜前进》。文章提出，在新的一年里，要高举揭批"四人帮"这个纲，有计划地整顿教育、整顿学校，贯彻党的干部政策和知识分子政策；要对多快好省地发展教育事业作出规划；要真正搞好教育革命，抓好学校的政治思想、教学和科学研究、后勤等工作。

7804 | **2 月 26 日**

五届全国人大一次会议在北京人民大会堂开幕。《政府工作报告》强调，我们必须正确执行教育为无产阶级政治服务、与生产劳动相结合的方针，端正方向，认真搞好教育革命，加速培养德智体全面发展的有社会主义觉悟有文化的劳动者。各行各业都要高度重视和大力支持教育事业。努力办好各级各类学校。采取有力措施培训教师，加速编写新教材，充分利用各种现代化手段，提高教育质量。

7805 | **3 月 5 日**

五届全国人大一次会议通过《中华人民共和国宪法》。《宪法》第十三条规定："国家大力发展教育事业，提高全国人民的文化科学水平。教育必须为无产阶级政治服务，同生产劳动相结合，使受教育者在德育、智育、体育几方面都得到发展，成为有社会主义觉悟的有文化的劳动者。”第五十一条规定：“公民有受教育的权利。国家逐步增加各种类型的学校和其他文化教育设施，普及教育，以保证公民享受这种权利。国家特别关怀青少年的健康成长。”第五十二条规定：“公民有进行科学研究、文学艺术创作和其他文化活动的自由。国家对于从事科学、教育、文学、艺术、新闻、出版、卫生、体育等文化事业的公民的创造性工作，给以鼓励和帮助。”

7806 | **3 月 18 日至 31 日**

中共中央、国务院在北京召开全国科学大会。中共中央副主席、国务院副总理邓小平在开幕式上发表重要讲话，号召“向科学技术现代化进军”，明确指出“四个现代化，关键是科学技术现代化”，“科学技术是生产力，这是马克思主义历来的观点”，知识分子是工人阶级的一部分，为社会主义服务的脑力劳动者是劳动人民的一部分。邓小平强调，“科学技术人才的培养，基础在教育”，要全面地正确地执行党的教育方针，端正方向，真正搞好教育改革，推动教育事业大发展大提高。各级党委要认真地将教育事业作为大事来抓，各行各业都要来支持教育事业，大力兴办教育事业。应该尊重人民教师，确保教师的教学活动时间，关心他们的政治生活、工作条件和业务学习。对在教学工作中作出突出贡献的教师，应该给予表扬和奖励。[①] 邓小平的重要讲话澄清了长期束缚科技和教育发展的重大理论是非问题，打开了长期禁锢知识分子的桎梏，迎来了科学的春天。大会通过《1978—1985 年全国科学技术发展规划纲要（草案）》。

7807 | **4 月 14 日**

教育部、国家体委、卫生部印发《关于加强学校体育、卫生工作的通知》。通知提出，继续深入揭批“四人帮”的罪行，提高对学校体育、卫生工作的认识，全面贯彻落实党的教育方针；对学校体育、卫生工作要有明确的要求，提高学校体育、卫生工作水平，建立健全各种规章制度；

---

① 参见《邓小平文选》第二卷，人民出版社 1994 年版，第 85—100 页。

加强体育教师和卫生人员队伍的建设；加强党对学校体育、卫生工作的领导。

7808 | 4月22日至5月16日

教育部在北京召开全国教育工作会议。中共中央副主席、国务院副总理邓小平出席开幕式并发表重要讲话，提出四点意见：一是提高教育质量，提高科学文化的教学水平，更好地为社会主义建设服务；二是学校要大力加强革命秩序和革命纪律，造就具有社会主义觉悟的一代新人，促进整个社会风气的革命化；三是整个教育事业必须同国民经济发展的要求相适应；四是尊重教师的劳动，提高教师的质量。[①] 6月至9月，各省、自治区、直辖市先后召开教育工作会议。

7809 | 5月11日

《光明日报》发表特约评论员文章《实践是检验真理的唯一标准》。文章指出，检验真理的标准只能是社会实践，任何理论都要不断接受实践的检验。随后，全国范围内开展了一场“关于真理标准问题”的大讨论。

7810 | 7月8日

国务院批转教育部《刘西尧同志在全国教育工作会议上的报告和总结》。4月22日，教育部部长刘西尧同志在全国教育工作会议上作报告时讲了八个方面的问题：一、新时期教育战线的任务；二、深入揭批“四人帮”，把学校整顿好；三、集中力量办好一批重点学校；四、开展科学实验，加强科学研究；五、加强教师队伍的建设；六、努力实现教学手段的现代化；七、全面贯彻教育与生产劳动相结合的原则；八、广开才路，大力选拔和培养优秀人才。5月16日，刘西尧同志作全国教育工作会议的总结讲话。总结讲话包括四个方面的要点：一、依靠全党办好教育事业；二、掀起揭批“四人帮”的新高潮，打好第三战役；三、狠抓提高，办好重点学校；四、会议讨论中提出的几个具体问题：学校挖潜的问题、保证完成学校基建任

---

① 参见《邓小平文选》第二卷，人民出版社1994年版，第103—110页。

务的问题、退还被占用的校舍问题、学校的领导管理体制问题、解决用非所学的问题、加强教师队伍的建设问题。

7811 | **7月14日**

经邓小平等中央领导批示，国务院批准恢复重建中央教育科学研究所，设立幼儿教育研究室。中央教科所是教育部直属的国家级综合性教育科学研究机构。其前身是1941年中国共产党在延安建立的中央研究院中国教育研究室，1957年1月26日，经国务院和中央书记处批准建立。

7812 | **8月26日**

国家体委、教育部、卫生部联合发布《“中国青少年、儿童身体形态、机能和素质的调查研究”实施方案》。《实施方案》对课题依据和概况，调查目的、任务和预期成果，调查测试对象和范围，统一指标、方法和要求，组织领导，工作要求和步骤，经费、器材，加强宣传工作等问题，作了说明。

7813 | **8月26日**

教育部印发《关于加强学校普通话和汉语拼音教学的通知》，对教育系统推广普通话的工作作了全面部署。通知指出，普及普通话是一项长期的任务，必须继续贯彻“大力提倡，重点推行，逐步普及”的方针，制定规划，积极实施。通知要求有条件的幼儿园也要推广普通话。

7814 | **8月31日**

国务院批转教育部《关于退还被占用校舍的请示报告》。《请示报告》指出，任何单位占用学校的土地、房屋、家具、设备、车辆等，原则上都应无条件地退还给学校，不得以任何借口拖延抵制。

7815 | **10月12日**

教育部印发《关于加强和发展师范教育的意见》。《意见》指出，要积极办好幼儿师范学校，为幼儿教育培养骨干师资。在1980年前，要做到每一个地区有一所幼儿师范，或在有条件的中等师范学校举办幼师班。原有学前教育专业的师范学校，应积极办好这个专业，扩大招生名额，为各地培养幼教师资。

7816 | **12月7日**

教育部、国家计委发布《关于评选特级教师的暂行规定》。《暂行规定》指出，特级教师的评选对象，主要是中小学（包括民办和厂矿企业办的中小学）、师范学校、盲聋哑学校、教师进修学校、教学研究机构、校外教育机构的教师和幼儿园的教养员，以及原来是教学水平较高的教师，又长期从事中小学、师范、盲聋哑和幼儿教育工作，领导教学教育工作有特长的校长、教导主任和幼儿园主任。《暂行规定》对评选特级教师的业务条件和政治条件、评选方法、审批手续等作了规定，并要求各省、自治区、直辖市于1979年召开全国教育大会前完成第一次评选工作，今后每三至五年评选一次。

7817 | **12月12日**

教育部、财政部联合印发通知，规定学校的民办教师和计划内长期顶编代课教师可与公办教师一样实行一次性年终奖金。此前，5月7日，国务院印发《关于实行奖励和计件工资制度的通知》。通知规定，1978年不实行奖励和计件工资制度的全民所有制企业、事业单位，可以对职工试行一次性年终奖。

7818 | **12月18日至22日**

党的十一届三中全会在北京召开。全会重新确立了党的马克思主义的思想路线、政治路线和组织路线，果断地停止执行“以阶级斗争为纲”和“无产阶级专政下继续革命”，批判了“两个凡是”，充分肯定完整地、准确地理解和掌握毛泽东思想科学体系的必要性，高度评价关于实践是检验真理标准问题的讨论，确定了“解放思想、开动脑筋、实事求是、团结一致向前看”的指导方针。全会作出把工作重点转移到社会主义现代化建设上来的战略决策，指出实现四个现代化要求大幅提高生产力，改变同生产力发展不适应的生产关系和上层建筑，改变一切不适应的管理方式、活动方式和思想方式，并富有远见地提出对党和国家各个方面的工作进行改革的任务。会后，全国教育战线认真学习和贯彻全会精神，开展真理标准问题的讨论，继续澄清被“四人帮”颠倒了的思想路线上的是非，完整地准确地理解毛泽东思想；同时开展平反冤假错案等工作。各级教育行政部门根据国家工作重点转移的要求，加快教育领域各方面的恢复、调整、整顿工作，使教育面貌有了明显变化，教育质量有了明显提高。

7819 | **12 月 21 日**

国务院批转国家出版事业管理局、教育部、文化部、共青团中央、全国妇联、全国文联、全国科协《关于加强少年儿童读物出版工作的报告》。报告指出，要制定全面规划，采取切实措施，力争在较短时间内，基本解决少年儿童书荒问题。报告要求到 1979 年“六一”国际儿童节前后，全国有 1000 个品种的少年儿童读物在新华书店供应。

7820 | **本　年**

教育部恢复幼儿教育处。一些省、自治区、直辖市的教育厅也陆续恢复或建立学前教育行政领导机构和教研机构，配备专职或兼职的学前教育行政干部和教研人员，初步形成自上而下、分级管理的领导体制。

1979年

改革进行时

• 重要文件

中共中央批转中共教育部党组《关于建议中央撤销两个文件的报告》

中共中央、国务院转发《全国托幼工作会议纪要》

教育部《城市幼儿园工作条例（试行草案）》

• 重要政策

明确托幼事业坚持公办和民办“两条腿走路”的方针

规范幼儿园管理和保教工作

确立政府牵头、各部门共同管理的学前教育管理体制

• 重要会议

教育部、卫生部、国家劳动总局、全国总工会和全国妇联联合召开全国托幼工作会议

全国教育工会召开全国教育工会工作会议

教育部、中国社科院联合召开全国教育科学规划会议

• 改革亮点

办园行为得到初步规范。《城市幼儿园工作条例（试行草案）》作为粉碎“四人帮”后的第一个学前教育方面的政策性文件，对幼儿教育的方针，幼儿园工作的任务、原则，保育教育的内容与形式，工作规范和制度作了详细规定，有助于幼儿园较为迅速地恢复幼儿园的正常工作秩序。

明确了幼儿教育的性质和地位。中共中央、国务院转发《全国托幼工作会议纪要》的通知中指出，加强婴幼儿保育和教育工作，是关系到国家和民族前途的根本大计。《城市幼儿园工作条例（试行草案）》明确提出，幼儿教育是社会主义教育事业的组成部分，幼儿园是事业机构。

7901 | **2 月 12 日至 28 日**

共青团全国军事体育工作会议在北京召开。会议提出，要开展儿童体育，使青少年从小得到健康成长。各级团组织要主动配合妇联、教育和体委等单位，积极开展适合儿童特点的各种体育游戏和体操、田径、球类等多项体育活动；要从实际出发，适时举办小型多样的儿童运动会，推动幼儿体育的发展。3 月 12 日，共青团中央印发会议纪要。

7902 | **2 月 19 日**

中国联合国教科文组织全国委员会正式成立。其主要任务是：为中国政府、有关部门和出席联合国教科文组织大会的代表团提供有关联合国教科文组织的情况和咨询，负责协调中国有关部门涉及联合国教科文组织的工作，并负责与该组织秘书处和会员国全国委员会的联络工作。

7903 | **3 月 19 日**

中共中央批转中共教育部党组《关于建议中央撤销两个文件的报告》，决定撤销 1971 年中共中央批转的《全国教育工作会议纪要》和 1974 年中共中央转发的《关于河南省唐河县马振扶公社中学的情况简报》两个文件。中央批示指出，这两个文件是在“四人帮”及其亲信一手把持下炮制出来的，是错误的；它在教育战线的危害极大，流毒很深，应当继续批判。由此而造成的冤案、错案、假案，尚未平反昭雪的，要抓紧解决。撤销两个文件有利于推动进一步拨乱反正，澄清路线是非，更大地调动广大教育工作者的积极性。

7904 | **3 月 23 日至 4 月 13 日**

教育部、中国社科院在北京联合召开全国教育科学规划会议。会议指出，各级党政领导机关，特别是教育行政部门的领导干部，要首先切实解决对教育科研工作的重要性和迫切性的认识问题。教育科研工作要密切联系实际，解决教育工作前进中一些迫切需要解决的问题；要在马克思列宁主义、毛泽东思想指引下继续解放思想，坚持百花齐放、百家争鸣的方针，使教育科学日益繁荣起来。要建设教育科研基地，培养教育科研队伍。会议讨论了《1978—1985 教育科学发展规划纲要（草案）》。

7905 | 3 月 30 日

邓小平代表中央在党的理论工作务虚会上发表《坚持四项基本原则》的重要讲话。邓小平指出：“我们要在中国实现四个现代化，必须在思想政治上坚持四项基本原则。这是实现四个现代化的根本前提。这四项是：第一，必须坚持社会主义道路；第二，必须坚持无产阶级专政；第三，必须坚持共产党的领导；第四，必须坚持马列主义、毛泽东思想。”①

7906 | 4 月 12 日

中国教育学会成立。这是新中国成立以来我国最早建立的、规模最大的全国群众性教育学术团体。

7907 | 4 月 15 日

中央教育科学研究所主办的《教育研究》杂志创刊。

7908 | 4 月 22 日至 28 日

中国文字改革委员会、教育部在浙江杭州联合召开全国推广普通话工作汇报会。会议强调，推广普通话工作必须继续执行“大力提倡，重点推行，逐步普及”的方针。6 月 1 日，教育部印发会议纪要。

7909 | 6 月 18 日

五届全国人大二次会议在北京人民大会堂开幕。《政府工作报告》指出，党的十一届三中全会作出决策，从 1979 年起，把全国工作的着重点转移到社会主义现代化建设方面来。这是一个伟大的历史性转变。当前以及今后相当长一个历史时期的主要任务，就是有系统、有计划地进行社会主义现代化建设。《报告》提出，从 1979 年起集中三年的时间，认真搞好国民经济的调整、改革、整顿、提高，把它逐步纳入持久的按比例的高速度发展的轨道。根据上述方针，必须要在加快经济建设的同时，相应地加快科学、教育、文化事业的发展。《报告》强调，要十分重视发展托儿所、幼儿园，加强幼儿教育。各级各类学校，要努力提高教育质量。

---

① 《邓小平文选》第二卷，人民出版社 1994 年版，第 164—165 页。

7910 | **6月20日**

教育部、林业部印发《关于各级学校要积极参加林业建设的通知》，要求各级各类学校师生员工要学习、宣传《中华人民共和国森林法》（试行），积极参加植树造林活动。

7911 | **7月24日至8月7日**

教育部、卫生部、国家劳动总局、全国总工会和全国妇联在北京联合召开全国托幼工作会议。会议建议国务院设立托幼工作领导小组。会议分析了托幼工作的情况，讨论了托幼工作的统一领导和分工合作、托幼工作经费和保教人员的待遇、保教队伍建设等问题，确立了由政府牵头、各部门共同管理的学前教育管理体制，提出坚持公办和民办“两条腿走路”的方针，恢复、发展、整顿、提高各类托幼组织。

7912 | **10月11日**

中共中央、国务院转发《全国托幼工作会议纪要》并发出通知。通知指出，加强对婴幼儿的保健和教育工作，培养体魄健壮、品德良好和智力发达的后一代，是关系国家和民族前途的根本大计。各级党委和各级人民政府应关怀和重视托幼事业，积极抓好这项工作。通知强调，要提高保教人员的政治觉悟和业务水平，提高他们的社会地位，关怀并切实帮助他们解决具体困难。对于长期从事保教工作成绩优秀的应予表彰。

7913 | **11月3日**

中国教育学会全国幼儿教育研究会在江苏南京正式成立并召开第一届年会。著名儿童教育家陈鹤琴任名誉理事长、左淑东任理事长。

7914 | **11月6日**

中共中央批转中共湖南省桃江县委《关于发展农村教育事业的情况报告》。中央批示指出桃江县的三点经验：一是县委重视教育，一把手亲自抓教育，全党抓教育；二是坚持“两条腿走路”的方针，发挥国家办学和群众集体办学的两个积极性；三是以普及小学五年教育为重点，实行普通教育、业余教育、学前教育一起抓。

7915 | **11 月 8 日**

教育部发布《城市幼儿园工作条例（试行草案）》。《条例》共 6 章、30 条，明确幼儿园工作任务、教育目标、教育原则，对具体的卫生保健和体育锻炼、游戏和作业、思想品德教育等内容作出规定，对教养员、保育员等工作人员提出要求。《条例》规定，幼儿园是对 3 岁至 6 岁幼儿进行学龄前教育的事业机构。幼儿教育是社会主义教育事业的组成部分，是培养有社会主义觉悟的有文化的劳动者的基础。幼儿园的主要任务是对幼儿进行初步的全面发展的教育，使幼儿健康、活泼地成长，为入小学打好基础，同时也减轻家长在教育孩子方面的负担，使他们能够安心生产、工作和学习。幼儿园必须贯彻保教结合的原则和勤俭办园的方针。

7916 | **12 月 6 日至 19 日**

全国教育工会在北京召开全国教育工会工作会议。会议指出，新的历史时期教育工会的基本方针是：在党的领导下，与行政部门密切协作，以教学、科研为中心，团结和教育广大教工不断提高政治觉悟和业务水平，关心教工的物质文化生活，保护教工的民主权利和切身利益，调动广大教工的社会主义积极性，为提高教育质量和科研水平，培养德智体全面发展的人才，实现四个现代化而奋斗。会议提出，教育工会当前应着重开展的几项工作是：协助党组织切实贯彻知识分子政策；组织群众性的业务活动；实行民主办校；关心教工的物质、文化生活等。

7917 | **12 月 28 日**

国务院在北京举行第二次授奖仪式，嘉奖全国先进单位和全国劳动模范。教育战线评出 16 个全国先进单位和 48 名全国劳动模范。

1980年

改革进行时

• 重要文件

国务院《关于实行“划分收支、分级包干”财政管理体制的暂行规定》

卫生部《城市托儿所工作条例（试行草案）》

卫生部、教育部《托儿所、幼儿园卫生保健制度（草案）》

教育部《幼儿师范学校教学计划试行草案》

教育部、国家民委《关于加强民族教育工作的意见》

• 重要政策

明确中央和地方政府教育支出责任分工

确立中国托儿所制度

建立托儿所、幼儿园卫生保健制度

办好幼儿师范教育

加强民族教育工作

• 重要会议

教育部召开全国教育工作会议

教育部召开全国教育工作座谈会

• 改革亮点

学前教育政策进一步完善。《托儿所、幼儿园卫生保健制度（草案）》和《城市托儿所工作条例（试行草案）》相继出台，我国托儿所制度得到确立，从此我国的婴幼儿保育与教育事业逐步进入规范发展阶段。

规范幼儿师范学校教学。教育部发布《幼儿师范学校教学计划试行草案》，对幼儿师范学校的培养目标、修业年限、课程设置等作出规定，有利于规范幼儿师范学校的教学工作。

基础教育经费支出主要由地方负责。为改革“统收统支”中央集权的财政体制，国务院实行“划分收支、分级包干”财政管理体制改革，政府教育财政责任主体下移。此后30多年，“谁办学、谁负担”成为各级人民政府教育财政责任分担的主要依据。

8001 | 1月5日至23日

教育部召开全国教育工作会议。会议认为，在过去30年的大部分时间里，我国教育工作的路线是正确的，成绩是主要的。教育工作的基本经验是：社会主义教育事业必须有计划按比例地发展；社会主义学校的办学方针必须坚持培养又红又专的人才的原则；必须正确地执行党的知识分子政策和加强党对教育事业的领导。

8002 | 1月16日

中共中央副主席、国务院副总理邓小平在中央召集的干部会议上作《目前的形势和任务》的讲话。邓小平指出：经济与教育、科学，经济与政治、法律等等，都有相互依存的关系，不能顾此失彼。经济发展和教育、科学、文化、卫生发展的比例失调，教科文卫的费用太少，不成比例。从明年、至迟从后年开始，无论如何要逐年加重这方面，否则现代化就化不了。①

8003 | 2月1日

国务院发布《关于实行“划分收支、分级包干”财政管理体制的暂行规定》。《暂行规定》明确，从1980年起，国家对省、自治区、直辖市实行“划分收支、分级包干”的财政管理体制。基本原则是：在巩固中央统一领导和统一计划，确保中央必不可少的开支的前提下，明确各级财政的权利和责任，做到权责结合，各司其职，各负其责，充分发挥中央和地方两个积极性。中央级的文教卫生科学事业费，归中央财政支出；地方的文教卫生科学事业费，归地方财政支出。

8004 | 3月5日

教育部、国家计委、国家建委、国家物资总局、财政部联合印发《关于继续加快学校基本建设的通知》，要求各地有关部门对各级学校的基本建设投资、材料供应、设备和施工力量安排，应给予照顾，并认真落实，及时解决工程建设中存在的问题。

---

① 参见《邓小平文选》第二卷，人民出版社1994年版，第250页。

8005 | 3 月 25 日

国务院印发《关于充实和加强中国文字改革委员会的通知》。通知规定，有关普通话推广工作（包括推广工作的机构），划归教育部管理。

8006 | 4 月 8 日

教育科学出版社成立。其任务是：着重介绍我国教育基本理论和工作经验，介绍外国教育科学和古代教育的优良成果，普及教育科学知识，提供教育研究资料。

8007 | 4 月 14 日

教育部、全国教育工会印发《关于组织优秀教师暑期休养的联合通知》。7 月，包括幼儿园教师在内的 108 名优秀教师代表在青岛参加暑期休养活动。

8008 | 5 月 5 日

《人民日报》发表社论《全社会都要尊师爱生》。社论指出，尊师爱生是社会主义社会应有的公德，我们党历来都是这样主张的。在整个社会营造尊师爱生的风气，才能办好我们的教育事业，造就一代又一代的社会主义新人。列宁高度评价教师的作用，把提高教师地位看作是教育工作中应该做的一件主要的事情。这对我们仍然很有教育意义。

8009 | 5 月 26 日

“六一”国际儿童节前夕，中共中央副主席邓小平给《中国少年报》和《辅导员》杂志题词：“希望全国的小朋友，立志做有理想、有道德、有知识、有体力的人，立志为人民作贡献，为祖国作贡献，为人类作贡献。”

8010 | 8 月 30 日

五届全国人大三次会议在北京人民大会堂开幕。《政府工作报告》指出，经过一年多来全国各族人民的紧张努力，国民经济的各项工作在调整、改革、整顿、提高中取得了显著进展，科学、文教、卫生等事业有了新的发展。《报告》提出，1981 年发展国民经济的主要任务是：继续贯彻执行调整、改革、整顿、提高的方针，促进工农业生产和各项事业协调地前进。

要大力加强科学技术、教育卫生。各方面对基本建设投资的要求很多，国家财力、物力不足，必须量力而行。教育方面，要广开学路，加强高等教育，改革中等教育制度，发展职业、技术教育，继续普及小学教育，加强幼儿教育和托儿工作。

8011 | **10 月 9 日**

教育部、国家民委印发《关于加强民族教育工作的意见》。《意见》指出，少数民族教育要认真贯彻执行“调整、改革、整顿、提高”的方针，并在尽快恢复和进行必要调整的基础上，积极稳步地加以发展，逐步建立适合少数民族地区的民族教育体系。为扶持和发展民族教育，采取如下措施：办好一批公办民族地区学校；适当发展和大力办好民族师范教育；加强教师队伍建设；大力加强少数民族文字教材编译出版工作；发展民族学院，加强民族地区的大专和中专教育；全国重点高校和少数民族较多的省份的一般性高等学校要积极举办民族班；对于民族地区除正常的教育经费外，要给予特殊的补贴。

8012 | **10 月 14 日**

教育部发布《幼儿师范学校教学计划试行草案》。《计划试行草案》指出，幼儿师范学校的培养目标是培养合格的幼儿园教养员。幼儿师范学校招收初中毕业生，其修业年限为 3 年和 4 年两种，开设政治、语文、数学、物理学、化学以及幼儿心理学、幼儿卫生学、幼儿教育学、语言及常识教学法、计算教学法、体育教学法等近 20 门课程。幼儿师范教育实习包括参观、见习和毕业实习，时间为 8 至 10 周。

8013 | **10 月 15 日**

卫生部、教育部发布《托儿所、幼儿园卫生保健制度（草案）》。《制度》从生活制度、婴幼儿的饮食、体格锻炼、健康检查制度、卫生消毒及隔离制度、防病工作、安全制度、家长联系制度等方面对托儿所和幼儿园的卫生保健工作作出规定。

8014 | 11 月 12 日

卫生部发布《城市托儿所工作条例（试行草案）》。《条例》确立了中国托儿所制度，明确了托儿所的性质，对婴幼儿卫生保健工作、婴幼儿教养工作、组织编制及工作人员职责、房屋和设备进行了具体规定。《条例》规定，托儿所是 3 岁前儿童集体保教机构，必须贯彻实行以保为主、保教并重的方针，为把儿童培育成体格健壮、品德良好、智力发达的后一代打下基础。托儿所负有教养 3 岁前婴幼儿及解放妇女劳动力的双重任务。

8015 | 12 月 1 日至 13 日

教育部在天津召开全国教育工作座谈会，传达中央书记处关于教育工作的指示。会议强调，要进一步总结历史经验，肃清“左”倾流毒，搞好教育工作。会议提出，当前教育工作的基本任务是贯彻调整的方针，目标是促使教育事业和国民经济协调发展，提高教育质量，充实学校的领导班子和教师队伍。要加强各级各类学校的思想政治工作，把思想政治工作做到教学、科研和师生生活中去。

8016 | 本　年

《学前教育》杂志复刊。该杂志创刊于 1956 年 7 月，坚持以“幼教工作者的亲密助手，学前儿童家长的有益读物”为办刊宗旨，以促进教师与幼儿健康成长、快乐生活为理想目标，是中国第一本全国公开发行的幼教专业期刊。

1981年

改革进行时

• 重要文件

国务院批转教育部《关于调整中小学教职工工资的办法》

文化部、教育部《关于当前艺术教育事业若干问题的意见》

教育部《幼儿园教育纲要（试行草案）》

卫生部妇幼卫生局《三岁前小儿教养大纲（草案）》

• 重要政策

调整整顿普通教育事业

规范0岁至3岁儿童的集体教育工作

认真抓好艺术教育

整顿民办教师队伍

调整中小学、幼儿园教师工资

• 重要会议

国务院托幼工作领导小组、全国妇联召开京津托儿所、幼儿园代表座谈会

教育部、国家民委召开第三次全国民族教育工作会议

教育部、全国教育工会召开教工代表大会试点汇报座谈会

教育部召开普通教育调整座谈会

中共中央书记处召开儿童和少年工作座谈会

文化部、教育部、共青团中央召开全国少年儿童图书馆工作座谈会

• 改革亮点

明确学前儿童保教活动规范。《三岁前小儿教养大纲（草案）》和《幼儿园教育纲要（试行草案）》分别对0岁至3岁儿童和3岁至6岁儿童教育的任务、内容与要求、手段等方面作出明确规定，有助于提高我国托儿所、幼儿园保育教育工作的科学性和保教活动质量。

8101 | 1月5日至12日

教育部、全国教育工会在北京召开教工代表大会试点汇报座谈会。会议指出，党委领导下的教工代表大会是广大教职工群众参加学校民主管理的好形式，应尽可能做到定期召开，形成制度。教工代表大会的主要职能是：审议校长的工作报告；对学校工作提出批评和建议；对干部实行监督；在学校的职权范围内，对某些涉及教工切身利害的生活福利等方面的问题作出决定；认真收集和处理教工群众的提案。3月13日，教育部印发座谈会纪要。

8102 | 1月16日

文化部、教育部印发《关于当前艺术教育事业若干问题的意见》。《意见》指出，要重视培养专门艺术人才，也要注意普通教育中的美育。各级文化教育部门必须把艺术教育放在其应有的地位，加强领导，大力支持，认真抓好。

8103 | 2月5日

中共中央书记处在中南海怀仁堂召开首都中小学、幼儿园教师春节座谈会。会议指出，关心下一代，关心少年儿童，就是关心我们祖国的伟大前程，就是关心全世界的伟大前程。

8104 | 2月16日至25日

教育部、国家民委在北京召开第三次全国民族教育工作会议。会议充分肯定了新中国成立以来民族教育工作的成绩，总结了民族教育的历史经验，确定了民族教育事业在调整时期的方针、任务。会议提出，今后几年民族教育工作应当抓好的几项主要工作是：一、加强各级各类学校思想政治教育；二、切实抓好中小学教育，根据少数民族地区的实际情况，制定切合实际的民族教育规划；三、调整和办好少数民族的中等专业教育和高等教育；四、大力扫除文盲，逐步发展业余教育；五、加强民族师范教育，搞好少数民族师资队伍建设。

8105 | **2月25日**

全国总工会、共青团中央、全国妇联、全国文联等九单位联合发出《关于开展文明礼貌活动的倡议》，向全国人民特别是青少年倡议，开展以讲文明、讲礼貌、讲卫生、讲秩序、讲道德和心灵美、语言美、行为美、环境美为内容的“五讲四美”文明礼貌活动。

8106 | **2月28日**

中宣部、教育部、文化部、卫生部、公安部印发《关于开展文明礼貌活动的通知》。通知要求，在全国开展以“五讲四美”为主要内容的文明礼貌活动，教育部门要把文明礼貌列为各类学校思想政治教育的一项重要内容，政治课要向青少年讲授道德修养和美学知识，并利用校会、班会有计划地开展这方面的教育活动。

8107 | **3月17日、24日**

中共中央书记处两次召开儿童和少年工作座谈会，要求全党、全社会都要重视儿童和少年的健康成长。

8108 | **4月7日**

教育部印发《关于拟订教育事业“六五”计划和十年设想需要研究的问题的通知》。通知提出，要认真加强民族教育；重视和办好幼儿教育；重视和办好特殊教育。针对办学条件和主要措施落实问题，通知强调要提高教育经费和基建投资所占比重，以适应各级教育事业发展的需要；加强教职工队伍建设；加强教材建设等。

8109 | **5月9日**

全国儿童和少年工作协调委员会在北京成立。委员会由全国妇联、教育部等十六单位的人员联合组成，委员会的任务是同有关单位加强联系，沟通情况，协调组织，使各方面的力量紧密配合，分工负责，共同做好儿童与少年工作。

8110 | **5月12日至20日**

文化部、教育部、共青团中央在北京联合召开全国少年儿童图书馆工作座谈会。会议提出应加强少年儿童图书馆事业，为广大少年儿童提供更多更好的图书阅读条件，以促进他们健康成长。7月24日，国务院办公厅转发文化部、教育部、共青团中央《关于全国少年儿童图书馆工作座谈会的情况报告》。

8111 | **5月13日至20日**

教育部在山东济南召开普通教育调整座谈会。会议强调，教育事业的调整、整顿是今后相当长时间内的一项中心工作，必须在各级党委和人民政府的统一领导下，动员各有关部门和社会各方面的力量共同努力。

8112 | **5月20日**

首都各界在北京人民大会堂举行庆祝“六一”国际儿童节报告会。会议要求各级领导和一切从事少年儿童工作的同志，认识教育下一代的重大意义，懂得儿童心理，懂得科学，加强自身的学习和教育。加强家庭、学校和社会三方面的配合协作，使儿童们成为国家栋梁之材。

8113 | **5月27日**

国务院托幼工作领导小组、全国妇联在中南海召开京津托儿所、幼儿园代表座谈会。会议指出，“四化”需要人才，人才需要培育，培育工作要从幼儿抓起，全社会要齐心协力做好这项为国家培养人才打基础的工作。会议强调，幼儿教育工作是一门科学，要发展幼儿师范，大学也应设立幼儿教育专业，以提高幼儿教育质量。

8114 | **5月28日**

全国少年儿童文化艺术委员会成立，并召开全国儿童读物出版社、儿童剧创作、电视节目和全国少年儿童图书馆等方面的工作会议，研究制定切实可行的规划和措施。

8115—17

8115 | **6月6日**

卫生部妇幼卫生局发布《三岁前小儿教养大纲（草案）》。《大纲》根据 3 岁前小儿身心发展的特点，提出托儿所教养工作的任务是培养小儿在体、智、德、美几方面得到发展，为造就体魄健壮、智力发达、品德良好的社会主义新一代打下良好基础。《大纲》内容包括 3 岁前小儿集体教养原则、小儿神经心理发育的主要标志、通过生活环节进行教育、语言的发展、动作的发展、认识能力的培养、成人和小朋友相互关系的培养等。

8116 | **6月27至29日**

党的十一届六中全会在北京举行。全会一致通过《关于建国以来党的若干历史问题的决议》。《决议》肯定了毛泽东的历史地位和毛泽东思想，实事求是地评价了新中国成立 32 年来的功过是非，彻底否定了“文化大革命”和“无产阶级专政下继续革命”的理论。决议肯定了党的十一届三中全会以来逐步确立的适合中国情况的建设社会主义现代化强国的正确道路，进一步指明了中国社会主义事业和党的工作继续前进的方向。《决议》强调，四项基本原则，是全党团结和全国各族人民团结的共同的政治基础，也是社会主义现代化建设事业顺利进行的根本保证。《决议》指出，社会主义必须有高度的精神文明。要坚决扫除长期间存在而在“文化大革命”期间登峰造极的那种轻视教育科学文化和歧视知识分子的完全错误的观念，努力提高教育科学文化在现代化建设中的地位和作用，明确肯定知识分子同工人、农民一样是社会主义事业的依靠力量……要加强和改善思想政治工作，用马克思主义世界观和共产主义道德教育人民和青年，坚持德智体全面发展、又红又专、知识分子与工人农民相结合、脑力劳动与体力劳动相结合的教育方针。

8117 | **8月12日**

教育部转发江苏省人民政府《关于地方财力用于教育事业比例的通知》。教育部建议各省、自治区、直辖市教育厅（局）根据当地的经济情况，制定一个地方财力用于教育事业的比例，报请省、自治区、直辖市人民政府批准实施。

8118 | **8月30日**

《光明日报》头版刊登“建议建立教师节”的读者来信。11月，在全国政协五届四次会议上，17位政协委员联名提交了《建议确定全国教师节日期及活动内容案》。12月，中共中央书记处书记习仲勋接见参加全国中小学工会思想政治工作会议的代表时，建议教育部和全国教育工会就此事写报告请示中央。

8119 | **10月7日**

国务院批转教育部《关于调整中小学教职工工资的办法》。《办法》规定，在现行工资标准的基础上，采取先补、后靠、再升级的办法，进一步调整普通中小学、职业中学、中等专业学校、幼儿园等学校教职工的工资待遇。11月30日，教育部印发《关于调整中小学教职工工资中若干具体政策问题的处理意见》，进一步明确调整教职工工资的范围和对象、增加工资的办法、冲销附加工资、保留工资和特级教师补贴等问题。

8120 | **10月28日**

教育部转发河北省关于整顿民办教师队伍的文件并发出通知。通知指出，广大民办教师是普及小学教育，特别是办好农村教育的一支重要力量。但是，各地民办教师队伍不同程度地存在文化业务水平过低、超编过多、管理混乱等问题。整顿民办教师队伍已成为当前普通教育事业调整中的一项紧迫任务。各地一定要在充分调查研究和试点的基础上制定切实可行的规划和措施，有领导有组织地分期分批地妥善地进行整顿。

8121 | **10月31日**

教育部发布《幼儿园教育纲要（试行草案）》。《纲要》指出，幼儿园的教育任务是向幼儿进行体、智、德、美全面发展的教育，使他们身心健康活泼地成长，为入小学打好基础，为造就一代新人打好基础；幼儿园的教育内容和要求分为生活卫生习惯、体育活动、思想品德、语言、常识、计算、音乐、美术等八个方面，可通过游戏、体育活动、上课、观察、劳动、娱乐活动和日常生活等来完成；要防止幼儿园教育“小学化”“成人化”；在独生子女越来越多的情况下，幼儿园必须与家庭密切联系与配合。同时，为保证《纲要》的试行，教育部组织编写了幼儿园教材教法。

8122 | **11月5日**

《中国少年报》在北京人民大会堂举行庆祝创刊30周年茶话会。教育部部长蒋南翔为庆祝《中国少年报》创刊30周年撰文《坚持和发展“五爱”教育》。文章指出，在少年儿童教育中，亟需恢复并发展过去行之有效的“五爱”教育，即爱祖国、爱人民、爱劳动、爱科学、爱护公共财物。

8123 | **11月30日**

五届全国人大四次会议在北京人民大会堂开幕。《政府工作报告》指出，从事社会主义现代化建设，需要培养大量的各类各级专门人才和大批熟练的劳动者。我们教育的基本方针是明确的，这就是使受教育者在德育、智育、体育几方面都得到发展，成为有社会主义觉悟的有文化的劳动者和又红又专的人才，坚持脑力劳动与体力劳动相结合，知识分子与工人农民相结合。要根据现代化建设中的实际情况来进一步贯彻执行这个方针。幼教方面，要培训大批合格的幼儿教师，使更多的学龄前儿童能够进入幼儿园，并且能够得到适应他们身心特点的教育。

1982 年

改革进行时

• 重要文件

中共中央办公厅转发中宣部《关于深入开展“五讲四美”活动的报告》

教育部、卫生部、国家体委等十部门《保护学生视力工作实施办法（试行）》

• 重要政策

确立教育在整个社会主义现代化建设中的战略地位

国家发展学前教育

“大力提倡，重点推进，逐渐普及”普通话

• 重要会议

教育部召开全国学校推广普通话工作会议

• **改革亮点**

发展学前教育成为国家基本政策。《中华人民共和国宪法》对“发展学前教育”的规定明确了政府发展学前教育的责任，这对推动我国学前教育事业发展具有决定性影响。

教育部与联合国儿童基金会开始了长达数十年的合作。1982 年，教育部和联合国儿童基金会学前教育师资培训项目启动，双方在合作过程中建立了非常友好、默契的合作关系，推动了我国学前教育事业的发展。

8201 | 1月18日

教育部、卫生部、国家体委等十部门联合发布《保护学生视力工作实施办法（试行）》。《实施办法》强调，注意抓好保护学龄前儿童视力，培养幼儿用眼的卫生习惯。

8202 | 1月

《幼儿教育》创刊。该刊坚持正确的幼教方针，努力为广大幼教工作者、家长及社会各界人士传递信息，帮助教师提高专业知识水平，受到国内外读者的欢迎。

8203 | 2月14日

中共中央办公厅转发中宣部《关于深入开展"五讲四美"活动的报告》，确定每年3月为"全民文明礼貌月"。2月25日，中宣部、教育部、共青团中央、全国总工会等十六单位印发《关于动员起来，扎扎实实抓好"全民文明礼貌月"活动的联合通知》。

8204 | 3月25日至29日

教育部在北京召开全国学校推广普通话工作会议。会议指出，推广普通话是教育部门的重要任务之一，应作为建设社会主义精神文明的一项重要内容来提倡、宣传。推广普通话的方针是"大力提倡、重点推进、逐渐普及"。教育战线必须做好以下工作：一是提高认识、加强领导，做到组织、经费落实，层层有人抓；二是从基础抓起，从幼儿园和小学一年级抓起；三是抓好师资培训工作，师范院校学生在校必须学会汉语拼音和普通话；四是推动和配合各有关部门、各行业做好社会的推广普通话工作。

8205 | 7月4日

中共中央副主席、中央军委副主席邓小平《在军委座谈会上的讲话》中指出："搞社会主义精神文明，主要是使我们的各族人民都成为有理想、讲道德、有文化、守纪律的人民。”[①]1983年1月，总政治部根据党的十二大文件中关于社会主义精神文明建设的有关提法，将“四有”内容调整为“有理想、有道德、有文化、有纪律”。

8206—09

8206 | **7月11日至15日**

全国教育工会在北京召开由十六省、自治区、直辖市的代表参加的“五讲四美、为人师表”活动经验交流会。会议强调，要对教师进行职业道德教育，其核心是热爱学生、教书育人。

8207 | **8月5日**

中国儿童少年活动中心在北京成立。邓颖超代表中共中央、国务院在开幕式上讲话。

8208 | **8月9日**

中共中央政治局委员、中共中央书记处书记万里、胡乔木在北京人民大会堂同全国农村优秀教师赴京参观团成员进行座谈。来自河北、江苏、安徽、湖北、山西、福建等省的农村优秀教师发言，反映了农村教育工作的情况和问题并提出了建议。万里、胡乔木在讲话中指出，一定要把农村教育工作搞好。

8209 | **9月1日**

党的十二大在北京召开。会议宣布，我们已经在指导思想上完成了拨乱反正的艰巨任务，在各条战线的实际工作中取得了拨乱反正的重大胜利，实现了历史性的伟大转变。中国共产党在新的历史时期的总任务是：团结全国各族人民，自力更生，艰苦奋斗，逐步实现工业、农业、国防和科学技术现代化，把我国建设成为高度文明、高度民主的社会主义国家。到20世纪末，我国经济建设总的奋斗目标是：在不断提高经济效益的前提下，力争使全国工农业的年总产值翻两番。在今后二十年内，一定要牢牢抓住农业、能源和交通、教育和科学这几个根本环节，把它们作为经济发展的

---

① 《邓小平文选》第二卷，人民出版社1994年，第408页。

战略重点。会议指出，必须大力普及初等教育，加强中等职业教育和高等教育，发展包括干部教育、职工教育、农民教育、扫除文盲在内的城乡各级各类教育事业，培养各种专业人才，提高全民族的科学文化水平。党的十二大确立了教育在社会主义现代化建设中的战略地位。

8210 | **9 月 14 日**

中宣部同意教育部恢复出版《教师报》，并将其更名为《中国教育报》。其办报宗旨是：加强对党的教育方针、政策、路线的宣传，更好地贯彻党的教育方针，及时指导工作，交流经验，搞好师生员工的思想政治教育，不断提高教育质量，充分发挥教育在建设高度物质文明和精神文明中的重要作用。

8211 | **11 月 26 日**

五届全国人大五次会议在北京人民大会堂开幕。《政府工作报告》强调，不断提高全体人民受教育的程度和科技文化水平，既是保证现代化物质文明建设的重要条件，又是加强社会主义精神文明建设的重要内容。我们培养出来的学生，必须真正是有社会主义觉悟的、有文化和专业知识的劳动者。《报告》明确提出，要注意发展学龄前教育，加强师范教育。12 月 10 日，会议批准《中华人民共和国国民经济和社会发展第六个五年计划（1981—1985）》，其中规定了各级各类教育的发展计划，提出“积极发展幼儿教育”，到 1985 年，入园的幼儿数从 1980 年的 1151 万名增加到 1800 万名。

8212 | **12 月 4 日**

五届全国人大五次会议审议通过《中华人民共和国宪法》。《宪法》第十九条规定：“国家发展社会主义的教育事业，提高全国人民的科学文化水平。国家举办各种学校，普及初等义务教育，发展中等教育、职业教育和高等教育，并且发展学前教育。国家发展各种教育设施，扫除文盲，对工人、农民、国家工作人员和其他劳动者进行政治、文化、科学、技术、业务的教育，鼓励自学成才。国家鼓励集体经济组织、国家企业事业组织和其他社会力量依照法律规定举办各种教育事业。国家推广全国通用的普通话。”

8213 | **本　年**

8213 教育部和联合国儿童基金会学前教育师资培训项目启动，第一期（1982—1984 年）由南京师范学院承担。1985—1989 年，该项目由北京师范大学等 8 所高等师范学校的学前教育专业和 17 所幼儿师范学校分别承担。通过该项目，高师和幼师的办学条件得到改善，教师的专业素养和学术水平有所提高。这对中国的学前教育改革起了积极的推动作用。

1983年

改革进行时

• 重要文件

中共中央、国务院《关于加强和改革农村学校教育若干问题的通知》

教育部《关于发展农村幼儿教育的几点意见》

教育部《关于加强小学在职教师进修工作的意见》

• 重要政策

邓小平提出教育的“三个面向”

有计划地发展农村幼儿教育，坚持“两条腿走路”方针

农村首先发展学前一年教育

各省至少举办一所幼儿师范学校

• 重要会议

教育部召开全国普通教育工作会议

教育部、全国教育工会召开全国“五讲四美”为人师表活动先进代表会议

教育部召开贯彻《幼儿园教育纲要（试行草案）》经验交流会

• 改革亮点

农村幼儿教育发展方针得到明确。中共中央、国务院《关于加强和改革农村学校教育若干问题的通知》和教育部《关于发展农村幼儿教育的几点意见》相继出台，为农村幼儿教育的发展指明了方向：发展农村幼儿教育要坚持“两条腿走路”的方针，因地制宜，采取多种形式办园，逐步满足学前一年幼儿入园的需求。

8301 | 1月20日

教育部印发《关于加强小学在职教师进修工作的意见》。《意见》提出，必须建立一支又红又专的合格教师队伍，各地要制定培训幼教师资的规划。

8302 | 1月

邓小平为《中国教育报》题写报名。3月3日，《中国教育报》试刊第一期出版并发行。7月7日，《中国教育报》正式出版，周一刊，每逢星期四出版，一份全国性的教育工作的专业报纸诞生。

8303 | 3月3日

教育部部长何东昌在《中国教育报》发文，阐明教育改革的指导思想。文章指出，教育是社会主义精神文明建设的重要组成部分，又必须为以经济建设为中心的社会主义现代化建设服务；改革的目标是建设有中国特色的、适应现代化建设需要的社会主义的教育体系；教育的建设不能脱离我国的基本国情；教育改革将是全面的，系统的。要勇于改革、实事求是。

8304 | 3月5日

教育部邀请部分语言文字专家及热心推广普通话的著名人士座谈如何进一步做好推广普通话工作。

8305 | 4月1日至5日

教育部、全国教育工会在北京召开全国“五讲四美”为人师表活动先进代表会议。教育部部长何东昌宣布，这次受表彰的857名优秀教师，要作为部一级的先进人物对待，享受省一级劳动模范的待遇。会议指出，教师队伍在整个知识分子队伍的形成过程中起着“工作母机”的作用，我们党和国家比以往任何时候都更加重视知识和知识分子，不断提高教师的社会地位。

8306 | 4月5日

公安部、教育部转发山东省公安厅、教育厅和贵州省公安厅、教育厅《关于维护学校教学秩序的通告》，并要求各地教育、公安部门对社会人员破坏学校教学秩序的现象给予高度重视，保证学校正常工作秩序不受干扰，坚决依法惩处侵入学校进行流氓犯罪的犯罪分子。

8307 | **4月20日**

中央“五讲四美三热爱”活动委员会转发公安部、教育部、劳动人事部、文化部、全国总工会、共青团中央、全国妇联《关于做好有违法或轻微犯罪行为青少年帮助教育工作的几点意见》。

8308 | **5月6日**

中共中央、国务院印发《关于加强和改革农村学校教育若干问题的通知》。通知指出，各级党委和人民政府必须充分认识加强和改革农村学校教育、提高农村文化水平的重要性和紧迫性，认清教育在农村现代化建设中的地位和作用。农村学校的任务，主要是提高新一代和广大农村劳动者的文化科学水平，促进农村社会主义建设。农村教育一定要从实际出发，因地制宜。办好农村教育要坚持“两条腿走路”的方针，多渠道解决经费问题。通知强调，有条件的地区还应积极发展幼儿教育。

8309 | **5月**

中国儿童少年活动中心编辑的大型、综合性儿童课外活动工具书《儿童活动万花筒》正式出版。内容分科技、体育、美工、文娱四大类，适合各个年龄阶段的儿童阅读。

8310 | **6月1日**

我国第一张儿童电影报——《儿童电影》创刊。该报由北京儿童电影制片厂创办，旨在引导广大中小学生看电影、评电影。

8311 | **6月6日**

六届全国人大一次会议在北京人民大会堂开幕。《政府工作报告》指出，过去五年，我们的国家取得了很大的成就，各个领域都发生了巨大的变化。长期存在的轻视知识和歧视知识分子的错误倾向逐步得到纠正，教育科学文化事业有了新的发展。到1982年底，各级各类学校在校学生总计达2.07亿人。关于今后五年教育工作的主要任务，《报告》强调，应该十分重视智力开发，把以发展教育和科学技术为重点的文化建设放在十分重要的地位，这是实现经济振兴的必要前提。大力提高人民的科学文化、思想觉悟和道德水平，可以为整个经济和社会的发展，为社会主义物质文明和精神文明的建设，提供强大的原动力。各级人民政府必须坚决克服轻视文化建设的错误倾向，把智力开发提到重要日程上来。《报告》还指出，幼儿教育十分重要，要有计划地发展，并且从办好幼儿师范抓起，逐步加以整顿和提高。在各级各类教育事业中，都必须注意编写好教材，改进教学方法，不断提高教育质量。

8312 | **7月18日**

教育部召开的全国普通教育工作会议在北京开幕。教育部部长何东昌讲话指出，要有计划地发展幼儿教育，在“六五”期间，大多数省、自治区、直辖市至少要办一所幼儿师范学校，各县教师进修学校要承担在职幼儿教师的培训任务。会议讨论了《建立普通教育督导制度的意见》，要求县以上教育行政部门都要设立督导机构，先试点，后逐步实行。

8313 | **8月24日**

教育部印发《关于学习贯彻〈关于加强爱国主义宣传教育的意见〉的通知》，要求各级各类学校（包括幼儿园）要采取多种多样的方式，向青年和少年儿童广泛、深入、持久地进行爱国主义教育。

8314 | **9月21日**

教育部印发《关于发展农村幼儿教育的几点意见》。《意见》指出，农村幼儿教育的发展，有利于小学教育的普及与提高，有利于促进农业生产的发展，有利于实行计划生育这一基本国策，是广大农民群众的迫切要求。要积极创造条件，有计划地发展幼儿教育。发展幼儿教育必须坚持“两条腿走路”的方针。农村应以群众集体办园为主，充分调动社（乡）、队（村）的积极性；县镇则应大力提倡机关、厂矿企事业、街道办园，并支持群众个人办园。同时，要积极恢复和发展教育部门办的幼儿园。在现阶段，一般应首先发展学前一年教育，经济条件和文化教育基础较好的农村地区，应争取在近期内能基本满足学前一年幼儿入园的需求。发展农村幼儿教育事业，必须高度重视并采取有效措施，建设一支稳定、合格的幼儿教师队伍；要结合农村实际改革教育的方法和内容，因地制宜地开展丰富多彩的活动，防止“小学化”和“成人化”，不断摸索农村幼儿教育的规律。

8315 | **9 月 26 日**

全国教育科学规划领导小组成立，办公室设在中央教科所科研规划处。9 月 29 日，教育部部长何东昌在中央教科所发表《有中国特色的社会主义教育需要有中国特色的教育科学》的讲话。

8316 | **10 月 1 日**

邓小平给北京景山学校题词：“教育要面向现代化，面向世界，面向未来。”①

8317 | **12 月 10 日**

教育部在北京召开全国 25 个省、自治区、直辖市贯彻《幼儿园教育纲要（试行草案）》经验交流会。教育部副部长张文松在发言中强调，幼教事业首先应该是教育事业，其次才是福利事业。我国幼教事业以共产主义思想为指导，要发挥社会主义幼教事业的优越性，要加强对幼儿思想品德教育。培养建设社会主义的一代新人必须从幼儿教育抓起。

8318 | **12 月**

《陈鹤琴教育文集》（上卷）出版。文集由北京市教育科学研究所选编，北京出版社出版，内容包括儿童心理之研究和家庭教育两部分。《陈鹤琴教育文集》（下卷）于 1985 年 12 月出版。

① 《邓小平文选》第三卷，人民出版社 1993 年版，第 35 页。

1984年

改革进行时

• 重要文件

国务院《关于筹措农村学校办学经费的通知》

教育部、全国教育工会《中小学教师职业道德要求（试行草案）》

• 重要政策

乡（镇）人民政府可以征收教育事业费附加，补充农村学校办学经费

国务院批准教育部设立视导室

河北省设立“园丁奖”

幼儿读物要全部采用汉语拼音或汉字与拼音相对照

• 重要会议

全国人大教科文卫委员会召开教育立法座谈会

中国教育学会幼儿教育研究会召开常务理事会暨小型学术讨论会

• 改革亮点

幼儿教师的工作得到关注与重视。教育部领导称赞幼儿教师是“祖国未来人才的设计者和启蒙者”；《中小学教师职业道德要求（试行草案）》对合格幼儿园教师的标准作出规定；河北省为奖励幼儿教师专门设立“园丁奖”。幼儿教师的社会地位得到认可，教师的待遇有所提高。

8401 | **1月17日**

据《中国教育报》报道，北京幻灯制片厂根据教育部审定的幼儿园统编教材编制出一批幼儿教学幻灯片。教学片分为语言课、常识课和计算课等部分，每部分按大、中、小班分别制片。

8402 | **1月27日**

《人民日报》全文转载中共中央政治局委员、中央书记处书记胡乔木在中央党校主办的《理论月刊》第二期上发表的《关于人道主义和异化问题》一文。文章对于近几年来我国理论界围绕人道主义和异化问题所展开的争论，以马克思主义的历史唯物主义观点，作出了科学的分析和回答，深刻地揭示出这一场争论的实质。2月7日，教育部印发《关于学习胡乔木同志重要文章〈关于人道主义和异化问题〉的通知》，要求各地各部门认真学习并把这篇文章同整党、清除精神污染的工作密切结合起来。

8403 | **2月16日**

邓小平等中央领导在上海视察中国福利会儿童计算机活动中心时，指出“计算机要从娃娃抓起”。全国掀起“计算机热”。

8404 | **5月4日**

教育部办公厅印发《关于坚持正面教育、严禁体罚和变相体罚学生的通知》。通知强调，对学生坚持正面教育，是所有教育工作者必须遵循的一条重要的教育原则，教师要面向全体学生，对全体学生负责，不要偏爱一部分人，歧视另一部分人；各级各地教育行政部门和学校要采取多种形式，组织教师学习党的教育方针和科学的教育方法，严禁体罚和变相体罚学生。

8405 | **5月15日**

六届全国人大二次会议在北京人民大会堂召开。《政府工作报告》首先指出，过去一年，国民经济在继续贯彻执行调整、改革、整顿、提高的方针中稳步前进，科学教育文化卫生体育事业进一步发展。《报告》提出，在新的一年里，要继续根据社会主义物质文明和精神文明建设一起抓的方针，艰苦奋斗，更加扎扎实实地做好各方面的工作。而在各项工作中，中心的任务仍然是要把经济建设继续推向前进。适应经济建设的需要，各级人民政府应当把教育体制和科研体制的改革，列入重要议事日程，作为一项战略任务来抓。

8406 | **5月22日**

教育部转发《北京市社会力量办学试行办法》。《试行办法》指出，社会力量办学是社会主义教育事业的组成部分，是国家、集体和企事业办学的重要补充。

8407 | **7月26日**

教育部印发《关于加强中小学教师普通话培训工作的通知》。通知要求，采取有效措施，进一步加强在职中小学教师（包括幼儿教师）的普通话培训。

8408 | **8月**

国务院批准教育部设立视导室。视导室负责巡视、检查和指导全国各地的普教工作。

8409 | **8月**

河北省人民政府决定，从1984年开始为幼儿教师和小学教师设立"园丁奖"，每年拨出专款100万元用于奖励积极参加教育教学改革的幼儿教师和小学教师。

8410 | **9月**

北京师范大学学前教育专业开始招收和培养硕士研究生，标志着我国学前研究生教育的开始。

8411 | **10月13日**

教育部、全国教育工会发布《中小学教师职业道德要求（试行草案）》。《道德要求》指出，教师是"人类灵魂的工程师"，从"热爱祖国、献身教育，探索规律、教书育人，勤奋学习、又红又专，热爱学生、诲人不倦，遵纪守法、团结协作，以身作则、为人师表"六个方面，对教师的职业道德修养提出了原则要求。

8412 | **10月20日**

党的十二届三中全会在北京召开。全会讨论通过了《中共中央关于经济体制改革的决定》。《决定》指出，要采取有力措施提高知识分子的社会地位，改善他们的工作条件和生活待遇。科学技术和教育对国民经济的发展有极其重要的作用。随着经济体制的改革，科技体制和教育体制的改革越来越成为迫切需要解决的战略性任务。中央将专门讨论这方面的问题，并作出相应的决定。

8413 | **10月27日**

全国人大教科文卫委员会在北京召开教育立法座谈会，着重讨论教育立法的必要性和迫切性、教育立法与教育改革的关系、教育立法的规划、为教育立法需要落实的组织措施等问题。

8414 | **11月28日**

中国教育学会儿童教育心理学研究会在北京成立。该研究会是群众性学术团体，主要成员是高等师范院校、有教育学科的综合性大学、师范专科学校、中等师范学校、幼儿师范学校、教育学院、教师进修学校、各级科研所等从事儿童心理学、教育心理学的教学和科研人员。

8415 | **12月13日**

国务院印发《关于筹措农村学校办学经费的通知》。通知要求，对农村学校在逐年增加国家对教育基本建设投资和教育事业费的基础上，要充分调动农村集体经济组织和其他各种社会力量办学的积极性，开辟多种渠道筹措农村学校办学经费。除国家拨给的教育事业费外，乡（镇）人民政府可以征收教育事业费附加，并鼓励社会各方面和个人自愿投资在农村办学。这些经费，要试行专款专用，任何部门和单位不得挪用和平调。通知强调，要采取有效措施，逐步改变中小学教师生活待遇偏低的状况，使教师这个职业成为最受人羡慕的职业之一。

8416—18

8416 | **12月20日**

中国文字改革委员会、教育部、文化部印发《关于编写、出版、发行儿童拼音读物的联合通知》。通知强调，幼儿和小学低年级学生的读物，要全部采用汉语拼音或汉字与拼音相对照。

8417 | **12月22日**

中国教育学会幼儿教育研究会在北京召开常务理事会暨小型学术讨论会。会议的中心议题是“三个面向”与幼教改革，与会理事和代表共40余人参会。12月28日，教育部副部长张文松在会见全体代表时强调，从事幼儿教育工作的同志是祖国未来人才的设计者和启蒙者，这种劳动是十分崇高伟大的，这种精神是十分令人感佩的，应该最受全党全社会的敬重。

8418 | **12月**

《周恩来教育文选》由教育科学出版社出版，并在全国发行。

1985年

改革进行时

• 重要文件

中共中央《关于教育体制改革的决定》

国务院《关于确定每年9月10日为“教师节”的议案》

卫生部《托儿所、幼儿园卫生保健制度》

教育部《幼儿师范学校教学计划》

• 重要政策

实施教育体制改革

把发展基础教育的责任交给地方

努力发展幼儿教育，大力发展幼儿师范

确立每年9月10日为我国的“教师节”

• 重要会议

中共中央、国务院召开全国教育工作会议

中宣部、国家教委、共青团中央、全国教育工会等单位庆祝第一个教师节大会

• 改革亮点

幼儿师范教育得到进一步规范和加强。教育部对幼儿师范学校的课程设置进行规范，同时鼓励各地可根据实际进行课程改革。这一举措与教师节的确立、教师地位的改善相得益彰，幼儿教师的社会声誉和专业能力得到不断提升。

8501 | 1月8日

中共中央书记处讨论教育体制改革的有关问题。2 月 5 日，教育部在北京召开座谈会，征求对教育体制改革的意见。3 月 16 日，中共教育部党组向中央书记处汇报教育体制改革文件的起草情况。

8502 | 1月21日

六届全国人大常委会第九次会议同意国务院《关于确定每年 9 月 10 日为“教师节”的议案》，将每年的 9 月 10 日定为教师节。

8503 | 1月25日

中宣部、教育部、全国教育工会联合印发《关于今年春节期间开展慰问教师活动的通知》，要求各地根据自己的实际情况，在春节期间，普遍开展慰问教师的活动。

8504 | 2月25日

全国少工委发出通知，向全国少年儿童、少先队员倡导“尊师礼”，发出六个提倡，提出三个要求。六个提倡是：“每天到校第一次见到老师时问早或问好”“上课前师生相互问好”“进老师办公室先敲门，得到允许再进入”“离校前向老师说‘再见’”“校外遇见老师要行礼或问好”“少先队组织在教师节前后为老师举行小型慰问”。三个要求是：“推广三句尊师礼貌语言：老师早！老师好！老师再见！”“养成向老师行礼的习惯”“培养自觉尊师行为，校内校外一个样”。

8505 | 3月2日

河北省人民政府在石家庄召开“园丁奖”第一次颁奖大会，向荣获“园丁奖”的 2000 多名幼儿教师、小学教师授奖，表彰他们在教书育人的平凡岗位上做出的不平凡业绩。

8506 | 3月10日

“北京市优秀教师和他（她）的学生”座谈会召开。中共中央政治局常委、中纪委第一书记陈云为座谈会和正在北京大规模开展的尊师重教活动题词：“‘四化’需要人才，人才需要教育，教育需要教师。”

8507 | **3 月 27 日**

六届全国人大三次会议在北京人民大会堂开幕。《政府工作报告》指出，1985 年是贯彻党的十二届三中全会决定的第一年。在前几年农村和城市的改革已经取得很大成绩的基础上，进一步做好改革工作，是巩固和发展当前经济大好形势的需要，是保证整个改革顺利进行和国民经济持续稳定发展的关键所在。当前，指导改革的行动方针应该是：坚定不移，慎重初战，务求必胜。《报告》强调，同经济体制改革相密切联系的科技体制和教育体制的改革，是对我国现代化建设具有战略意义的两件大事，也要有领导有计划地展开。

8508 | **4 月 8 日**

全国政协六届三次会议在北京闭幕。会议指出，我国经济能否腾飞，就要看科技工作和教育工作能不能大发展，人才问题能不能很好地解决。教育是立国之本，基础科学、中小学教育必须加以重视。这不只是为了今天，更重要的是为了明天。

8509 | **4 月 23 日**

浙江省《幼儿教育》编辑部收到陈云同志亲笔题写的刊名。

8510 | **4 月**

《婴儿画报》在北京创刊。《婴儿画报》是国内第一家以 0 岁至 4 岁婴儿为读者对象的画刊，旨在帮助婴儿学习语言、辨别颜色、计数、发展思维和想象力。

8511 | **5 月 6 日**

教育部印发《关于发布〈幼儿师范学校教学计划〉的通知》。《幼儿师范学校教学计划》是在 1980 年发布的《幼儿师范学校教学计划试行草案》的基础上修订的。此次修订，适当调整了文化课、教育课、艺术课等各类课程的比重。通知指出，各地可根据本地区的实际情况对教学计划作适当调整，同时允许有条件有基础的学校自行拟定教学计划，进行改革试验。

8512 | 5月15日至20日

中共中央、国务院在北京召开全国教育工作会议。这是党的工作重点转移到社会主义现代化建设后，教育战线召开的一次空前的盛会。会议讨论了《中共中央关于教育体制改革的决定（草案）》，研究了实施教育体制改革的步骤和措施。19日，邓小平出席第三次全体会议，发表《把教育工作认真抓起来》的讲话，指出：中央提出要以极大的努力抓教育，并且从中小学抓起，这是有战略眼光的一着。如果现在不向全党提出这样的任务，就会误大事，就要负历史的责任。我们不是已经实现了全党全国工作重点的转移吗？这个重点，本来就应当包括教育。一个地区，一个部门，如果只抓经济，不抓教育，那里的工作重点就是没有转移好，或者说转移得不完全。①

8513 | 5月27日

中共中央发布《关于教育体制改革的决定》。《决定》提出，教育体制改革的根本目的是提高民族素质，多出人才，出好人才；要把发展基础教育的责任交给地方；要采取特定的措施提高中小学教师和幼儿教师的社会地位和生活待遇；从幼儿师范到高等师范的各级师范教育，都必须大力发展和加强。

8514 | 5月

教育部拨款帮助老区、少数民族地区、边远地区发展幼儿教育事业，用于部分示范性或实验性幼儿园充实大型玩教具和电化教育设备。

8515 | 6月9日至15日

中宣部、司法部在北京召开首次全国法制宣传教育工作会议。会议指出，学校应当成为普及法律知识的基本阵地。会议讨论了《关于向全体公民基本普及法律常识的五年规划》。

---

① 参见《邓小平文选》第三卷，人民出版社1993年版，第120—121页。

8516 | **6月18日**

六届全国人大常委会第十一次会议通过“设立国家教育委员会和撤销教育部”的决定，任命李鹏为国家教育委员会主任（兼），免去何东昌的教育部部长职务，任命何东昌、杨海波、朱开轩等为国家教委副主任。

8517 | **6月22日**

国家教委举行全体干部职工大会。会议强调了教育在“四化”建设中的战略地位和进行教育改革的重要意义，详细阐明了国家教育委员会的任务。

8518 | **6月25日**

国家教委在中南海举行第一次全体委员会议。会议提出，国家教育委员会要围绕贯彻《中共中央关于教育体制改革的决定》，重点抓好五项工作。

8519 | **6月29日至30日**

日、美、欧幼儿教育保育会议在东京召开。世界学前教育组织（OMEP）主席M·古塔文教授出席会议，来自美、法、瑞士、瑞典等国和日本各地的幼儿教育专家和幼教工作者1000多人参会。中国派出袁贤桢、朱慕菊作为特邀代表出席会议。

8520 | **7月12日**

根据《中共中央关于教育体制改革的决定》精神，经国务院批准，国家教委、国家计委、劳动人事部联合印发《关于进行地区人才需求预测和制订十五年教育发展规划工作的安排意见》。《安排意见》要求各省、自治区、直辖市在研究长远发展战略和制定“七五”计划的基础上，用两年时间，从人才需求和预测入手，以2000年末为目标，制定出本地区教育发展的十五年规划。

8521 | **8月12日**

国家教委印发《关于在教师节前后切实为教师办几件实事的通知》，要求各地在教师节前尽量将改革后所增加的全部或部分工资，发放到中小学、幼儿园教师手中。

8522 | 8月29日至9月1日

国家教委在天津召开北京、天津、上海、山东、江苏、广东、浙江、辽宁等八省（直辖市）主管教育工作的副省（市）长会议，检查各地贯彻《中共中央关于教育体制改革的决定》的情况。会议指出，各级党政部门要努力提高对教育在社会主义现代化建设中的战略地位和作用的认识；必须抓改革；千方百计解决教育战线存在的实际问题；持之以恒，长期贯彻《中共中央关于教育体制改革的决定》。

8523 | 9月10日

中宣部、国家教委、共青团中央和全国教育工会等单位，在北京人民大会堂举行庆祝第一个教师节大会。会议指出，尊重教师，应成为一种社会风气，成为一种社会公德，成为社会文明的一种标志。

8524 | 9月18日至23日

中国共产党全国代表会议在北京召开。党的全国代表会议通过《中共中央关于制定国民经济和社会发展第七个五年计划的建议》。《建议》指出，“七五”期间是全面改革我国经济、科技、教育等管理体制的关键时期，要逐步实行九年制义务教育，同时还要努力发展幼儿教育和对残疾人、弱智儿童的特殊教育。

8525 | 9月19日至22日

国家环境保护局、国家教委、中国环境科学学会联合在辽宁召开全国中小学环境教育经验交流及学术讨论会。会议指出，要提高中小学和幼儿园对开展环境教育工作重要性的认识；环保和教育两个部门要相互支持，通力合作；环境教育不宜单独设课，必须有一套适用的教学参考资料，搞好师资培训工作；抓好典型，以点带面，逐步发展。

8526 | 9月24日

北京市陈鹤琴教育思想研究会成立。陈鹤琴是我国现代著名幼儿教育家，研究陈鹤琴教育思想，对继承我国教育遗产、促进教育改革，具有一定意义。

8527 | **11 月 17 日至 20 日**

国家教委在北京召开十二省贯彻《中共中央关于教育体制改革的决定》汇报会，检查落实情况。会议强调，贯彻决定要从实际出发，坚持实事求是原则；不要攀比，不搞高指标。

8528 | **11 月 19 日**

中共国家教委党组书记、国家教委副主任何东昌在《中国教育报》发表《精心组织教育体制改革的“施工”》一文，对贯彻《中共中央关于教育体制改革的决定》提出四点建议：真正树立社会主义建设要依靠教育的思想；下真功夫，通过改革，提高教育的投资效益和经济效益；教育必须为社会主义建设服务；仅仅抓住教师队伍这个决定性环节。

8529 | **12 月 7 日**

卫生部发布《托儿所、幼儿园卫生保健制度》。《制度》对婴幼儿的生活、饮食、体格锻炼、健康检查、卫生消毒和疾病预防等方面进行了详细规定。《制度》规定，各园（所）要设立保健室，要根据本单位条件建立隔离室或观察床（全托园、所必须建立隔离室），隔离室用品要专用；要贯彻“预防为主”的方针，做好经常性的疾病预防工作。

8530 | **12 月**

上海市召开全市教育工作会议。会议提出，学校教育最主要的任务是努力培养学生成为“四有”新人。“四有”人才，最重要的是有理想、有纪律，也就是要有正确的人生观、世界观。思想政治教育工作要以四项基本原则为基础，以理想、纪律教育为核心。

1986年

改革进行时

• 重要文件

国家教委《关于进一步办好幼儿学前班的意见》

国家教委《幼儿园教玩具配备目录》

国家教委《中小学教师考核合格证书试行办法》

国家教委《关于幼儿园教师考核的补充意见》

国家教委、卫生部《关于学校卫生保健人员有关政策性问题的规定》

• 重要政策

发展学前班

对幼儿园教玩具配备作出具体规定

实行教师考核合格证书制度

• 重要会议

国家教委、共青团中央、全国妇联召开全国少年儿童校外教育工作会议

国家教委、国家语言文字工作委员会召开全国语言文字工作会议

• 改革亮点

加强对幼儿学前班的指导。《关于进一步办好幼儿学前班的意见》提出，在我国各地经济、文化、教育发展很不平衡的情况下，举办学前班是农村发展幼儿教育的一条重要途径，也是满足城镇地区群众送子女接受学前教育要求的一种教育形式。意见还提出“注重幼儿的卫生保健和体育锻炼”“不要把小学一年级的教学任务放在学前班”等要求。《意见》的印发，使得农村学前班和县镇幼教机构得到迅速发展。

8601 | 1月6日至13日

国家教委、国家语言文字工作委员会在北京联合召开全国语言文字工作会议。会议指出，语言文字工作关系社会主义精神文明和物质文明建设，关系整个民族文化水平的提高。会议提出，要进一步推行《汉语拼音方案》，使语言文字在社会主义现代化建设中更好地发挥作用。

8602 | 1月31日

国家教委、中央绿化委联合印发《关于学校开展校园绿化和营造学校林的通知》，号召全国各级各类学校的师生员工积极开展绿化校园活动。

8603 | 2月21日

国家教委印发《关于加强在职中小学教师培训工作的意见》。《意见》为贯彻落实《中共中央关于教育体制改革的决定》提出的"争取在五年或者更长一点的时间内使绝大多数教师能够胜任教学工作"的任务，对师资培训的任务和要求、渠道和形式、质量、办学条件等提出了要求。

8604 | 2月25日至28日

全国卫星电视教育工作会议在北京举行。国务院副总理兼国家教委主任李鹏出席会议并发表讲话。会议肯定了卫星电视教育的重要意义，提出将采用卫星电视手段发展教育事业列入我国教育的长远规划。

8605 | 3月4日至10日

国家教委召开1986年度教育工作会议。会议指出，1986年教育战线的中心任务是继续贯彻《中共中央关于教育体制改革的决定》。会议决定将着手研究加强幼儿教育的政策和措施。

8606 | 3月7日

国家教委印发《幼儿园教玩具配备目录》。《配备目录》从幼儿教育的基本要求出发，把幼儿园教玩具分为体育活动器械、角色游戏教具、结构游戏教具、沙水上教玩具、计算教具、美工教具、音乐教具、语言识常教具、劳动工具及活动室专用设备等10类。配备数量按一所幼儿园大、中、小三个班的规模计算最基本的用量，具有针对性和系统性。

8607 | **3 月 10 日**

国家教委印发《关于基础教育师资和师范教育规划的意见》。《意见》对各级学校合格师资的要求、师范院校的学制及任务、师资规划的原则等进行了规定。《意见》指出，要对学前教育师资需求进行预测和培养，并规定只有具有合格学历或有考核合格证书的，才能担任教师。幼儿师范（包括中师幼师班、职业中学幼师班）的任务是为幼儿教育培养和培训师资。

8608 | **3 月 25 日**

六届全国人大四次会议在北京人民大会堂开幕。《政府工作报告》指出，“七五”期间，要坚持把科技进步和智力开发放在重要的战略地位，更好地发展科学教育事业。各级各类教育的发展，要在适应“四化”建设需要进一步合理调整教育结构的同时，特别注意提高教育质量。各级各类学校都要认真贯彻执行德育、智育、体育、美育全面发展的方针，并根据各自的特点适当加强劳动教育，坚持把提高教学质量、培养合格人才放在首位。会议批准《中华人民共和国国民经济和社会发展第七个五年计划（1986—1990）》。《计划》提出，全国在实施九年制义务教育的同时，积极发展学前教育，城市要大力发展各类幼儿园，逐步满足幼儿入园的需求；农村也要根据经济、文化条件，因地制宜地发展学前教育。

8609 | **4 月 18 日**

中国残疾人福利基金会在北京召开全国优秀特殊教育工作者和自学成才残疾人授奖大会，对教育、民族系统从事特殊教育的先进工作者和取得高等教育自学考试证书的残疾人进行表彰。

8610 | **4 月 18 日**

中宣部、国家教委、共青团中央、全国教育工会联合印发《关于开展1986 年教师节庆祝活动的通知》。通知要求各地落实邓小平关于“每年给知识分子解决一点问题，要切切实实解决，要真见效”的指示，做好 1986年教师节的工作。

8611 | **4月19日**

中顾委主任邓小平在北京人民大会堂会见包玉刚、王宽诚、霍英东、李兆基等香港知名人士，赞扬他们为国家教育事业所作的贡献。邓小平指出，教育是一个民族最根本的事业。四个现代化的实现要靠知识、靠人才。政策上的失误容易纠正过来，而知识不是立即就能得到的，人才也不是一天两天就能培养出来的，这就要抓教育，要从娃娃抓起。尊重知识、尊重人才是长远的根本大计。[①]

8612 | **4月28日**

国务院发布《征收教育费附加的暂行规定》。《暂行规定》指出，教育费附加，以各单位和个人实际缴纳的产品税、增值税、营业税的税额为计征依据，教育费附加率为1%，分别与产品税、增值税、营业税同时缴纳。

8613 | **5月19日**

中央职称改革工作领导小组转发国家教委《中学教师职务试行条例》《小学教师职务试行条例》《关于中小学教师职务试行条例实施意见》。两个《试行条例》规定教师职务设置原则、各级教师职责、任职条件、考核和评审等相关问题。《小学教师职务试行条例》适用于幼儿园教师，幼儿园各级教师职务的任职条件，由各省、自治区、直辖市参照条例，自行拟定。《实施意见》提出，在中小学实行教师职务聘任制度或任命制度，有利于实行教师岗位责任制；从全国范围来说，这项工作应该在两年内基本完成。

8614 | **6月1日**

国务院副总理兼国家教委主任李鹏在首都少年儿童工作者庆祝“六一”座谈会上指出，加强少年儿童品德教育是提高民族素质的根本大计，各中小学和幼儿园一定要把品德教育放在与智育体育同等重要的地位，抓紧抓好。

---

① 参见中国共产党新闻网，2004年7月12日。

8615—18

8615 | **6月10日**

国家教委印发《关于进一步办好幼儿学前班的意见》。《意见》指出，在我国各地经济、文化、教育发展很不平衡，大部分地区幼儿教育发展尚不够发达的情况下，举办学前班是现阶段发展农村幼儿教育的一条重要途径，也是满足城镇地区群众送子女接受学前教育要求的一种教育形式。学前班应该根据5岁至6周岁（或7周岁）幼儿的生理、心理发展特点，创设良好环境，使幼儿在德、智、体、美各方面得到和谐发展，为幼儿入小学做准备，为一代新人的健康成长打基础。《意见》对学前班教育活动的内容与组织、教师的培训、如何改善办班条件、如何加强领导和管理等方面作出了具体规定。

8616 | **6月20日**

经国务院批准，卫生部、国家教委、全国妇联、广播电影电视部、经济贸易部、国家民委联合印发通知，决定成立全国儿童计划免疫工作协调小组，并确定在每年的4月25日开展"全国儿童预防接种"日活动。通知要求各地教育部门、学校加强对学生的宣传工作，积极组织学生参加预防接种和复种，并协助好儿童凭预防接种证入园、入学的工作。

8617 | **6月20日**

江苏省六届人大常委会第二十次会议通过《江苏省幼儿教育暂行条例》。《暂行条例》要求各级人民政府加强对幼儿教育的统一领导，负责制定实施本地区幼儿教育事业的发展规划；全省逐步普及三年幼儿教育。

8618 | **6月24日**

国务院批转国家语言文字工作委员会《关于废止〈第二次汉字简化方案（草案）〉和纠正社会用字混乱现象请示的通知》，强调对汉字的简化应持谨慎态度，使汉字形体在一个时期内保持相对稳定，以利于社会应用。10月10日，国家语言文字工作委员会印发《关于重新发表〈简化字总表〉的说明》。《说明》指出，为纠正社会用字混乱，便于群众使用规范的汉字，经国务院批准重新发布原中国文字改革委员会于1964年编印的《简化汉字总表》。

8619 | **7 月 11 日**

国家教委印发《关于注意安全避免发生事故的通知》。通知要求，学校在组织夏令营、旅游等活动时，要注意对学生进行组织纪律性教育，做好夏季学生游泳活动的组织工作，注意卫生保健工作，预防传染病和肠道疾病，防止食物中毒，做好自然灾害的预防工作。

8620 | **9 月 6 日**

国家教委发布《中小学教师考核合格证书试行办法》，宣布在我国实行中小学教师考核合格证书制度。《试行办法》规定，考核合格证书适用于不具备国家规定的合格学历的中小学教师（包括农职业中学文化课教师）。考核合格证书暂设教材教法考试合格证书和专业合格证书两种。凡不具备国家规定合格学历的中小学教师，工作满一年以上者，可申请参加教材教法考试合格证书的考试；工作满二年以上并已取得教材教法考试合格证书者，可申请参加专业合格证书的文化专业知识考试。

8621 | **9 月 8 日**

山东省五莲县获得联合国教科文组织总部发布的“克鲁普斯卡娅扫盲奖”。颁奖仪式在巴黎举行。

8622 | **9 月 10 日**

中宣部、国家教委、共青团中央、全国教育工会在中南海召开大会，热烈庆祝教师节，表彰为我国教育事业作出卓越贡献的先进个人和先进集体。大会宣布国家教委《关于表彰基础教育先进县的决定》和国家教委、全国教育工会《关于表彰全国教育系统先进个人和先进集体的决定》，表彰 100 个基础教育先进县、1000 位先进个人和 100 多个先进集体的代表。

8623 | **9 月 10 日**

中国中小学幼儿教师奖励基金会在北京成立。9 月 18 日，基金会召开第一次理事长扩大会议，会议指出，基金会成立的根本目的是提高中小学幼儿教师的地位，改善他们的工作和生活条件。

8624 | 9月28日

党的十二届六中全会通过《中共中央关于社会主义精神文明建设指导方针的决议》。《决议》进一步阐明了社会主义精神文明建设的战略地位、根本任务和基本指导方针。《决议》指出，社会主义精神文明建设包括思想道德建设和教育科学文化建设两方面内容。社会主义精神文明建设的根本任务，是适应社会主义现代化建设的需要，培养有理想、有道德、有文化、有纪律的社会主义公民，提高整个中华民族的思想道德素质和科学文化素质。

8625 | 10月14日

国家教委印发《关于幼儿园教师考核的补充意见》。《补充意见》规定，不具备国家规定合格学历的幼儿园教师，参加教材教法考试合格证书和专业合格证书的考试，原则上按照《中小学教师考核合格证书试行办法》的规定执行，具体考核和考试要求及办法，由各省、自治区、直辖市教育行政部门决定。幼儿园教师教材教法考试合格证考试两门课程：语文和教学法；专业合格证书考试三门课程：语文，幼儿教育学、幼儿心理学和幼儿卫生学（合卷），教学法。

8626 | 10月16日至19日

国家教委、共青团中央、全国妇联在黑龙江大庆召开全国少年儿童校外教育工作会议。会议指出，少年儿童的校外教育是社会主义教育事业的一部分，是培养教育少年儿童不可缺少的重要基地，是学校教育的扩大和补充。

8627 | 10月16日

国家教委邀请音乐界、美术界著名专家、学者举办座谈会。会议指出，美育是培养有理想、有道德、有文化、有纪律的社会主义公民的必修课，全社会都要重视艺术教育。国家教委将成立艺术教育委员会，以加强对学校美育工作的宏观规划和指导。

8628 | **11月15日**

国家教委、共青团中央、全国妇联、中国残疾人福利基金会联合印发《关于在少年儿童中进行社会主义人道主义教育，培养理解、尊重、关心帮助残疾人良好道德风尚的意见》。《意见》要求认真贯彻《中共中央关于社会主义精神文明建设指导方针的决议》，在少年儿童中进行普遍的社会主义人道主义教育。

8629 | **12月2日**

国家教委、卫生部联合发布《关于学校卫生保健人员有关政策性问题的规定》,对学校卫生保健人员的系列、职称、津贴待遇等问题作出规定。《规定》指出，各级各类学校内现从事卫生保健工作者，凡属于医学院校毕业或已获得医士（护士）以上职称者，为卫生技术人员，属于学校内的卫生技术人员系列，其职务考核、评审、聘任和任命等按照卫生部的相关规定执行；凡专职、兼职保健教师，是从事学校卫生保健、卫生教育的专业教师，则属于教师系列，应享受教龄津贴，不应享受医疗卫生津贴与卫生防疫津贴。

8630 | **12月28日**

国家教委艺术教育委员会在北京成立。艺术教育委员会是国家教委领导下的咨询机构，其主要职责是：在学校艺术教育的方针、政策、发展规划、规章制度等重大问题上向国家教委提供咨询，协助国家教委指导、督促、检查各级各类学校艺术教育的实施，推动学校美育教育的发展。国家教委副主任彭珮云出席成立大会并讲话指出，要广泛深入地宣传在学校中加强美育的重要意义以及美育的方针任务；对学校艺术教育状况认真进行一次比较全面、比较系统的调查研究；要大力加强师资队伍建设。

1987年

改革进行时

· 重要文件

国务院《关于提高中小学教师工资待遇的通知》

国务院办公厅转发国家教委等九部门《关于明确幼儿教育事业领导管理职责分工的请示》

国家教委、财政部《关于农村基础教育管理体制改革若干问题的意见》

国家教委《关于社会力量办学的若干暂行规定》

城乡建设环境保护部、国家教委《托儿所、幼儿园建筑设计规范》

劳动人事部、国家教委《全日制、寄宿制幼儿园编制标准（试行）》

· 重要政策

改革农村基础教育管理体制

明确托儿所、幼儿园建筑规范

明确不同类型幼儿园的编制标准

将幼儿园教师现行的工资标准提高 10%

• 重要会议

国家教委召开全国幼儿教育工作会议

国家教委召开全国乡镇基础教育规划研讨会

• 改革亮点

进一步明确了幼儿教育的性质，重新理顺了幼儿教育管理体制。国务院办公厅转发国家教委等九部门《关于明确幼儿教育事业领导管理职责分工的请示》并发出通知。通知明确提出，幼儿教育是社会主义教育事业的重要组成部分，是我国学校教育的预备阶段，同时又是一项社会公共福利事业。《请示》对 1982 年机构改革所造成的幼儿教育管理责任不明的情况进行了调整，再次明确幼儿教育事业实行“地方负责，分级管理”和各有关部门分工负责的原则，并对教育部门、卫生部门、计划部门等各部门的具体职责分工作出规定。管理体制的再次明确有助于幼儿教育事业的发展。

8701 | **1月**

中国教育学会幼儿教育研究会会刊《学前教育研究》创刊。2月开始在全国发行。

8702 | **2月8日至15日**

国家教委在北京召开1987年度教育工作会议。会议指出，1987年教育战线上要抓好两件事：一是反对资产阶级自由化，一是继续进行教育领域的各项改革。

8703 | **2月11日**

中小学教师专业合格证书考核工作会议结束。会议决定，不具备合格学历的中学教师专业合格证书文化专业知识考试，将于1987年8月由国家教委统一命题。小学、幼儿园教师考试题目和时间由地方确定。实行考核合格证书制度和职务任命(聘任)制，是中小学教师管理制度的一项重大改革。

8704 | **2月17日**

中国中小学幼儿教师奖励基金会第一次理事会议在北京举行。中顾委副主任、中国中小学幼儿教师奖励基金会理事长王震提出，要对广大青少年进行爱国主义教育的建议，号召全社会支持基础教育事业的发展，为提高整个中华民族的政治、文化素质作出贡献。会议通过中国中小学幼儿教师奖励基金会的章程、基金募集和管理使用办法及奖励优秀教师的试行条例。

8705 | **2月26日至27日**

国家教委在北京召开制定全国学校艺术教育总体规划的工作安排讨论会，初步落实总体规划的制定工作。会议披露，国家教委有关部门正在制定全国学校艺术教育总体规划。

8706 | **2月27日至28日**

国家教委同河北省人民政府在涿州召开河北省农村教育改革实验区第一次工作会议。会议决定，在河北省阳原县、完县和青龙满族自治县进行农村教育综合改革实验。4月24日，国家教委、河北省人民政府印发会议纪要。

8707 | **2月28日**

国家教委、共青团中央联合印发《关于加强少年宫工作的意见》，要求各级教育部门和团委把成建制的少年宫切实办成综合性的少年儿童校外教育机构，培养教育少年儿童不可缺少的校外活动场所，社会主义精神文明建设的重要阵地。

8708 | **3月3日**

国家教委印发《关于转发〈国家教委督导工作座谈会纪要〉的通知》。国家教委要求各地积极创造条件，把各级督导机构逐步建立起来，积极进行督导工作试点。县一级的督导工作可选一些有条件的地方进行试点，不要操之过急。

8709 | **3月9日**

劳动人事部、国家教委发布《全日制、寄宿制幼儿园编制标准（试行）》。《标准》明确幼儿园的班级规模为小班20—25人、中班26—30人、大班31—35人，全日制幼儿园的教职工与幼儿比例为1∶6—1∶7、寄宿制幼儿园的教职工与幼儿比例为1∶4—1∶5。《标准》还对幼儿园主要教职工的配置比例等进行了规定。

8710 | **3月15日至21日**

中国教育报社、人民教育杂志社、中国高等教育杂志社召开宣传报道工作会议。会议的主要议题是根据中央关于坚持四项基本原则、反对资产阶级自由化的有关文件精神，讨论和落实1987年的宣传报道计划。中共国家教委党组书记、国家教委副主任何东昌出席会议并讲话指出，党的教育方针包括办学方向、培养学生的基本途径和培养目标三方面，我们的办学方向是教育为社会主义建设服务；培养学生的基本途径是教育同社会实践相结合，社会实践包括生产劳动，但不限于生产劳动；我们的培养目标是培养德智体美劳全面发展的“四有”人才。这三个方面的要求要体现在教育的各个环节。当前，要改变忽视政治的倾向。教师要关心学生的全面成长，教师育人。

8711 | **3 月 25 日**

六届全国人大五次会议在北京人民大会堂开幕。《政府工作报告》指出，1986 年是开始执行第七个五年计划并取得显著成就的一年。围绕经济建设这个中心，科技、教育、思想、文化领域取得许多可喜成果。在普及九年制义务教育，改善中等教育结构，发展职业技术教育，以及提高普通高等教育和成人高等教育质量等方面，取得了程度不同的新进展。《报告》强调，各级政府要采取切实有效的政策和措施，努力提高全民族的思想道德素质和科学文化素质，为现代化建设和全面改革提供强有力的精神动力和智力支持。各级各类学校特别是高等学校担负着教育人、塑造人的光荣使命，更要注意加强和改进思想政治工作。要坚持理论联系实际，改革教育内容和教学方法，给教师积极提供了解实际情况的方便条件，有领导、有组织地引导学生参加社会实践，扩大视野，丰富实际知识。各级政府都要很好地关心和支持教育工作，继续努力改善广大教师的工作和生活条件。切实加强和认真改进学校的行政管理和后勤工作。要全面贯彻国家的教育方针，努力提高受教育者各方面的素质，培养和造就一代又一代有理想、有道德、有文化、有纪律的社会主义新人。

8712 | **4 月 18 日**

据《中国教育报》报道，我国有 90 多件教育法规被废止或失效。国务院法制局开展的新中国成立以来规模最大的一次清理教育法规的工作，目前已全面完成。这次清理教育法规的范围，包括 1949 年至 1984 年底，经国务院（含政务院）发布或批准发布的 130 多件教育行政法规和法规性文件。继续有效的只有近 1/3，其他 90 余件法规已不适用。

8713 | **4 月 21 日**

据《中国教育报》报道，文化部、国家教委、广播电影电视部、共青团中央、全国妇联、中国音协、全国少年儿童文化艺术委员会联合印发《关于在全国各族少年儿童中开展“唱好歌”活动的通知》，并向全国各族少年儿童推荐 1982 年至 1986 年全国少年儿童歌曲评选获奖歌曲。

8714 | **4月24日**

国家教委在北京召开编辑少年儿童课外读物研讨会。会议提出，儿童读物要用儿童的话，写儿童的事，帮助儿童健康成长。编写出版课外读物的根本目的是全面提高未来一代的素质。11月，国家教委、新闻出版署决定有计划、分期分批地评选、推荐各出版单位编辑出版的中小学生课外读物，并组成评选委员会、形成制度。

8715 | **4月24日至26日**

国家教委在四川成都召开中小学教师职务聘任工作会议。会议讨论了中小学教师聘任工作中的问题，拟定了《关于中小学当前实行教师职务聘任制工作中的若干问题的意见》。

8716 | **4月28日**

据《中国教育报》报道，全国妇联、国家教委、共青团中央、文化部等十八单位联合印发《关于庆祝1987年“六一”国际儿童节的通知》，呼吁全社会加深对提高全民族素质必须从娃娃抓起的重要性和迫切性的认识，重视对儿童少年的共产主义思想品德教育，保护他们的健康成长，树立“爱护儿童，教育儿童，为儿童做表率，为儿童做实事”的公民意识，并逐步形成浓厚的社会主义风尚。

8717 | **5月5日**

中宣部、广播电影电视部、国家教委联合印发《关于改进和加强少年儿童电影生产、发行、放映工作的意见》。《意见》指出，目前，各类少儿影片节目偏少，数量和质量都远远不能满足需要，放映网点不足，经营方式不活。从1987年起，要对一部分电影制片厂创造生产少儿故事片定一个指令性计划。

8718 | **5月15日**

中宣部、共青团中央在北京人民大会堂联合召开少年儿童思想教育座谈会。会议指出，从中央到地方，整个社会要进一步更好地关心少年儿童的健康成长，要努力营造一个为孩子们多做好事多做实事的社会风尚。

8719 | **5月21日**

全国第一届幼儿图书评奖在北京揭晓。本次评奖活动，由新闻出版署、全国妇联、宋庆龄基金会和全国少年儿童文化艺术委员会联合主办，共有61种幼儿图书获奖，其中优秀读物奖4种，优秀编著奖18种，优秀绘画奖32种，编辑工作奖7种。

8720 | **6月2日**

中共中央书记处在北京人民大会堂召开儿童少年工作座谈会。会议强调，全党、全社会、全体公民要自觉地、有意识地、有目的地为少年儿童的成长创造一个良好的社会环境，向一切危害少年儿童的现象作斗争。

8721 | **6月15日**

国家教委、财政部联合印发《关于农村基础教育管理体制改革若干问题的意见》。《意见》指出，把发展基础教育的责任交给地方，是为建立适合我国国情的基础教育管理体制而采取的一项重大步骤；科学地划分地方各级政府的职责权限，是搞好农村教育体制改革的关键；省、地（市）、县、乡四级都要明确各自的职责，省、地（市）要加强对农村基础教育的领导，应把县、乡两级职责权限的划分作为工作重点。《意见》要求，认真贯彻落实国务院《关于筹措农村学校办学经费的通知》，搞好农村教育事业费附加的征收工作。

8722 | **6月20日**

上海市八届人大常委会第二十九次会议通过《上海市青少年保护条例》。《条例》于1987年10月1日正式施行，强调国家机关、学校、人民团体、企事业单位、村(居)民委员会、家庭和公民都有保护未成年人的责任。

8723 | **6月23日**

劳动人事部印发《关于严格禁止招用童工的通知》。通知指出，严格禁止任何组织或个人招用年龄未满16周岁的少年、儿童当工人。各级劳动部门要对让适龄少年、儿童辍学当童工的父母或者其他监护人，给予批评教育，责令其改正错误。

8724 | **6月27日**

国家教委印发《关于坚决制止学校向企业乱摊派的通知》。通知要求，各地教育行政部门要认真检查一下所属学校贯彻落实国务院《关于坚决制止向企业乱摊派的通知》的情况，划清多渠道筹措办学资金和乱摊派的界限。

8725 | **7月8日**

国家教委发布《关于社会力量办学的若干暂行规定》。《暂行规定》指出，社会力量办学是我国教育事业的组成部分，是国家办学的补充，应予以鼓励和支持。社会力量办学均须根据学校的类别、层次，按审批权限，经有关教育行政部门批准，未经批准不得办学。

8726 | **7月8日**

国家教委、卫生部印发《关于加强学生视力保护，全面开展学校卫生保健工作》的通知。通知要求，各地切实把保护学生视力、防治学生近视眼，作为当前学校卫生保健工作的首要任务来抓；要重视学校各种疾病的防治工作，加强食品卫生管理，加强学校卫生保健队伍建设。

8727 | **7月11日至15日**

国家教委在北京召开第三次全国教育科学规划会议。会议指出，教育科学研究的工作方针是为中国社会主义建设服务；基础研究和应用研究比例要恰当；要以对实际工作作用大小为依据来判断学术价值。教育科学实践性很强，要有计划地建立实验点，开展教育改革实验。

8728 | **7月27日**

中央爱国卫生运动委员会、国家教委、卫生部等单位联合印发《关于在儿童活动场所积极开展不吸烟活动的通知》，禁止在中小学校、医院、少年宫、托幼机构等儿童集体活动的场所吸烟，使这些地方成为不吸烟区。

8729 | **7月**

联合国儿童基金会执行主席格利特等人来华，对中国和联合国儿童基金会合作的1985—1989年加强小学、幼儿师资培训项目进行中期评审。

截至 1987 年，我国接受援助的 23 所中等师范学校和 17 所幼儿师范学校已分别培养了小学师资 6000 人，幼儿师资 8500 人；培训了小学在职教师 20 万人，幼儿在职教师 2 万人。

8730 | **8 月 10 日**

全国首次教育厅（局）长教育思想讲习班在北京师范大学开班。国家教委副主任杨海波出席开学仪式并讲话。杨海波强调，教育必须为社会主义建设服务；坚持四项基本原则，坚持德智体美劳全面发展的方针，培养适应社会主义“四化”建设的人才；促进教育与生产、科学实验的结合；基础教育要根据实际情况坚持改革、开放、搞活；加强基础教育、普及义务教育关键在领导。

8731 | **9 月 1 日**

据《中国教育报》报道，全国儿童少年工作协调委员会和全国妇联通报表彰 100 名优秀保教工作者、30 个托幼工作先进集体，并授予“全国优秀保教工作者”“托幼先进集体”奖章和证书。

8732 | **9 月 3 日**

城乡建设环境保护部、国家教委发布《托儿所、幼儿园建筑设计规范》。《规范》对托儿所、幼儿园设计建设的原则、基地和总平面、建筑设计、建筑设备等进行了具体规定。《规范》适用于城镇及工矿区新建、扩建和改建的托儿所、幼儿园的建筑设计，乡村的幼儿园、托儿所建筑设计可以参照执行。

8733 | **9 月 8 日**

首都优秀教师代表座谈会在北京人民大会堂举行。会议强调，深化教育改革是当前教育战线的一项迫切任务，深化教育改革首先要端正教育思想，培养社会主义建设各项事业需要的、德才兼备的合格人才。教师们一致认为，教育工作者责任重大而光荣，一定要既教书又育人。北京西城区棉花胡同幼儿园教师琚贻桐作为优秀幼儿教师代表参加座谈会并发言。

8734 | **9月**

中共上海市委副书记、上海市市长江泽民在《上海教育》第9期发表题为《国将兴，必贵师而重傅》的文章。江泽民在文章中指出了教师工作的重要意义，提出全社会都应十分尊重教师的劳动。

8735 | **10月4至8日**

联合国儿童基金会主持的学龄前儿童教育发展专家会议在朝鲜平壤召开。会议就学龄前儿童的智能发展、教育课程和内容、教育方法、保育和教育的相互关系、幼儿教师师资培养等问题进行了交流和讨论。

8736 | **10月5日至7日**

国家教委在安徽黄山召开全国乡镇基础教育规划研讨会，对制定县级基础教育规划的原则、思路、方法、经验和教训等进行了交流和探讨。

8737 | **10月7日**

国家教委召开中国教育电视播出一周年座谈会，宣布正式成立中国教育电视台。

8738 | **10月12日**

国家教委在北京召开全国幼儿教育工作会议。会议讨论了学前教育事业的发展方针、指导思想、师资队伍建设及加强领导和管理等问题。

8739 | **10月15日**

国务院办公厅转发国家教委、国家计委、卫生部等九部门《关于明确幼儿教育事业领导管理职责分工的请示》并发出通知。通知明确提出，幼儿教育是社会主义教育事业的重要组成部分，是我国学校教育的预备阶段，同时又是一项社会公共福利事业，各级人民政府都应重视幼儿教育事业的改革和发展。《请示》指出，1979年成立的国务院托幼领导工作小组及其办事机构在1982年机构改革时已经被撤销，但这个机构的工作任务一致未明确由哪个部门承担，因此需要重新明确。《请示》强调，必须在政府统一领导下，除地方政府举办幼儿园外，主要依靠部门、单位和集体、个人等方面力量发展幼儿教育事业，实行“地方负责，分级管理”和有关部门分工负责的原则。《请示》还明确了教育部门、卫生部门、计划部门等各部门的职责分工，规定幼儿园的行政领导由主办单位负责。

8740 | **10 月 25 日至 11 月 1 日**

党的十三大在北京召开。会议第一次系统地阐明了社会主义初级阶段的理论，确定今后经济建设、经济体制改革和政治体制改革的基本方针，确定在改革、开放中加强党的建设的基本方针，并在总结丰富实践经验的基础上进行创造性的理论概括。党的十三大的中心任务是加快和深化改革。会议强调，要把发展科学技术和教育事业放在首要位置，使经济建设转移到依靠科技进步和提高劳动者素质的轨道上来。从根本上说，科技的发展，经济的振兴，乃至整个社会的进步，都取决于劳动者素质的提高和大量合格人才的培养。百年大计，教育为本。必须坚持把发展教育事业放在突出的战略位置，加强智力开发。

8741 | **11 月 28 日**

国务院印发《关于提高中小学教师工资待遇的通知》。通知提出，从1987 年 10 月起，将中小学教师和幼儿园教师现行的工资标准提高 10%。各省、自治区、直辖市也可以在不超过工资标准提高 10%的增资总额范围内，根据本地区实际情况，将增资总额的大部分用于提高工资标准，小部分用于调整中小学教师内部的工资关系。

8742 | **12 月 8 日**

国家教委印发《关于开始有计划地进行中小学教师〈专业合格证书〉文化专业知识考试的通知》。通知决定从 1988 年起，开始有计划地进行中小学教师专业合格证书文化专业知识考试。

8743 | **12 月 14 日至 18 日**

国家教委、农牧渔业部在山东平度召开农村教育为当地经济建设服务经验交流会。会议强调，县以下的教育，重点要放在为本地的各项建设事业服务上，服务中心是经济建设。同时，中国教育学会在平度召开农村教育改革研讨会。

8744 | 12月21日至26日

国家教委在北京召开全国电化教育工作会议。会议指出，今后一个时期，我国电化教育的方针是：通过深化改革，根据可能和需要，在保证质量、提高效益的前提下，适应为社会主义现代化建设对专业人才多样化的需要，适应学校提高教学质量的需要。

8745 | 12月28日

国家教委、财政部发布《社会力量办学财务管理暂行规定》。《暂行规定》指出，社会力量举办的各级各类学校是我国教育事业的组成部分，是国家办学的补充。《暂行规定》对社会力量办学的财务体制、经费来源、经费支出、日常财务管理等作出具体规定。

1988 年

改革进行时

• 重要文件

国务院办公厅转发国家教委、国家计委等八部门《关于加强幼儿教育工作的意见》

国家教委、建设部《城市幼儿园建筑面积定额（试行）》

国家教委《社会力量办学教学管理暂行规定》

国家教委《关于进一步办好职业高中幼师专业的意见》

国家教委、财政部《关于加强普通教育经费管理的若干规定》

• 重要政策

分地区、分步骤发展幼儿教育

规范社会力量办园

规定城市幼儿园的园舍标准和用地标准

明确职业高中幼师班的教学计划、办学条件、招生就业等

• 重要会议

国家教委召开全国中小学教师职务聘任工作会议

国家教委、民政部、中国残联召开首次全国特殊教育工作会议

全国妇联、国家教委召开全国少年儿童家庭教育研讨会

• 改革亮点

明确要分地区、分步骤发展幼儿教育。《关于加强幼儿教育工作的意见》提出动员和依靠社会各方面力量，多种渠道、多种形式发展幼儿教育事业，先把发展重点放在城市以及经济发展快、教育基础比较好的农村地区，在城市逐步满足群众送子女入园的要求，在农村可先发展学前一年教育。《意见》明确了我国幼儿教育事业的发展思路和路径。

8801 | 1月12日

劳动人事部、国家教委发布《提高中小学教师工资标准的实施办法》，提出提高中小学和幼儿园教师工资待遇的具体实施办法。

8802 | 1月14日至16日

国家教委在广西南宁举行全国中小学教师职务聘任工作会议。会议指出，中小学实行教师职务聘任制度要做到“三个有利于”：一要有利于教师队伍建设，二要有利于教育方针的贯彻和教育的改革，三要有利于调动教师的积极性。会议强调，要以工作实绩作为考评教师的主要依据，要使各级领导、社会各方面更加理解和重视中小学教师队伍建设，更加关心教师的疾苦。

8803 | 1月21日

中央职称改革工作领导小组、国务院工资制度改革小组、财政部、国家教委印发《关于适当增加中小学教师高中级职务限额和下放权力理顺工作关系的通知》。通知指出，各省、自治区、直辖市可根据本地实际情况，再增加一些中小学职务限额，增加幅度可控制在各地中小学教师总人数的3%。各省、自治区、直辖市职称改革工作领导小组要进一步将中小学职改的权力下放给教育部门，让他们根据中小学的特点和实际情况开展工作。

8804 | 1月22日

全国人大教科文卫委员会和国家教委举行新闻发布会，呼吁全社会开展“端正教育思想，深化教育改革”的大讨论，认真纠正片面追求升学率的倾向，促进教育更好地为社会主义现代化建设服务。新闻发布会宣布成立“端正教育思想，深化教育改革”研究与对策领导小组。

8805 | 2月3日至5日

国家教委在北京召开1988年度教育工作会议。会议主要讨论今后一个时期教育发展的方针、任务及工作安排。国家教委副主任何东昌讲话指出，要对教育的战略地位进行再认识，推动教育在经济发展中首要位置的落实，要充分认识教育与社会主义建设不相适应的矛盾，提高改革的自觉性和主动性；今后工作的重点是深入开展党的基本路线教育，以农村为重点，改革和加强基础教育，始终抓紧教师队伍的建设等。

8806 | **2月14日**

国务院工资制度改革小组、劳动人事部印发《关于中小学教师职务工资标准问题的通知》，决定提高中小学教师工资标准。

8807 | **3月9日**

国家教委、财政部印发《关于加强普通教育经费管理的若干规定》。《规定》要求各级财政、教育部门安排教育经费预算，应根据地方财力，逐步实行定额加专项的办法，以保证教育事业发展的需要。《规定》指出，教育行政部门在安排所属单位和学校预算时，须认真执行勤俭办学的方针，实行“经费包干、结余留用、超支不补、自求平衡”的原则，学校有权统筹安排使用教育经费。

8808 | **3月25日**

七届全国人大一次会议在北京人民大会堂开幕，国务院代总理李鹏作《政府工作报告》。《报告》指出，通过教育体制的改革，幼儿教育有了较大发展。《报告》指出，党的十三大规划了我国社会主义现代化建设的宏伟蓝图。今后的五年，是落实十三大精神，实现新旧体制转换和第二步经济发展战略的关键性五年。要加快科学技术和教育事业的发展和改革，把经济建设切实转到依靠科技进步和提高劳动者素质的轨道上来。各级人民政府、各地方各部门和各行各业，都必须坚持把发展科学技术和教育事业放在首要位置上。《报告》强调，我国教育事业的根本任务是为社会主义建设培养合格的劳动者和各类专门人才。各级各类学校要努力使学生在德、智、体、美各方面得到发展，并适当加强劳动教育。各级人民政府要更加关心和重视教育事业，像抓经济工作那样抓好教育工作。教育发展计划应当成为经济和社会发展总体规划的重要组成部分。国家和地方都要逐步增加教育经费，提倡和鼓励社会力量集资办学、捐资办学。大力加强基础教育，因地制宜地实施九年义务教育，是提高教育水平和全民族素质的基础，应当成为教育工作的重点。继续加强教师队伍的建设，提高中小学教师的社会地位，改善办学条件。各级人民政府和教育部门要采取切实措施，引导学校端正办学思想，努力纠正片面追求升学率的倾向。还要充分重视家庭教育，以便同学校教育相配合，帮助青少年健康成长。

8809 | **4月3日至4日**

中国中小学幼儿教师奖励基金会在北京举行第二次理事会。会议通过了《中国中小学幼儿教师奖励基金会奖励基金的管理、使用、增值办法》，并决定新中国成立40周年时拿出1000万元奖励2000名国家级优秀教师。

8810 | **4月12日**

国家主席杨尚昆发布中华人民共和国主席令，任命国务委员李铁映兼任国家教委主任。

8811 | **4月26日**

全国妇联、国家教委、共青团中央等十七单位联合印发《关于1988年庆祝“六一”国际儿童节的联合通知》。通知要求各有关部门和社会团体要把儿童少年工作提高到“为了明天，为了未来”的高度来认识，继续贯彻“爱护儿童、教育儿童、为儿童做表率、为儿童办实事”的指导思想，积极组织“六一”国际儿童节的各种活动。

8812 | **5月24日**

国家教委召开机关全体工作人员会议。会议对今后一段时期教委的工作作了部署：一是要立即着手制定教育发展规划；二是要进行教育立法，特别是要制定教育基本法，通过立法，保障教育规划的实施；三是要加强对学生的思想品德教育；四是要进行教育体制的改革；五是要进行教学改革，包括专业设置、教学内容、教学方法等。

8813 | **5月30日**

中国儿童心理卫生指导中心在江苏南京成立。其宗旨是促进我国儿童身心全面健康发展。

8814 | **6月1日**

国务委员兼国家教委主任李铁映在“六一”儿童少年工作者座谈会上指出，要重视早期教育，重视孩子们的全面发展，只有在全社会树立起“爱护儿童、教育儿童、为儿童做表率、为儿童办实事”的公民意识，才能使少年儿童工作取得更大的发展。

8815 | **6月4日**

国家教委艺术教育委员会举行年会，讨论《全国学校艺术教育总体规划》，总结和研究艺术教育委员会的工作。

8816 | **6月20日**

国家教委发布《学校电化教育工作暂行规程》。《暂行规程》指出，学校应积极采用现代化教学手段，开展电化教育，促进教育改革，提高教育质量和教学效率。《暂行规程》对学校电化教育的任务、组织建设、教师、教材建设、电教器材等作出规定。

8817 | **6月24日至25日**

全国妇联、国家教委在北京联合召开全国少年儿童家庭教育研讨会。会议指出，当前家庭教育中存在的问题是：家长期望值过高，重智育轻德育，忽视少年儿童的心理特点。会议认为，搞好家庭教育是一个重大的社会课题，家庭教育要和学校教育、社会教育紧密配合。

8818 | **6月28日**

国际特殊教育学术会议在北京开幕。会议通过交流残疾儿童的早期发现、预防、康复、教育和劳动技能训练等方面的经验，介绍国际特殊教育领域的发展动态，促进各国特殊教育和康复事业的发展，增进中外特殊教育工作者之间的友谊与合作。

8819 | **7月14日**

国家教委、建设部印发《城市幼儿园建筑面积定额（试行）》，对城市幼儿园的园舍和用地标准、基本建设设计和单体建筑设计等方面进行了详细规定。本《定额》依据城市幼儿园的规模、在园幼儿总数和教职工人数制定，按6班、9班、12班三种规模进行相关计算，适用于城市新建、扩建和改建全日制幼儿园，示范性、实验性幼儿园经主管部门批准后可适当提高定额。

8820 | **8月15日**

国务院办公厅转发国家教委、国家计委等八部门《关于加强幼儿教育工作的意见》。《意见》指出，要动员和依靠社会各方面力量，通过多种渠道、多种形式发展幼儿教育事业；要建立一支合格、稳定的幼儿园师资队伍，积极发展幼儿师范教育，抓紧在职教师的培训；要深化教育改革，全面贯彻保教结合的原则，对幼儿进行体、智、德、美全面发展的教育，提高保育教育质量；要坚持实行“地方负责、分级管理”和各有关部门分工负责的原则，明确各部门职责，加强领导。

8821 | **8月19日**

国家教委表彰一批办学思想明确，教育质量较高的师范专科学校和中等师范学校，其中包括幼儿师范学校12所。国家教委要求全国各级各类师范院校向受表彰的学校学习，深入进行教育、教学改革，努力提高办学质量，为造就一支数量足够、质量合格、学科配套、热爱事业的基础教育师资队伍而奋斗。

8822 | **8月22日至24日**

国家教委、国家体委、卫生部在江苏南京联合召开全国学校体育卫生工作会议。会议指出，教育的根本目的是提高民族素质，为社会主义建设培养德、智、体全面发展的合格人才。学校的体育教育是教育的重要组成部分，要改善和加强学校体育工作。目前，学校的卫生工作在整个卫生工作中是比较薄弱的环节，各级领导要统筹安排，在人员和经费上给予必要的支持。

8823 | **9月9日**

国家教委、财政部在北京联合召开新闻发布会，宣布表彰30个省、自治区、直辖市的37个教育先进县。教育先进县的主要经验是：县领导重视教育，有长远规划，切实解决实际问题；逐年增加教育经费，多渠道筹措教育经费，社会集资办法得当，有效地调动了各方面的积极性；大力支持勤工俭学，制定了优惠政策，创造了必要条件；采取有效措施，提高教职工生活福利待遇，改善了教师的居住条件，民办教师的待遇和老有所养的问题得到了合理解决，教师队伍基本稳定，使教育得到发展，教育质量得到提高。

8824 | **9 月 12 日**

北京景山学校在北京人民大会堂召开座谈会，纪念邓小平同志为该校题词“教育要面向现代化、面向世界、面向未来”五周年。会议指出，邓小平同志 “三个面向” 的指示是我国改革开放时期教育改革的一个重要指导思想。在新的历史时期，教育要为市场经济的需要和发展培养人才。为解决好这个问题，在理论上、实践中需要遵照“三个面向”的指示进一步探索、改革，以实现“四化”、振兴中华。

8825 | **9 月 14 日**

国家教委、人事部联合印发《关于建立教育督导机构问题的通知》。通知指出，各县级以上人民政府应在教育行政部门内建立教育督导机构或配备专职教育督导人员。

8826 | **9 月**

在世界学前教育组织（OMEP）于布拉格举行的理事会上，中国被接受为正式会员，世界学前教育组织中国委员会成立。

8827 | **9 月**

世界未来研究联合会第十届大会在北京召开。本届大会由世界未来研究联合会与中国科学院、中国社会科学院等单位共同主办。大会主题是：发展的未来——文化、经济、科学、政治展望。会上，我国代表简要介绍了对中国独生子女的调查研究情况。大会提出以下宣言：创造真正有利于儿童发展的社会环境，承认并利用儿童对社会的贡献。

8828 | **10 月 17 日**

国家教委印发《关于社会力量办学几个问题的通知》。通知指出，社会力量办学属地方教育事业，主要应为本地区经济建设和社会发展服务。社会力量举办面向社会招生的各级各类学校或教学管理机构，均须由其所在地教育行政部门根据国家有关规定和程序审批，并纳入地方教育行政部门统一管理。未经地方教育行政部门批准不得办学，其他部门或单位无权审批这类学校。今后不能再举办和审批跨省（直辖市）设分校招生的学校。对已经举办了分校或其他教学管理机构的学校要进行整顿。

8829 | **10 月 19 日至 22 日**

国家教委在湖北武汉召开《中华人民共和国教育法（草案）》《中华人民共和国教师法（草案）》起草研讨会。会议认为，为了提高全国人民对“百年大计，教育为本”的认识，落实教育的战略地位，迫切需要制定出适合我国国情的教育法，以法治教，用法律形式理顺教育内部和外部的关系，正确规定经济和教育的关系，巩固教育改革的成就，促进教育事业的发展。

8830 | **10 月 24 日**

国家教委发布《社会力量办学教学管理暂行规定》。《暂行规定》指出，社会力量举办的、未取得发布国家学历证书资格的、面向社会招生的各级各类学校及其分校、部分以及独立设置的培训中心、各类培训班、辅导班、进修班等从事教学活动的组织等，均应根据有关规定，按办学规模、层次、教学形式等，设立教务或教学管理机构，建立健全教学管理制度，逐步开展教学研究活动。

8831 | **10 月 25 日**

国家教委印发《关于进一步办好职业高中幼师专业的意见》。《意见》指出，职业高中办幼师专业是培养幼儿教师的一条重要渠道，但目前还存在教育质量不高的问题。职业高中幼师专业的任务是培养合格的新教师或培训合格的在职教师，培养目标和培养任务与普通幼儿师范学校相同；教学计划和课程设置要突出幼师专业的特点；要改善办学条件，加强师资队伍建设，重视实习、见习；要改善职业高中幼师专业的招生办法和妥善安置毕业生，并且加强对职业高中幼师专业的领导与管理。

8832 | **11月18日至23日**

国家教委、民政部和中国残联在北京召开首次全国特殊教育工作会议。会议议题是，改变我国特殊教育的落后状况，研究制定特殊教育的指导方针、发展规划以及为此而采取的各项政策措施。

8833 | **11月29日**

北京市召开农村教育工作会议。为贯彻执行《北京市关于深化农村教育体制改革的意见》，会议提出县、乡两级人民政府要在大力发展经济的同时，最大限度地发展教育事业，坚定不移地实行“基础教育地方负责，分级管理”的原则。

1989年

改革进行时

• 重要文件

联合国《儿童权利公约》

国家教委《幼儿园管理条例》

国家教委《幼儿园工作规程（试行）》

国家教委、文化部《关于加强少年儿童艺术教育的意见》

国家教委《全国学校艺术教育总体规划（1989—2000年）》

• 重要政策

幼儿园实行保育与教育相结合的原则

幼儿园以游戏为基本活动形式

国家实行幼儿园登记注册制度

多渠道筹集教育经费、改善办学条件

• 重要会议

联合国教科文组织召开面向21世纪教育国际研讨会

国家教委、联合国儿童基金会召开学前教育国际研讨会

全国妇联、全国儿童少年工作协调委员会召开首届全国优生优育优教讨论会

国家教委、财政部召开全国筹措教育经费、改善办学条件山东现场会

• 改革亮点

我国幼儿教育逐步走向依法办园的轨道。《幼儿园工作规程（试行）》和《幼儿园管理条例》相继出台，政府加强了对幼儿教育的管理和指导。这两个行政法规是举办、管理和评估幼儿园的基本依据，其施行使我国幼儿教育逐步走向了依法办园的轨道，推动了幼教事业的健康发展和幼儿园保教活动与管理工作的科学化。

8901 | 2月12日至17日

国家教委在北京召开1989年度教育工作会议。会议就发展和改革教育事业战略决策的有关问题，认真听取与会同志的意见和建议，并部署国家教委1989年的工作。会议指出，一、党的十一届三中全会以来，教育的问题主要还是教育经费紧缺，教育结构不合理，教育脱离社会经济发展需要；二、必须充分认识教育对推动社会的巨大作用；三、积极研究和制定教育发展战略，实施义务教育是整个教育的奠基工程，必须以更大的决心抓紧抓好；四、努力深化教育改革，教育改革的出发点和落脚点，就是要充分调动学校办学和教师教书育人的积极性，使学校具有主动适应社会经济发展需要的能力；五、努力提高教师的待遇和地位，振兴民族的希望在教育，振兴教育的希望在教师，教师担负着教书育人的神圣职责，理所当然地应当受到全社会的尊敬和爱戴。

8902 | 2月16日

国家教委办公厅印发《关于教育科学优秀成果评奖活动的安排意见》。为提高广大教育工作者和社会人士从事教育科学研究的积极性，推动教育科学在我国教育改革与发展实践中发挥更大的作用，国家教委决定组织评选奖励优秀成果活动。《安排意见》就评奖的指导思想、评选范围、评选标准、组织、申报和推荐办法、评审和奖励等作出安排。

8903 | 2月20日

国家教委、文化部印发《关于加强少年儿童艺术教育的意见》。《意见》指出，少年儿童艺术教育的根本目的在于提高广大少年儿童的艺术素质，为培养合格的社会主义公民奠定良好的初步的基础。切实加强少年儿童艺术教育，必须采取必要而有力的措施：建立相对稳定的合格的艺术师资队伍；各级教育行政部门和教研部门加强对音乐、美术课教学的领导，对艺术师资的培养、配备和培训进行全面规划；开展课外、校外艺术教育活动；有计划有步骤地改善艺术教育的教学设施和设备；教育、文化部门密切配合并争取社会力量的支持。

8904 | 2月27日至3月2日

国务院教育工作研讨小组在北京召开教育经费与教师工资待遇研讨会。会议指出，各级领导都有一个转变观念的问题，但是更重要的是建立一种机制，走制度法规化的道路，这是教育发展中亟待解决的根本问题。

8905 | 3月2日

国家教委、国家计委、民政部、财政部、人事部、劳动部、卫生部、中国残疾人联合会等联合印发《关于发展特殊教育的若干意见》。《意见》指出，发展特殊教育要贯彻普及与提高相结合，以普及为重点的原则。发展特殊教育的基本方针是着重抓好初等教育和职业技术教育，积极开展学前教育，逐步发展中等教育和高等教育。发展特殊教育应遵循地方负责，中央给予指导帮助，有关部门分工协作，社会各界积极支持的原则，在各级人民政府的统一领导下，以教育部门为主，民政、卫生、劳动、计划、财政和残联等单位和组织紧密配合，各司其职，共同做好特殊教育工作。《意见》还提出了特殊教育发展的目标与任务，并指出各地应根据本地区经济、文化发展的不同情况，分别制定规划目标，本着师资先行的原则，在五年内积极创造条件筹办特教师资培训机构，加强师资队伍建设。

8906 | 3月20日

七届全国人大二次会议在北京开幕，国务院总理李鹏作题为《坚决贯彻治理整顿和深化改革的方针》的《政府工作报告》。《报告》指出，1988年是我国实行改革开放的第十年，社会主义现代化事业继续向前发展。科技、教育、文化、卫生和体育等事业取得了新的成就。《报告》强调，近年来我国教育事业发展较快，涌现出一批重视教育并取得显著成绩的地区和部门。但从总体上看，我国教育事业是落后的，教育发展和改革还不适应社会主义建设的需要。各级人民政府、各部门和各行各业都要进一步提高对教育的认识，高度重视教育的长期重要战略地位。1989年，在紧缩各方面财政开支的情况下，国务院决定对教育经费不仅不减少，而且有较大幅度的增加。政府的教育经费将达到374亿元，比去年增加

50亿元，增长15.4%。从长远看，解决教育经费不足的问题，只靠增加政府财政拨款是不够的。必须通过改革，使教育事业成为全民的事业、全民的责任，增加全社会对教育的投入。在继续增加政府财政拨款并明确各级政府财政所必须负担的教育经费比例的同时，要积极改革办学体制，发展社会力量办学，开辟筹措教育经费的新渠道。《报告》指出，发展教育事业，要从我国的实际情况出发，合理规划发展的速度、规模和重点，确定适当的结构层次比例，不断提高教育的投资效益和社会效益。发展教育要在加重地方政府责任的同时，赋予地方人民政府更大的统筹权和决策权。要努力适应社会主义建设的需要，进一步调整教育结构，搞好教育改革，把不断提高教育的普及程度同发展职业技术教育密切结合起来，使教育更好地为提高劳动者素质服务。《报告》强调，教育的发展和改革，必须坚决依靠和充分发挥广大教师的积极性和创造性，努力培养一支素质优良的教师队伍。要有计划、有步骤地加强教师培训工作，扩大教师的来源和培养途径。要继续采取措施，改善教师的工作条件和生活条件。同时，要深入进行学校内部管理体制的改革，优化教师队伍，不断提高广大教师的思想和业务素质。

8907 | **3月23日**

邓小平会见乌干达总统穆塞韦尼时谈话指出："我们最近十年的发展是很好的。我们最大的失误是在教育方面，思想政治工作薄弱了，教育发展不够。"[①]

8908 | **3月24日**

国务委员兼国家教委主任李铁映就教育问题答中外记者提问。李铁映指出，邓小平同志说我们在十年中最大的失误是在教育方面发展不够，这是对我国十年建设和改革的一个准确、正确的总结；我国教育发展不够的原因是多方面的，许多问题不完全是教育部门所能担负的，特别是体制方面的一些问题，需要进行综合配套改革；解决教育经费问题，要从改革入

① 《邓小平同志论教育》，人民教育出版社1990年版，第176页。

手，改革教育体制，多渠道筹措教育经费；基础教育是关系民族素质的重大教育，贯彻执行《义务教育法》是教育战线也是国家的重要任务，我们还准备制定其他有关教育的法规，有《教育基本法通则》《教师法》《职业技术教育条例》《未成年人保护条例》，我们一定要使教育走向以法治教、以法促教的法制化道路。

8909 | **3月26日**

中国中小学幼儿教师奖励基金会第三次理事会在北京召开。国家副主席、中国中小学幼儿教师奖励基金会理事长王震指出，提高中小学教师的地位和待遇关系中华民族后世子孙的素质，希望各级人民政府、各企业、单位和个人慷慨解囊，在全国形成一个募集中小学幼儿教师奖励基金的热潮。国务委员兼国家教委主任李铁映在会上强调，要加强教师队伍建设，提高教师的地位，要在全社会开展尊师活动，建立正常的教师奖励制度。同时，要建立完整的优化教师队伍的制度，提高教师的水平。提倡全社会用更多的实际行动尊师支教，尊师重教。

8910 | **3月**

全国政协委员、著名电影表演艺术家于蓝在全国政协七届二次会议上提交《将儿童影视列入普通教育》的提案。于蓝认为，目前儿童电影的发行、放映环节还存在问题，建议把儿童电影列入国家教育计划，呼吁教育、财政、税务和电影发行等部门都来支持儿童电影事业的发展。

8911 | **4月1日**

经国家机构编制委员会审议并原则批准，国家教委开始按新的机构设置运行。国家教委是国务院主管全国教育工作的职能部门，担负振兴教育、改革教育、综合管理教育的任务。国家教委负责掌握教育工作的大政方针；统筹规划教育事业的发展；指导、组织和协调各地、各部门有关教育的工作；统一部署和指导教育改革，努力提高劳动者的素质，培养德智体美全面发展的各级各类专门人才，为社会主义物质文明和精神文明建设服务。

8912 | **4月3日**

国务院总理李鹏答中外记者提问。关于“十年来最大失误是教育发展不够”的提问，李鹏指出，邓小平同志讲教育发展不够是指我们的教育与经济发展和改革开放的需要不适应，教育上的失误不仅是指教育本身，而且是指对人民的政治教育薄弱了。

8913 | **4月8日**

中央政治局第十七次全体会议研究讨论《中共中央关于教育发展和改革若干问题的决定（草案）》。会议讨论了教育在现代化建设中的重要地位和教育经费、教师待遇、思想品德、教育发展战略、教育立法、教育改革的问题，提出了发展和改革教育的具体措施。4月17日，中共中央在北京人民大会堂召开各民主党派和无党派人士座谈会，征求对《决定（草案）》的意见。

8914 | **4月**

据《中国教育报》报道，国家计委决定为支持教育事业的发展，适当调增上一年计划会议期间安排的幼儿园、中小学、师范院校基建自筹投资计划指标。新增指标只能用于幼儿园、中小学、师范院校建设。各省、自治区、直辖市在执行中，只要资金落实，还可向国家计委申报调增计划指标。

8915 | **5月10日**

由联合国教科文组织与中国联合国教科文组织全国委员会联合举办的亚洲地区农村教育人员研讨会在河北石家庄开幕。研讨会主要讨论农村教育方面的问题，交流国际农村教育经验，同时展望21世纪教育如何迎接科技进步、人口增长、环境恶化等一系列挑战。

8916 | **5月26日**

国家教委委托中国教育电视台开办的《教育信息》栏目正式开播。该栏目旨在充分发挥电教手段的优势，及时地把党和人民政府有关教育方面的方针、政策、法规、制度等信息传播给基层的教育行政部门和学校。这对于协调中央和地方的联系，增加国家教委工作的透明度，提高工作质量和效率，起到重要的作用。

8917 | **6月1日**

国务院总理李鹏写信给孩子们，热烈庆祝“六一”国际儿童节。李鹏在信中写道：“我们社会主义祖国正沿着邓小平爷爷开辟的改革开放的道路，向着四个现代化奋力前进，任务是艰巨的，困难是不少的，但我坚信，前景是光明的。你们现在是祖国的花朵，我希望你们能在更好的环境中茁壮成长，长成参天大树，将来成为建设祖国的栋梁。儿童和少年时期，正是小朋友们长身体、长知识的时期。我相信，大家一定能够勤奋学习，刻苦锻炼，养成爱祖国、爱人民、爱科学、爱劳动、爱护公共财物的良好品德，成为有理想、有道德、有文化、有纪律的一代新人。你们要时刻准备着，为了开创我们伟大的社会主义祖国更美好的未来，贡献自己的力量。”①

8918 | **6月5日**

国家教委发布《幼儿园工作规程（试行）》。《规程》指出，幼儿园是对3周岁以上学龄前幼儿实施保育和教育的机构，幼儿园的任务是实行保育与教育相结合的原则，对幼儿实施体、智、德、美全面发展的教育，促进其身心和谐发展，同时为幼儿家长安心参加社会主义建设提供便利条件。《规程》全面、系统地对幼儿园的招生和编班、卫生保健、教育、园舍和设备、工作人员、经费、管理工作及其与幼儿家庭的关系等方面作出规定。《规程》适用于城乡各类幼儿园，自1990年2月1日起试行。

8919 | **7月17日**

国家教委举办农村教育综合改革实验县工作研讨班。国家教委副主任何东昌在开班典礼上讲话指出，教育一定要把坚定正确的政治方向放在第一位。当前，农村教育一定要做好四项工作：一是加强思想政治教育，加强爱国主义教育；二是要很好地为当地经济和社会发展服务，为农民服务；三是要加强实践，与生产劳动相结合，提高学生的动手能力；四是要加强党的领导。

---

① 《中国教育报》，1989年6月3日第1版。

8920 | **7月18日**

国家教委艺术教育委员会召开委员座谈会，学习党的十三届四中全会精神并讨论艺术教育发展问题。会议认为，只有刻不容缓地加强意识形态领域的管理，对文化环境进行综合治理，才能使艺术教育沿着正确的方向发展。艺术教育在培养人的审美意识、道德观、价值观方面有着不可忽视的作用，应从幼儿抓起。当前最迫切的任务是，要加强意识形态领域的管理，坚持文艺为社会主义服务、为人民服务的方向，制定相应的政策法规，逐步建立一个综合治理的良好社会文化环境。

8921 | **8月30日**

国家教委在北京举行表彰仪式，授予全国85个县（市、区）“全国幼儿教育先进县（市、区）”称号。辽宁省沈阳市、广东省顺德县、山西省太原市南郊区、河北省青县介绍了改革和发展幼儿教育的地方典型经验。这些地区不仅重视政府办园，而且重视依靠社会力量办园，办园形式适应当地群众生产和生活的需要，注意加强师资队伍建设，不断提高他们的政治和业务素质，端正办园的指导思想，努力提高保育和教育质量。

8922 | **9月6日至8日**

全国妇联、全国儿童少年工作协调委员会在北京召开首届全国优生优育优教讨论会。会议指出，儿童少年是我们中华民族的希望和未来。提倡优生、优育、优教，目的就在于创造必要的条件，把我们的新一代人培养成为有理想、有道德、有文化、有纪律的人。全面研讨探索在新的形势下如何能更好地加强儿童少年工作，是具有战略意义的一件大事，应该引起各级党委和人民政府重视，应该得到全社会支持。

8923 | **9月8日**

国家教委、人事部、中国教育工会在北京人民大会堂联合召开庆祝教师节表彰大会。会议指出，各级党委和人民政府要坚决贯彻党的十三大精神，切实把发展教育摆到经济建设和社会发展的突出位置，发动全社会关心和支持教育事业，通过多种渠道，努力增加教育投入。要把坚持坚定正确的政治方向，摆在学校工作的第一位。

8924 | **9月11日**

国家教委发布《幼儿园管理条例》。《条例》指出，国家教委主管全国的幼儿园管理工作，地方各级人民政府的教育行政部门，主管本行政辖区内的幼儿园管理工作。《条例》规定了举办幼儿园的基本条件和审批程序，指出国家实行幼儿园登记注册制度，未经登记注册，任何单位和个人不得举办幼儿园。《条例》还对幼儿园的保育和教育工作应当遵循的原则、幼儿园的招生和编班、幼儿园的行政事务等方面作出具体规定。《条例》强调，幼儿园应当以游戏为基本活动形式，应当建立卫生保健等系列制度。

8925 | **9月28日**

全国劳动模范和先进工作者表彰大会开幕。被国务院授予"先进模范人物"光荣称号的人员中，有223位是教育界人士。其中全国劳动模范有5名，全国先进工作者有218名。

8926 | **9月30日**

国家教委召开教育战线劳模座谈会。会议指出，榜样的力量是无穷的，劳模们的言传身教，体现党的路线、方针、政策。中央将一如既往，把教育放在经济发展战略的首位，把教育作为"四化"建设的根基。

8927 | **10月24日**

国家教委、联合国儿童基金会在江苏南京举办学前教育国际研讨会。会议是为纪念国际儿童年10周年和联合国儿童基金会与中国合作10周年而举办，中心议题是探讨幼儿园课程改革。与会的学前教育专家、学者及工作者达160人，其中国外学者有30人。

8928 | **11月6日**

国家教委发布《全国学校艺术教育总体规划（1989—2000年）》。《规划》指出，我国学校教育的根本任务是坚持为社会主义建设服务的方向，培养德、智、体、美、劳各育全面发展，有理想、有道德、有文化、有纪律的一代新人，提高全民族的素质。艺术教育是学校实施美育的主要内容和重要途径，是学校教育的重要组成部分，具有其他学科教育不可替代的特殊作用。《规划》还提出到20世纪末，在幼儿园进行多种艺术活动，入园儿童普遍受到良好的早期艺术教育。

8929 | **11月9日**

国家教委和联合国儿童基金会在河南郑州举行教育合作项目成果展览暨项目主任经验交流会，总结10年来我国和联合国儿童基金会合作开展的包括师资培训、教材教具、儿童体智发展研究等项目的成效。这些项目的实施为改善和发展我国老、少、边、山、穷地区的基础教育起了积极作用。

8930 | **11月20日**

联合国大会通过《儿童权利公约》。这是第一部有关保障儿童权利且具有法律约束力的国际性约定。

8931 | **11月27日至12月2日**

联合国教科文组织在北京召开面向21世纪教育国际研讨会。会议指出，教育是面向未来的事业，谁能把握住21世纪的教育，谁就能在21世纪处于主动地位。

8932 | **11月28日**

全国政协妇女青年委员会、教育文化委员会举行座谈会，共商“除害兴益优化青少年成长环境”。会议呼吁全社会动员起来，为建设富裕、文明、民主的社会主义现代化强国培养一代接一代、一代胜过一代的接班人。

8933 | **11月30日至12月2日**

国家教委在江苏南京召开学校艺术教育工作会议。会议的主要任务是研究如何贯彻落实《全国学校艺术教育总体规划（1989—2000年）》。国家教委副主任何东昌到会发表讲话指出，现在是抓学校德育、美育的好时机，要加强学校艺术教育工作，把艺术教育与思想政治教育很好地结合起来，要坚定地把德育工作放在学校教育的首位，不要形势一开始好转就又放松了。

8934 | **12月12日**

联合国儿童基金会以英、法、西、俄、中五种文字在世界100多个国家同时发布《1990年世界儿童状况报告》。在报告发布的新闻发布会上，国家教委领导讲话指出，中国是儿童人口数最多的国家，中国政府十分重视儿童健康成长和教育工作，并把发展教育，包括儿童教育列为发展中国经济战略的一个重要内容。中国政府正在制定各种法规，以保证我国的儿童少年受教育的权利。

8935 | **12月16日**

国家教委印发《关于实施〈幼儿园管理条例〉和〈幼儿园工作规程（试行）〉的意见》。《意见》指出，《条例》和《规程》是政府加强对幼儿教育管理和指导的两个重要行政法规，是举办、管理和评估幼儿园的基本依据，这两个行政法规的施行将使我国幼儿教育逐步走上依法治教的轨道，推动幼教事业的健康发展和管理工作的科学化。《意见》要求，各地要组织负责幼教工作的行政人员、教研人员、幼儿园园长和教师等人员认真宣传、学习两个法规文件，并根据实事求是、因地制宜的原则，贯彻落实法规精神。

8936 | **12月17日至24日**

国家教委、财政部联合在山东召开全国筹措教育经费、改善办学条件山东现场会。会议认为，山东省从单纯依靠国家办教育转到依靠人民办教育，从单纯依靠财政拨款转到多渠道集资，闯出一条行之有效、适合我国国情的办学新路。会议总结了山东省及全国各地筹措教育经费的经验：一是各级党政领导一把手重视教育；二是依靠群众办教育；三是各部门协同配合；四是制定了改善办学条件的规划。

8937 | **12月23日**

七届全国人大常委会第十一次会议在北京举行，会议指出，要坚持教育的社会主义方向。基础教育是提高民族素质的奠基工程。当前要注意把保证教育质量作为工作的重点。

8938 | **12 月 27 日**

国家教委、劳动部、人事部、国家体改委、全国总工会印发《关于开展岗位培训若干问题的意见》。《意见》指出，岗位培训是对从业人员按岗位需要进行的以提高政治思想水平、工作能力和生产技能为目标的定向培训。有条件的地区、部门和企事业单位要进行资格培训试点。要通过试点总结经验，逐步展开。

8939 | **12 月 31 日**

国家教委、国家计委印发《关于计划单列市教育计划单列问题的通知》。通知指出，计划单列市的各级各类教育计划由市计委（计经委）和市教委（教育局、第二教育局）根据国家计委、国家教委编报教育事业长远规划和年度计划的要求编制，经与所在省计划、教育部门协商后，直接上报国家计委、国家教委，同时抄报本省计委、教委（高教局、教育厅）。国家对计划单列市的教育事业计划及有关专项拨款单列户头，直接下达。

1990年

改革进行时

• 重要文件

国务院《关于修改〈征收教育费附加的暂行规定〉的决定》

国家教委、卫生部《学校卫生工作条例》

• 重要政策

继续重视发展幼儿教育

推动自制玩教具活动的开展

• 重要会议

国家教委召开全国城市教育综合改革实验工作会议

国家教委、财政部、国家计委、农业部召开全国多渠道筹措教育经费、改善办学条件先进单位表彰大会

中国儿童发展中心、联合国儿童基金会举办自制玩教具展评及研讨会

• **改革亮点**

中国成为联合国《儿童权利公约》第105个签约国。《儿童权利公约》强调每个国家都应该确保其管辖范围内的每一个18岁以下的儿童均享受公约所规定的权利。中国加入《儿童权利公约》表明了中国政府高度重视儿童工作，坚持儿童优先、依法保护，立足国情、层层落实，逐步健全我国未成年人权益保护法律体系。

9001 | 1月16日至20日

国家教委在北京召开1990年度教育工作会议。会议指出，过去10年我国教育事业经历了一个迅速发展的时期，未来需要一段时间进行充实、提高、调整和整顿，把更多的精力放到调整内部结构、提高教育质量方面。具体来说，需要根据积极稳妥的原则，从各级各类教育事业的不同情况出发，分别确定事业的发展方针和工作重点。

9002 | 2月22日

国务院妇女儿童工作协调委员会在北京成立。委员会主要负责协调需要政府部门解决的妇女儿童工作的有关问题，由国家计委、国家教委、国家科委、国家民委、中国科协、全国总工会、共青团中央、全国妇联等单位的负责人组成。国务委员兼国家教委主任李铁映任主任。原全国儿童少年工作协调委员会的工作纳入妇女儿童工作协调委员会，组织机构也相应撤销。

9003 | 2月24日

国家教委副主任柳斌在《中国教育报》发表《提高办园质量 稳步发展幼儿教育》的文章。文章就治理整顿时期幼儿教育事业发展方针和幼儿园的任务提出意见。文章强调，幼儿教育要继续贯彻从当地情况出发稳步发展的方针，因地制宜分类指导，不搞“一刀切”“齐步走”；要抓好幼儿园的巩固、充实和提高的工作，要在提高质量上下功夫。

9004 | 2月24日

《中国教育报》推出《幼教园地》新专刊。专刊服务于幼儿园教职工、幼儿师范的师生、幼儿家长以及所有关心幼儿教育事业的读者们，每月一期。

9005 | 3月5日至9日

由联合国儿童基金会、联合国教科文组织、联合国开发计划署、世界银行联合举办的世界全民教育大会在泰国召开。会议强调了全民基础教育的重要性，动员和组织国际社会有关各方在全球范围内为实现全民教育目标而采取协调一致的行动。国务委员兼国家教委主任李铁映率中国代表团参会并发表讲话指出，必须把教育放在优先发展的战略地位。

9006 | **3月8日**

国家教委办公厅印发国家教委、财政部《关于筹措教育经费、改善办学条件山东现场会情况报告》。1989年12月21日，在全国筹措教育经费、改善办学条件山东现场会上，国务委员兼国家教委主任李铁映对到会的各省、自治区、直辖市的同志提出几点希望和要求：第一，要充分肯定山东省的经验；第二，要结合本地区的实际情况，认真学习推广山东省及各地包括本地区在多渠道筹措教育经费、改善办学条件方面的经验；第三，要发动群众、依靠群众办好教育，不仅集资办学、改善办学条件要走群众路线，要办好我们的教育事业也要走群众路线；第四，要坚持社会主义办学方向，把德育摆在首位，全面提高教育质量。

9007 | **3月20日**

七届全国人大三次会议在北京人民大会堂开幕，国务院总理李鹏作题为《为我国政治经济和社会的进一步稳定发展而奋斗》的《政府工作报告》。《报告》指出，1989年是很不寻常的一年，我国各族人民经历了惊心动魄的斗争和严峻的考验，战胜了重重困难，巩固和发展了社会主义阵地，取得了历史性的伟大胜利。在治理整顿和深化改革中，我国科技、教育、文化、卫生、体育和国防建设等项事业获得了新的发展。1990年是九十年代的第一年，是治理整顿和深化改革极为重要的一年，要在治理整顿和深化改革中推动科学技术进步，保证教育事业稳步发展。《报告》指出，发展教育事业的根本目的在于提高民族素质，为社会主义建设培养各类人才。各级各类学校必须切实纠正忽视德育的倾向，贯彻教育为社会主义建设服务，教育与生产劳动相结合，德智体全面发展的方针，始终把坚定正确的政治方向放在首位。广大教育工作者和各级各类学校，都要重视对社会主义教育思想的研究，不断改进教学方法，利用现代技术，开发新的教学手段，努力提高教育质量。《报告》提出，在财政相当困难的情况下，国家继续增加了用于教育的资金。同时，要充分调动各方面的积极性，鼓励社会力量办学，开辟多种渠道筹措教育资金，继续改善办学条件。

9008 | **3月25日**

中小学幼儿教师奖励基金会第四次理事会在北京举行。与会领导希望社会各方关心教育、支持教育，为培养社会主义事业的接班人而努力。会议强调，今后要长期、大范围地对教师进行奖励，并使之成为一种社会行为。各级党政领导和社会各界人士要大力支持基金会的工作，把这项尊师重教、利国利民的事业做得更好。

9009 | **4月9日**

国家教委办公厅印发《关于认真解决民办教师工资拖欠问题的通知》。通知要求各地教育部门在当地人民政府领导下，同有关部门一起认真检查拖欠民办教师工资的问题，如果发现问题应提请当地人民政府组织有关乡、镇、村负责人研究切实办法，在保证国家补助部分的同时，还应根据当地实际情况，制定出民办教师工资乡镇统筹部分的筹措办法。

9010 | **4月10日**

全国首届教育科学优秀成果评选结果揭晓。这是新中国成立以来我国首次举办的教育科学优秀成果评选活动。同日，国家教委办公厅印发《关于全国首届教育科学优秀成果评选结果及有关事宜的通知》。

9011 | **5月7日**

纪念《人民教育》杂志创刊40周年座谈会在北京举行。国务委员兼国家教委主任李铁映、全国人大常委会副委员长严济慈、国家教委副主任何东昌为杂志题词，以示祝贺。

9012 | **5月10日**

国家教委印发《关于教育事业"八五"计划和十年规划工作有关问题的通知》。通知对拟定教育事业"八五"计划和十年规划的指导思想、今后十年教育事业发展目标的设想、工作方法和要求作了详细说明。

9013 | **5月17日**

经中共中央批准，中国关心下一代工作委员会在北京成立。中国关工委是以组织老同志关心、教育下一代的工作为目的的群众性工作组织，中国关工委主任由党中央任命。

9014 | **5月20日**

首届“中国学生营养日”大会在北京举行。为了广泛宣传营养卫生知识，促进社会各界重视与支持学生营养卫生工作，提高学生的健康水平，中国学生营养促进会决定每年的5月20日为“中国学生营养日”。

9015 | **5月30日**

国务委员兼国家教委主任李铁映召集国家教委有关司局和国务院法制局等有关部门负责人对《中华人民共和国教师法（草案）》进行了讨论。李铁映要求相关人员进一步做好《教师法》的起草制定工作。

9016 | **5月31日**

国家教委办公厅印发《关于成立〈中国教育年鉴〉编委会的通知》，决定成立《中国教育年鉴》的编写委员会，以做好年鉴的编写工作。

9017 | **6月4日**

国家教委、卫生部发布《学校卫生工作条例》。《条例》共6章41条，对学校卫生工作及其管理与监督等作了明确规定。《条例》提出，学校卫生工作的主要任务是：监测学生健康状况；对学生进行健康教育，培养学生良好的卫生习惯；改善学校卫生环境和教学卫生条件；加强对传染病、学生常见病的预防和治疗。

9018 | **6月7日**

国际儿童图书与插画暨国际儿童图书展开幕。借此契机，宋庆龄基金会与国际儿童读物联盟中国分会在北京举办研讨会。研讨会以“为了友谊，为了未来”为主题，旨在推动各国儿童文学作家、插图画家、出版家、教育家交流情况和经验，促进合作，介绍和展示我国改革开放以来在儿童图书方面所取得的成果，共同努力为儿童创作更多更好的图书。

9019 | 6月7日

国务院发布《关于修改〈征收教育费附加的暂行规定〉的决定》，对《征收教育费附加的暂行规定》进行第一次修订。新《暂行规定》于1990年8月1日起施行。新《暂行规定》指出，教育费附加以各单位和个人实际缴纳的产品税、增值税、营业税的税额为计征依据，教育费附加率为2%，分别与产品税、增值税、营业税同时缴纳。对从事生产卷烟和经营烟叶产品的单位，减半征收教育费附加。

9020 | 7月9日

国家教委发布《全国农村教育综合改革实验区工作指导纲要（试行）（1990—2000年）》。《指导纲要》提出，农村教育要端正办学方向，在指导思想上要由升学教育转到主要为当地经济建设和社会发展服务的轨道上来。要调整教育结构。1995年前，在乡镇人民政府所在地普及一年的学前教育。

9021 | 8月22日

“七五”期间国家教育科研重点项目《教育大辞典》首发式在北京举行。该辞典由上海教育出版社出版，是我国第一部大型教育专业工具书。内容涵盖教育学、教育心理学、教育哲学、教育经济学、教育社会学、教育边缘科学、教育技术学等。

9022 | 8月29日

中国常驻联合国大使代表中国政府签署《儿童权利公约》，中国成为第105个签约国。1991年12月29日，七届全国人大常委会第二十三次会议决定批准中国加入《儿童权利公约》。1992年3月2日，中国常驻联合国大使向联合国递交了中国的批准书，从而使中国成为该公约的第110个批准国。该公约于1992年4月2日对中国正式生效。

9023 | 8月

空军幼儿教师技能技巧比赛在北京举办。这是空军系统贯彻落实《幼儿园教育纲要（试行草案）》，加强部队幼儿园建设，提高幼儿园教育管理水平的一次检验。

9024 | **9月10日**

国家教委在北京人民大会堂举行全国优秀德育教师代表座谈会。会议强调，九十年代教育战线一项重要任务，就是提高全体教师和学生的思想政治水平和德育水平。

9025 | **9月13日**

国家教委印发《关于被评为全国教育系统劳动模范的民办教师奖励升级的意见》。《意见》指出，对被评为全国教育系统劳动模范的民办教师，同公办教师一样给予工资晋升奖励。

9026 | **9月13日至23日**

国家教委在黑龙江佳木斯和辽宁沈阳召开全国城市教育综合改革实验工作会议。国家教委副主任何东昌指出，城市教育综合改革要解决与城市的经济社会发展和社会文化相适应相协调的问题，重点应放在中等以下的各级各类教育、岗位培训及高中后的短期职业培训上。

9027 | **9月16日**

中共中央、国务院发布《关于坚决制止乱收费、乱罚款和各种摊派的决定》，对"三乱"进行综合治理，纠正教育行业不正之风。

9028 | **9月29日至30日**

世界儿童问题首脑会议在纽约联合国总部召开。会议宗旨是"赋予儿童一个更美好的未来"。全世界近100个国家的首脑和政府代表聚集在一起，共同讨论世界儿童的生存、保护和发展问题，以促进各国及国际社会为保护儿童利益、为儿童创造良好的成长条件而不懈努力。我国也派政府代表团出席了会议。

9029 | **11月15日**

国家教委印发《关于教育系统纠正行业不正之风的通知》。通知指出，当前应该着重做好以下工作：加强思想教育，提高广大教职工对加强廉政建设，纠正行业不正之风重要性的认识；建立、健全制度，严格执行，不断检查；认真查处违法违纪案件；充实监督机构，增强教育系统内部的约束机制。

9030 | **11月26日至29日**

全国妇联、国家教委在广西柳州市联合召开全国部分省（自治区）女童就学工作经验交流会。会议提出，要切实负起教育后代的重要责任，把女童上学工作继续深入、扎实、富有成效地开展下去。

9031 | **12月1日**

国务院总理李鹏在全国计划会议闭幕式上作重要讲话。李鹏强调指出，以教育为本，依靠科技振兴经济，是我们坚定不移的方针。要进一步端正办学的指导思想，把德育放在首位，对学生进行爱国主义、集体主义和社会主义的教育，培养德、智、体全面发展的、为社会主义建设服务的人才。

9032 | **12月10日**

国家教委印发《关于中小学教师职务聘任工作中有关问题的通知》。通知指出，中小学教师专业合格证书是对不具备国家规定学历的中小学教师建立的一种考核制度，并作为评聘教师职务的参评条件，已在首次教师职务评聘工作中予以认可。经商得人事部同意，中小学教师专业合格证书仍可作为评聘教师职务的参评条件。

9033 | **12月18日至20日**

国家教委、财政部、国家计委、农业部在北京召开全国多渠道筹措教育经费、改善办学条件先进单位表彰大会。国务委员兼国家教委主任李铁映出席大会并讲话指出，多渠道筹措教育经费，改善办学条件，是我国教育事业的一条重要指导方针，要健康、深入、持久地开展下去。河南、江西、广西、甘肃、宁夏、江苏、辽宁七省（自治区）受到表彰奖励。

9034 | **12月25日至30日**

党的十三届七中全会在北京举行。会议通过《中共中央关于制定国民经济和社会发展十年规划和“八五”计划的建议》。《建议》提出了今后十年我国发展科技教育文化事业的任务和政策，强调继续重视发展幼儿教育和残疾、弱智儿童少年的特殊教育。

9035 | **12月**

中国儿童发展中心与联合国儿童基金会在北京举办自制玩教具展评及研讨会。这次活动旨在推动幼儿园及家庭自制玩教具的开展，研讨自制玩教具在促进儿童早期智力发展方面的作用、经验和建议。

1991 年

改革进行时

• 重要文件

国务院《禁止使用童工规定》

国家教委《关于改进和加强学前班管理的意见》

国家教委《教育督导暂行规定》

• 重要政策

规范学前班管理

加强幼儿安全工作

首次培训全国幼儿师范学校校长

全国教育系统治理“三乱”

• 重要会议

中共中央召开儿童工作座谈会

国家教委、文化部等七部门召开全国少年儿童校外教育工作会议

国家教委师范教育司召开全国幼儿师范教育改革研讨会

• 改革亮点

加强对学前班的规范管理。《关于改进和加强学前班管理的意见》肯定了学前班对我国幼儿教育事业发展的积极促进作用，明确了学前班是农村发展学前教育的一种重要形式，在城市则是幼儿园数量不足的一种辅助形式。《意见》对学前班的课程、活动、师资配备等进行了明确规定，有助于规范学前班的管理。

9101 | 1 月 8 日

国家教委、国务院台办、公安部印发《关于接受在大陆投资的台湾人士的随行子女到大陆的中小学、幼儿园就读有关事项的通知》。通知要求各地教育行政部门对在大陆投资的台湾人士随行子女到大陆的幼儿园入读本着从严掌握的精神，按照规定程序办理。

9102 | 1 月 11 日至 13 日

国家教委在北京召开全国教育系统治理“三乱”工作紧急会议。会议指出，教育系统要坚决按照中共中央、国务院提出的要求，统一思想，提高认识，加强领导，依法办事，迅速把“三乱”治理好。

9103 | 1 月 23 日至 26 日

国家教委在北京召开 1991 年度教育工作会议。会议指出，今后十年，我国教育事业总目标是建立起适应社会主义现代化建设需要、面向 21 世纪、具有中国特色的社会主义教育体系的基本框架；总任务是为现代化建设培养人才和为坚持发展社会主义制度培养可靠接班人；基本原则是优先发展教育，坚持社会主义方向，坚持教育改革开放，坚持多渠道筹措教育经费，加强教师队伍建设等。

9104 | 2 月 4 日至 8 日

国家教委、人事部、国家计委在河南郑州联合召开全国民办教师工作经验交流会。会议指出，民办教师是现阶段我国社会发展客观需要的产物，今后不再吸收民办教师，要通过“民转公”和师范定向招生，提高教师整体队伍质量。

9105 | 2 月 11 日

国家教委在北京召开全国教育系统治理“三乱”电视会。会议对教育系统治理“三乱”工作提出四点要求：做好宣传教育；抓住重点问题；掌握政策界限；加强领导、督促和检查。

9106 | **2月26日至3月3日**

国家教委、文化部、广播影视部等七部门在广东广州联合召开全国少年儿童校外教育工作会议。会议商讨如何切实加强少年儿童校外教育工作，创造良好的社会育人环境，保护少年儿童健康成长，促进“八五”期间的少年儿童校外教育工作的阵地建设等问题。

9107 | **3月18日**

国务院总理李鹏在北京代表中国政府签署《儿童生存、保护和发展世界宣言》和《执行90年代儿童生存、保护和发展世界宣言行动计划》。

9108 | **3月25日**

七届全国人大四次会议在北京人民大会堂开幕，国务院总理李鹏作《关于国民经济和社会发展十年规划和第八个五年计划纲要的报告》。26日，受国务院委托，国务委员兼国家计划委员会主任邹家华作《关于1990年国民经济和社会发展计划执行情况与1991年计划草案的报告》。《报告》指出，1991年教育方面的主要任务是，稳步发展各级各类教育，把基础教育和职业技术教育放在突出的位置。4月9日，会议批准《中华人民共和国国民经济和社会发展十年规划和第八个五年计划纲要》。《纲要》提出，“八五”期间，我国教育工作的重点将放在优化教育结构、改革教育内容和教学方法、提高教育质量上。《纲要》强调，要发展学前教育和盲、聋、残疾、弱智儿童少年的特殊教育。

9109 | **4月9日**

国家教委印发《关于成立国家教委关心下一代工作委员会的通知》。通知明确提出，国家教委关心下一代工作委员会是在中共国家教委党组领导下的工作机构，其任务是指导、组织教育战线离退休的专家、教师、干部和职工，配合学校，对青少年学生进行思想政治和道德品质教育。国家教委同时附发《致全国教育战线离退休的老教师、老专家、老干部的倡议书》和《国家教委关心下一代工作委员会1991年工作要点》。4月16日，国家教委关心下一代工作委员会在北京成立。

9110 | **4月15日**

国务院发布《禁止使用童工规定》。《规定》明确提出，禁止单位或个人使用童工，对违反该《规定》使用童工的单位或个人要进行处罚。

9111 | **4月26日**

国家教委发布《教育督导暂行规定》。《暂行规定》指出，教育督导的任务是：对下级人民政府的教育工作、下级教育行政部门和学校的工作进行监督、检查、评估、指导，保证国家有关教育的方针、政策、法规的贯彻执行和教育目标的实现。教育督导的范围，现阶段主要是中小学教育、幼儿教育及其有关工作。

9112 | **5月23日至26日**

国家教委在北京召开教育督导工作会议。会议的中心议题是总结交流“七五”期间教育督导工作的经验，研究贯彻《教育督导暂行规定》，讨论制定教育督导工作“八五”规划，部署教育督导的有关工作。

9113 | **5月29日**

《中国少年儿童百科全书》出版座谈会在北京人民大会堂举行。中宣部常务副部长徐惟诚、国家教委副主任何东昌等领导出席座谈会。

9114 | **5月31日**

中共中央召开儿童工作座谈会。党和国家领导人江泽民、李鹏、李瑞环、李铁映、丁关根在座谈会前会见受表彰的全国儿童少年工作先进市县的代表和全国优秀儿童工作者。座谈会上罗干宣读国务院妇女儿童协调委员会《关于1991年表彰全国儿童少年工作先进市县和有突出贡献的儿童工作者的决定》。

9115 | **5月**

国家教委师范教育司在北京首次举办全国幼儿师范学校校长培训班。培训班聘请全国著名的幼教专家、教授、研究员讲授学校的科学管理、德育工作及幼儿教育的发展等课程，并组织学员参观北京市及外省市的一些幼儿师范学校及幼儿园。

9116 | **6 月 17 日**

国家教委印发《关于改进和加强学前班管理的意见》。《意见》提出，在现阶段，学前班是农村发展学前教育的一种重要形式，在城市则是幼儿园数量不足的一种辅助形式。《意见》要求，举办学前班不能以盈利为目的；幼儿园已能满足群众需求的城市不必举办学前班；学前班应注意纠正“小学化”倾向；附设在小学的学前班活动场地，原则上应与小学生活动场地隔开；学前班教师的资格与幼儿园教师相同；农村学前班教师逐步实行聘用制，与当地民办小学教师或乡（镇）企业职工享受同等待遇。

9117 | **6 月 18 日至 24 日**

国家教委、中国联合国教科文组织全国委员会在山东泰安共同举办农村教育国际研讨会。会议对如何实现农村教育的大众普及和提高，发挥教育在农村发展中的作用等中心议题展开广泛的国际间交流。

9118 | **6 月 21 日**

国家教委印发《关于幼儿园安全工作的通知》。通知要求，各地教育行政部门要本着对国家、民族、家长高度负责的精神，结合本地实际情况，对幼儿园的安全情况制定具体的落实、检查制度。通知重点强调了幼儿园安全工作规章制度、安全教育内容和形式、安全事故报告制度等。

9119 | **7 月 1 日**

中共中央在北京举行庆祝建党 70 周年大会。中共中央总书记江泽民在会上作重要讲话。在谈到教育问题时，江泽民指出：“百年大计，教育为本。教育是社会主义物质文明和精神文明极为重要的基础工程。它对提高全体人民的思想道德和科学文化素质，对培养一代又一代社会主义事业的接班人，具有重大的战略意义。我们必须加强教育工作，大力发展教育事业。”[①]

① 《江泽民文选》第一卷，人民出版社 2006 年版，第 160 页。

9120 | **7月16日**

国家教委、人事部印发《关于当前做好中小学教师职务聘任工作的几点意见》。《意见》指出，评聘教师职务时，要从实际情况出发，在任职年限上，应按人事部有关文件规定掌握，不要死抠年头；对虽然不具备规定学历，但实践经验丰富，任职以来考核成绩优秀，确有真才实学的教师，可根据德才兼备的原则和工作需要破格聘任或任命相应教师职务。

9121 | **8月9日**

国务院总理李鹏主持召开国务院第八十九次常务会议。会议讨论并原则通过《中华人民共和国教师法（草案）》，决定在修改后将其提请全国人大常委会审议。

9122 | **8月13日**

国家教委、全国教育工会联合发布《中小学教师职业道德规范》并发出通知。通知要求，各地教育行政部门和教育工会要在当地党委的领导下，将组织学习、宣传、贯彻《规范》列入重要工作日程，切实抓好。各地可参照本《规范》，根据学前教育与中小学教育的不同特点，对幼儿教师职业道德作出补充规定或提出具体要求。

9123 | **8月21日**

国家教委、公安部发布《社会力量办学印章管理暂行规定》。《暂行规定》共23条，自发布之日起施行。

9124 | **9月4日**

七届全国人大常委会第二十一次会议审议通过《中华人民共和国未成年人保护法》。《未成年人保护法》自1992年1月1日起施行，是新中国成立以来第一部涉及未成年人的专门法律。第十九条规定，幼儿园应当做好保育、教育工作，促进幼儿在体质、智力、品德等方面和谐发展。

9125 | **10月18日**

陶行知诞辰100周年纪念会在北京人民大会堂举行。会议强调，要学习和发扬陶行知热爱祖国忠于人民献身教育的高尚精神。

9126 | **11 月 16 日**

《中国教育报》介绍了四川省渠县作为山区贫困县被国家教委命名为“全国幼儿教育先进县”的经验。每年初，县、区、乡、村人民政府都要层层签订幼儿教育目标合同书，规定幼儿入园率，明确幼儿教师工资筹集、改善办园条件等目标，年终时，对达到目标的各级人民政府予以奖励，对没有达到目标的按合同书规定予以处罚。

9127 | **11 月 30 日**

国务院妇儿工委召开《九十年代中国儿童发展规划纲要》研讨会。会议指出，儿童是世界的未来，我们要在 21 世纪中叶把我国建设成现代化的社会主义强国，就必须把今天儿童的事情做好。实现这一《规划纲要》，需要全党、全社会、各个部门、各行各业和全国各族人民的共同努力。

9128 | **12 月 6 日**

国家教委印发《关于全国教育系统进一步加强语言文字规范化工作的通知》。通知要求各地学校推广普通话，并将其列入学校工作计划，提出明确的目标和要求，建立必要的规章制度。到 20 世纪末，普通话应当成为城市幼儿园和乡中心小学以上各级各类学校的教学语言，多数地区还应将普通话作为校园语言。

9129 | **12 月 9 日至 13 日**

国家教委在江苏常州召开全国城市教育综合改革经验交流会。会议指出，城市教育综合改革要在“综合”上下功夫，城市教育改革要与城市建设、城市经济发展联系起来综合考虑。

9130 | **12 月**

国家教委师范教育司在河北定兴幼儿师范学校召开全国幼儿师范教育改革研讨会。会议就幼儿师范的培养目标、规格、课程设置等进行了交流。

1992年

改革进行时

• 重要文件

国务院《九十年代中国儿童发展规划纲要》

国家教委《幼儿园玩教具配备目录》

国家教委办公厅《关于在幼儿园加强爱家乡、爱祖国教育的意见》

国家教委《全国教育事业十年规划和“八五”计划要点》

• 重要政策

修订《幼儿园玩教具配备目录》

定期奖励教师和教育工作者

• 重要会议

国家教委、国家民委召开第四次全国民族教育工作会议

国家教委举办“办好教育为人民”研讨会

国家教委、财政部、国家计委召开全国多渠道筹措教育经费改善办学条件河南现场会

国家教委、国务院贫困地区经济开发领导小组召开全国贫困地区农村教育综合改革工作会议

• 改革亮点

对保护儿童权益日益重视。国务院发布《九十年代中国儿童发展规划纲要》，指明了 20 世纪 90 年代我国儿童生存、保护和发展的主要目标和策略。从加入联合国《儿童权利公约》、颁布《中华人民共和国未成年人保护法》到制定《九十年代中国儿童发展规划纲要》，我国日益重视和加强对儿童权益的保护。

重视创设与教育相适应的环境。国家教委发布《幼儿园玩教具配备目录》，从幼儿园玩教具种类、数量、规格等方面作出规定，以落实幼儿园“以游戏为基本活动”“创设与教育相适应的良好环境，为幼儿提供活动和表现能力的机会与条件”的教育原则。

9201 | 1月4日

国家教委在北京召开《未成年人保护法》座谈会。国家教委副主任柳斌出席座谈会并讲话指出，学校保护是未成年人保护的重要组成部分，对未成年人一方面要教育一方面要保护。中国幼儿教育研究会理事长孙岩等人提出要特别重视学龄前儿童的保护、幼少青年的年龄界定、保姆的法律责任、广告媒体虚假教育宣传及儿童艺术教育等问题。

9202 | 1月7日至10日

国家教委在北京召开 1992 年度教育工作会议。会议总结交流近几年各地教育改革和发展的经验，研究落实教育“八五”计划和十年规划，部署了 1992 年的教育工作。

9203 | 1月8日

国务委员兼国家教委主任李铁映与国家教委新近聘任的 25 位督学座谈，并为他们颁发督学证。李铁映在座谈中强调，我国督导制度的建立是教育发展和改革的需要，督学所履行的是一种监察职能。这种对政府和教育部门的监督，正是我们建立有中国特色的教育督导制度的重要内容。

9204 | 1月9日

国务委员兼国家教委主任李铁映同部分分管教育的副省长座谈，一起分析、讨论教育战线面临的形势和任务。李铁映讲话指出，当前教育形势总体是好的，当前教育的主要任务是：坚持教育优先发展；全面贯彻教育方针、全面提高教育质量，扩大深化教育改革；切实解决教师困难。

9205 | 1月16日

国家教委发布《全国教育事业十年规划和“八五”计划要点》。文件指出，“八五”期间，教育事业要把重点放在调整内部结构、深化教育改革，充实改善办学条件和大力提高教育质量上。教育发展的基本任务之一是：坚持动员社会力量，进一步办好和发展大中城市幼儿教育，有条件的农村要积极发展学前教育。要重视盲聋哑和弱智儿童少年教育，并在适当阶段实施文化教育和技术教育相结合。

9206 | **1月18日至2月21日**

邓小平视察武昌、深圳、珠海、上海等地并发表重要讲话。邓小平多次强调教育的重要作用，提出："经济发展得快一点，必须依靠科技和教育。""科学技术是第一生产力。"①

9207 | **1月28日**

据《中国教育报》报道，幼儿家庭教育有声读物《幼儿家教故事钟》由中国广播音像出版社出版发行。国务院总理李鹏为读物题写了书名。这套幼儿家庭有声读物借助悦耳的钟声伴奏，采取讲故事、提问题的方式对幼儿进行启蒙教育。

9208 | **2月16日**

国务院发布《九十年代中国儿童发展规划纲要》。《规划纲要》指出，今天的儿童是二十一世纪的主人，儿童的生存、保护和发展是提高人口素质的基础，是人类未来发展的先决条件。"提高全民族素质，从儿童抓起"是中国社会主义现代化建设的根本大计，应在全社会倡导树立"爱护儿童，教育儿童，为儿童做表率，为儿童办实事"的公民意识。《规划纲要》规定了九十年代幼儿教育方面的目标和指标是：3岁至6岁幼儿入园（班）率达到35%，各省（自治区、直辖市）、各地（州、市）和90%的县要有一种以上儿童校外教育、文化、科技、体育、娱乐等活动场所。使90%儿童（14岁以下）的家长不同程度地掌握保育、教育儿童的知识。《规划纲要》提出，要积极发展学前教育，坚持"动员社会力量，多渠道、多形式地发展幼儿教育"的方针。

9209 | **2月19日至21日**

教育监察工作会议在北京召开。会议指出，1992年教育监察工作的指导思想和工作任务是：继续坚定不移地贯彻党的基本路线，全面贯彻国家的教育方针，全面发挥监察职能作用，加强执法监察，坚持反腐败斗争，

---

① 《邓小平文选》第三卷，人民出版社1993年版，第377页。

推进廉政建设，加强教育监察机构的自身建设，为维护政治稳定，促进经济发展与教育的改革和发展服务。

9210 | **2 月**

经民政部批准，中国教育学会全国幼儿教育研究会更名为中国学前教育研究会，成为全国一级学会。

9211 | **3 月 3 日**

上海市教育界纪念著名教育家陈鹤琴先生诞辰 100 周年大会在上海教育会堂举行。大会要求普教系统的教育工作者结合自己的实际，学习陈鹤琴先生的爱国精神、为教育事业献身的精神、创新精神和实践精神。

9212 | **3 月 15 日至 18 日**

国家教委、国家民委联合召开第四次全国民族教育工作会议。会议的主要任务是学习邓小平同志关于建设有中国特色的社会主义的重要论述，贯彻中央民族工作会议精神，总结交流民族教育工作的经验，明确今后改革和发展民族教育的方针和任务。国务委员兼国家教委主任李铁映作题为《大力改革和发展民族教育，促进各民族的共同繁荣》的讲话。讲话分五个部分：充分认识民族教育的重要地位；改革与发展民族教育的基本原则；九十年代民族教育工作的任务；完成九十年代任务的主要措施；加强党和政府对民族教育工作的领导。

9213 | **3 月 20 日**

七届全国人大五次会议在北京人民大会堂开幕，国务院总理李鹏作《政府工作报告》。《报告》指出，要认真贯彻邓小平同志提出的科学技术是第一生产力的指导思想，依靠科技进步和提高劳动者素质来促进经济的发展。发展教育事业，提高全民族素质，是社会主义现代化建设的根本大计。教育要深化改革，适应改革开放和现代化建设的需要。要认真贯彻德智体全面发展的方针，不断提高教育质量。要在全社会形成尊师重教的良好风尚。继续重视和改进德育工作，对学生认真进行我国历史和国情教育，激发爱国主义热情，坚定建设有中国特色社会主义的信念。继续推广农村教育综合改革，搞好城市教育综合改革的试点。继续采取有效措施，进一步完善基础教育、职业技术教育、高等教育和成人教育体系。增加对教育的投入，改善办学条件。各级各类学校都要抓紧改革内部管理体制和分配制度，提高办学效益，充分调动广大教师的办学积极性。

9214 | **5月5日**

国家教委办公厅印发《关于在幼儿园加强爱家乡、爱祖国教育的意见》。《意见》要求幼儿园根据幼儿身心发展的特征，从情感教育入手，适当选择与幼儿的直接经验相联系的和可产生情感体验的具体形象的教育内容和活动形式，有计划地对幼儿进行爱家乡、爱祖国的教育。

9215 | **5月13日**

国家教委办公厅印发《关于搞好城市教育综合改革试点工作的意见》。《意见》指出，城市教育综合改革工作，要以邓小平同志关于“一个中心、两个基本点”的基本路线为指导思想，围绕落实教育的战略地位，厘清深化改革的思路，推进管理体制改革和优化教育结构等重大问题。城市各级教育部门和学校，要进一步端正教育思想，面向全体学生，全面提高教育质量，把升学竞争变为综合办学水平的竞争。

9216 | **5月31日至6月8日**

卫生部、国家计生委、国家教委等八部门主办首届全国优生、优育、优教展览会。此次展览旨在响应联合国《儿童生存、保护和发展宣言》，宣传贯彻我国计划生育基本国策和优生优育优教方针，普及“三优”科学文化知识，总结经验，交流成果。

9217 | **6月1日**

长沙师范学校举行徐特立铜像揭幕、纪念馆开馆仪式。国务委员兼国家教委主任李铁映题词：“继承徐特立同志的革命精神和教育思想，培养新一代优秀教师。”

9218 | **6月1日**

国家教委举办首届全国优秀幼儿读物评选活动，评出一批优秀幼儿读物、挂图和音像制品，作为送给全国学龄前儿童的礼物。

9219 | **6月1日**

幼儿广播体操在全国幼儿园大班中正式开始施行。这套广播体操是我国在幼儿园中施行的第一套广播体操。

9220 | **6月19日至20日**

国家教委在山东济南举办“办好教育为人民”研讨会。会议强调，要贯彻邓小平同志重要谈话精神，探索加快改革和发展教育之路，逐步建立起具有中国特色的社会主义教育体系。此前，6月6日至18日国家教委以“办好教育为人民”为主题，组织人员分赴山东省16个地市、130个县市进行调查研究。

9221 | **6月23日**

国家教委印发《关于做好学校治安综合治理工作的几点意见》。《意见》指出，学校治安综合治理是社会治安综合治理的重要组成部分，要进一步加强对学生日常行为的教育和管理，强化校园秩序管理。

9222 | **6月27日**

广西壮族自治区七届人大常委会第二十九次会议通过《广西壮族自治区教育条例》。它是我国第一部地方性、综合性教育法规。

9223 | **7月26日至30日**

国家教委在辽宁沈阳举办全国教育督导评估研讨会。会议指出，教育督导工作的指导思想是：以邓小平同志重要谈话和中央政治局会议精神为指针，在我国加快两个文明建设和教育改革与发展的实践中，建立起具有中国特色的教育督导制度。

9224 | **8月17日至22日**

国家教委与世界银行在辽宁大连联合举办中国教育筹资改革国际研讨会。会议认为，多渠道筹措教育经费是当今世界各国都关注的重大课题，中国近10年来在多渠道筹措教育经费方面已取得很大成就，但仍面临着教育资金缺口较大、一些地方和学校的教育投资效益不够高两大问题。

9225 | **9月3日至9日**

国家教委、财政部和国家计委在河南联合召开全国多渠道筹措教育经费改善办学条件现场会。会议强调，实践证明多渠道筹措教育经费的办学路子符合我国实际，我们在多渠道筹措教育经费改善办学条件工作中取得的成果，是我国教育改革的重大成就。

9226 | **9月8日**

国家教委发布《关于多渠道筹措教育经费改善办学条件的公告》。《公告》显示：我国1981年至1991年，多渠道筹措用于改善中小学办学条件的经费共计1066亿元。这些经费使我国中小学校面貌发生显著改善，促使我国绝大部分地区的中小学校基本实现了“一无两有”。这是贯彻“人民教育人民办，办好教育为人民”方针、坚持多渠道筹措教育经费所产生的良好社会效果。

9227 | **9月26日至30日**

国家教委和国务院贫困地区经济开发领导小组在陕西商洛召开全国贫困地区农村教育综合改革工作会议。会议认为，地处秦岭山区的商洛地区紧密结合本地实际，实行政府统筹、三教沟通和农科教结合，走出了一条贫困山区依靠教育和科技脱贫致富的路子。国家教委副主任王明达在会上提出，贫困地区教育改革与发展的有三个问题尤为重要：一是教育能否促进脱贫致富，这是对教育和经济关系的认识问题；二是如何办贫困地区教育，使教育发挥更大的效益，关键是明确办学方向；三是如何解决办教育中的困难，这需要提高认识。

9228 | **10月4日**

国家教委印发《关于扩大城市教育综合改革试点工作的通知》。通知提出，加快城市教育改革步伐，确定47个全国教育综合改革实验城市，55个省级教育综合改革试点城市。

9229 | **10 月 12 日**

党的十四大在北京人民大会堂开幕，中共中央总书记江泽民代表十三届中央委员会作题为《加快改革开放和现代化建设步伐，夺取有中国特色社会主义事业的更大胜利》的报告。江泽民指出："我们要在九十年代把有中国特色社会主义的伟大事业推向前进，最根本的是坚持党的基本路线，加快改革开放，集中精力把经济建设搞上去。"[①] 江泽民强调："科技进步、经济繁荣和社会发展，从根本上说取决于提高劳动者的素质，培养大批人才。我们必须把教育摆在优先发展的战略地位，努力提高全民族的思想道德和科学文化水平，这是实现我国现代化的根本大计。要优化教育结构，大力加强基础教育，积极发展职业教育、成人教育和高等教育，鼓励自学成才。各级政府要增加教育投入。鼓励多渠道、多形式社会集资办学和民间办学，改变国家包办教育的做法。各级各类学校都要全面贯彻党的教育方针，全面提高教育质量。到本世纪末，基本扫除青壮年文盲，基本实现九年制义务教育。进一步改革教育体制、教学内容和教学方法，加强师资队伍的培养和建设，扩大学校办学自主权，促进教育同经济、科技的密切结合。"[②]

9230 | **10 月 21 日**

国家教委民族地区教育司发布《全国民族教育发展与改革指导纲要（试行）（1992—2000）》，明确九十年代民族教育工作的奋斗目标是坚持打好基础，坚持改革开放，努力缩小差距。《指导纲要》提出，条件较好的地区，幼儿（或学前 1 年）教育要有较大发展，一般地区要创造条件亦有所发展。

9231 | **10 月 26 日**

国家教委发布《教师和教育工作者奖励暂行规定》。《暂行规定》指出，国务院教育行政部门会同人事部门对长期从事教育、教学和管理、服

---

① 《江泽民文选》第一卷，人民出版社 2006 年版，第 224 页。

② 同上，第 233 页。

务工作并取得显著成绩的教师和教育工作者，分别授予“全国优秀教师”“全国优秀教育工作者”称号，发布相应的奖章和证书；对其中有突出贡献者，授予“全国教育系统劳动模范”称号，发布相应的奖章和证书，对获得“全国教育系统劳动模范”称号的教师，同时发布“人民教师”奖章和证书。

9232 | **11月1日至4日**

国家教委在江苏苏州举行全国环境教育工作会议。来自全国环保系统和教育界的200多位代表出席了会议。会议指出，环境教育是解决环境问题最基本的、综合的和有效的措施和手段。只有通过教育，才能唤起人们保护环境的意识，才能提高全民族的环境保护水平。会议强调，要进一步加强对学生（包括幼儿）的环境教育。幼儿园的环境教育应做到生动活泼，寓教于乐。充分利用各种培训进修，提高园长、教师的环境意识和环境教学能力，以适应幼儿园开展环境教育工作的需要。

9233 | **11月2日**

国务委员兼国家教委主任李铁映在北京人民大会堂会见联合国教科文组织执行局委员、澳大利亚工党全国主席巴里·琼斯。李铁映指出，中国政府非常重视与联合国教科文组织的合作，中国需要了解世界，世界也需要了解中国，中国教育发展需要对外开放，要借鉴、学习世界上一切先进的教育经验。

9234 | **11月**

由中共中央文献研究室和中共中央党校部分同志撰写的《邓小平教育思想概述》由人民教育出版社正式出版。该书配合《邓小平同志论教育》一书对邓小平的教育观点、思想、理论和学说进行了系统的整理和论述，对于了解、学习和准确地掌握邓小平的教育思想，深化教育改革，促进我国社会主义教育事业发展起到重要作用。

9235 | **12月9日**

北京市召开普教系统发布教师职务证书大会。北京市教育局和科技干部局改革职称评审制度，设立专项职务指标，并增加直接考核的程序，打破以往论资排辈的旧观念。此次破格晋升的青年中小学教师共 167 名，获高级教师职务证书的都是 40 岁以下的青年教师，36 岁至 40 岁的有 130 名，35 岁以下的有 37 名。其中中学（含中师）教师 133 人，小学（含幼儿园）教师 34 人，涉及 31 个学科的任课教师。

9236 | **12 月**

国家教委发布《幼儿园玩教具配备目录》。该目录是在1986年发布的《幼儿园教玩具配备目录》的基础上修订的，从幼儿园玩教具种类、数量、规格等方面，为幼儿园配备玩教具提供了指导。

9237 | **12 月**

国家“八五”规划重点图书《邓小平教育思想研究》由浙江教育出版社出版。邓小平同志关于教育的一系列重要论述，是建设有中国特色社会主义理论的重要内容，为中国社会主义建设新时期的教育改革和发展指明了方向。

1993年

改革进行时

• 重要文件

中共中央、国务院《中国教育改革和发展纲要》

国家教委、国务院贫困地区经济开发领导小组、财政部《关于大力改革与发展贫困地区教育，促进经济开发，加快脱贫致富步伐的意见》

国家教委、人事部、财政部《特级教师评选规定》

• 重要政策

学习宣传实施《中国教育改革和发展纲要》

解决拖欠教师工资问题

• 重要会议

联合国教科文组织、联合国儿童基金会召开中国全民教育国家级大会

联合国儿童基金会、国家教委联合召开“幼儿教育发展——向90年代挑战”研讨会

• 改革亮点

教师地位得以明确，权益受到保护。国家颁布《中华人民共和国教师法》，以法律的形式对教师的权利和义务、资格和任用、培养和培训、考核、待遇、奖励、法律责任等方面作出规定，随后国务院和各省、自治区、直辖市着手解决拖欠教师工资的问题，教师的权益得到了基本保障，教师队伍建设也有了法律依据。

确定了九十年代我国幼儿教育的发展目标。中共中央、国务院发布的《中国教育改革和发展纲要》提出，九十年代，大中城市基本满足幼儿接受教育的要求，广大农村积极发展学前一年教育。《纲要》的发布推动了学前教育的发展。

9301 | **1 月 11 日**

国家教委召开 1993 年全国教育工作电话会议。会议指出，1993 年教育战线的主要任务是：全面贯彻落实党的十四大精神，以建设有中国特色社会主义理论和党的基本路线为指导，认真地组织实施《中国教育改革和发展纲要》，加快教育的改革和发展。

9302 | **2 月 9 日**

国家教委、国务院贫困地区经济开发领导小组、财政部联合印发《关于大力改革与发展贫困地区教育，促进经济开发，加快脱贫致富步伐的意见》。《意见》指出，发展贫困地区教育，要注意吸收和借鉴国内外先进经验并坚持从国情和贫困地区的实际出发，因地制宜，努力探索有自己特色的办学路子。要加强政府统筹，搞好农科教结合；多渠道筹措教育经费，增加对贫困地区教育的投入；大力加强教师和干部的培养培训工作；组织发达地区与贫困地区建立对口协作关系。

9303 | **2 月 10 日至 13 日**

中国教育学会在天津举行 1993 年工作会议。中国教育学会会长张承先就学会工作的指导方针讲话指出，学会要根据党的十四大精神，充分认识在改革开放形势下贯彻“三个面向”的重大意义，以“三个面向”为指针，深化教育改革。

9304 | **2 月 13 日**

中共中央、国务院发布《中国教育改革和发展纲要》。《纲要》旨在实现党的十四大所确定的战略任务，指导九十年代乃至下世纪初教育的改革和发展，使教育更好地为社会主义现代化建设服务。《纲要》分为六大部分：一、教育面临的形势和任务；二、教育事业发展的目标、战略和指导方针； 三、教育体制改革；四、全面贯彻教育方针，全面提高教育质量；五、教师队伍建设 ；六、教育经费。《纲要》提出，九十年代，在保证必要的教育投入和办学条件的前提下，大中城市基本满足幼儿接受教育的要求，广大农村积极发展学前一年教育。

9305 | **2 月 27 日**

《人民日报》就《中国教育改革和发展纲要》发表题为《百年大计教育为本》的社论。社论指出，《纲要》总结了新中国成立 40 多年来我国教育改革和发展的经验，提出了九十年代我国教育改革和发展的目标、方针、政策和措施，体现了党的十四大和邓小平同志 1992 年初视察南方重要谈话精神。《纲要》的发布和实施，是全党全社会的一件大事，对于加快我国教育改革和发展，推动改革开放和现代化建设事业，必将产生极其重要的影响。

9306 | **2 月**

国家教委发出通知，要求各地教育部门、学校和教育战线广大干部、教师认真学习、宣传、实施《中国教育改革和发展纲要》。当前和今后一个时期，各级教育行政部门和各级各类学校的领导要把学习、宣传《纲要》作为一项极为重要的任务来抓；各地各部门要根据《纲要》的要求和本单位实际，及时调整好九十年代教育改革和发展任务。

9307 | **3 月 1 日**

由联合国教科文组织和联合国儿童基金会倡议召开的中国全民教育国家级大会在北京人民大会堂开幕。会议申明中国教育改革和发展的八条原则：第一，教育是现代化建设的基础，必须坚持把教育摆在优先发展的战略地位；第二，必须把握好办学方向，培养德智体全面发展的各类人才；第三，必须坚持教育为国家的现代化建设服务，与生产劳动相结合，服从并服务于经济建设这个中心，促进社会的全面进步；第四，必须坚持教育的改革开放，大胆吸收和借鉴人类社会的一切文明成果，勇于创新，勇于试验，不断发展和完善教育制度；第五，必须全面贯彻国家的教育方针，遵循教育规律，全面提高教育质量和办学效益；第六，必须依靠广大教师，不断提高教师的素质，努力改善他们的工作、学习和生活条件；第七，必须充分发挥各级人民政府、社会各方面和人民群众的办学积极性，坚持以国家财政拨款为主，多渠道筹措教育经费；第八，从本国的国情出发，根据统一性和多样性相结合的原则，实行多种形式办学，培养多种规格的人才，走符合中国和各地区实际的发展教育的路子。会议原则通过《中国全民教育行动纲领》。《纲领》提出，到2000年，我国大中城市基本满足幼儿接受教育的要求，农村学前一年教育的幼儿入园率达60%。

9308 | **3月2日**

国家教委和北京市人民政府在北京联合召开学习、宣传、贯彻《中国教育改革和发展纲要》报告大会。会议指出，确立教育在现代化建设中的战略地位，是我国现代化建设指导思想上的一个重大转变，要实现现代化的宏伟目标，必须优先发展教育，把沉重的人口负担转化为人才优势。

9309 | **3月2日至4日**

审计署驻国家教委审计局在北京召开全国教育审计工作会议。会议研讨在当前教育经费紧缺的情况下，如何用好政策，开源增收，以及如何加强对教育经费的使用管理和审计监督，提高效益，为加快教育事业发展和改革服务等问题。

9310 | **3月4日**

纪念毛泽东等老一辈革命家为雷锋同志题词发表30周年大会在北京人民大会堂举行。在学雷锋活动中作出突出成绩的101个先进集体和100个先进个人受到表彰。

9311 | **3月7日**

福建省八届人大常委会第二次会议批准《福州市保护城市中学小学幼儿园建设用地若干规定》，为保护城市中小学、幼儿园建设用地提供法律依据。《规定》要求，幼儿园的设置规模，应当按照规划技术规范，根据所居住的适龄儿童数量和分布状况合理确定；幼儿园建设用地面积，按国家和省规定的生均用地定额执行；市城乡规划主管部门会同市教育主管部门确定幼儿园建设用地规划红线；规划配套建设的幼儿园必须与建设项目同时设计、同时施工、同时交付使用。4月21日，国家教委办公厅转发《规定》。

9312 | **3月15日**

八届全国人大一次会议在北京人民大会堂开幕，国务院总理李鹏作《政府工作报告》。《报告》指出，五年来，教育事业有较大发展，国家财政和社会各方面对教育事业的投入达3200亿元，比上一个五年增加1710亿元。教育改革逐步深入，教育质量有所提高。《报告》强调，今后五年是实现我国现代化建设第二步战略目标的关键性五年。开创教育事业的新局面。必须认真贯彻《中国教育改革和发展纲要》，把教育摆在优先发展的战略位置。要坚持"教育必须为社会主义现代化建设服务，必须与生产劳动相结合，培养德、智、体全面发展的建设者和接班人"的方针。教育要从小抓起。各级政府都要采取切实措施，大力加强基础教育，增加教育投入，多渠道筹集教育经费。积极探索建立以政府办学为主体、社会各界共同办学的新体制和多种办学模式。加强师资队伍建设，提高教师的政治素质和业务水平，提高教学质量和办学效益。

9313 | **3月**

由卫生部政策法规司主办的《儿童与健康》创刊。该刊围绕着为儿童"身体—心理—社会适应全方位健康"服务的宗旨，向以年轻父母为主体的读者介绍育儿的知识和经验。

9314 | **4月2日**

教育系统组织、人事工作会议在广东深圳召开。会议学习贯彻邓小平同志视察南方时的重要谈话、党的十四大报告和《中国教育改革和发展纲要》精神，研究加快教育系统组织、人事工作改革步伐等问题。

9315 | **4月22日**

宁夏回族自治区人民政府发布《中小学幼儿园教师继续教育暂行规定》。《暂行规定》明确了教师接受继续教育的权利和任务。教师完成继续教育所规定的课时并经考试取得合格成绩，是教师评聘（晋升）专业技术职务、晋升工资和新教师转正定级的重要条件。

9316 | 4月22日至24日

国家教委基础教育司根据《中国—联合国儿童基金会加强贫困地区小学教育合作项目》执行计划，在北京召开女童就学研讨会。会议强调有效解决农村女童特别是贫困地区女童就学难的问题，是20世纪末实现“两基”“两全”战略目标的关键一环。

9317 | 5月6日

国家教委直属机关第二次党代会召开。中共国家教委党组书记、国家教委主任朱开轩讲话指出，新一届领导班子组成后的主要任务是：在上一届领导班子已经开创的较好工作局面的基础上，在邓小平有中国特色社会主义理论指导下，继续积极、全面、正确地贯彻党的十四大和八届全国人大一次会议精神，扎扎实实地抓好《中国教育改革和发展纲要》的实施，推动教育的改革和发展。

9318 | 5月10日

国家教委主任朱开轩会见美国驻华大使芮效俭一行时指出，教育的改革开放是整个国家改革开放政策的重要组成部分，因为教育是培养人并着眼于未来的事业，教育的开放有两层意思：一是不能封闭办教育，教育要与经济以及整个社会相通；二是中国教育要与世界教育沟通，学习和借鉴各国办教育的好的经验。办好中国的教育要实现六个字：发展、改革、开放。

9319 | 5月18日至22日

联合国儿童基金会和国家教委在广东江门联合召开“幼儿教育发展——向90年代挑战”研讨会，就中国学前教育的问题和对策进行研讨。

9320 | 5月31日

中共中央政治局委员、国务院副总理李岚清参加北京市东城区史家胡同小学和大方家幼儿园举行的“六一”国际儿童节庆祝活动，代表党中央和国务院向全国少年儿童致以节日祝贺，向辛勤培育孩子们的教师表示亲切慰问。

9321 | **6月3日**

中国儿童发展中心在中国儿童活动中心举办儿童发展知识展览。展览向全国各界热爱儿童发展事业的朋友展示了我国儿童事业发展的新水平和新成就，同时与儿保、妇保、营养、教育、心理及社区工作者共同探讨各学科有关知识的普及内容和方法。

9322 | **6月10日**

国家教委、人事部、财政部印发通知，将1978年发布的《关于评选特级教师的暂行规定》修订为《特级教师评选规定》。新《规定》进一步明确了特级教师的性质，强调特级教师是国家为了表彰特别优秀的中小学教师而特设的一种既具先进性、又有专业性的称号。特级教师应是师德的表率、育人的模范、教学的专家。

9323 | **6月**

浙江教育出版社出版《中国教育大事典（1949—1990）》，中国教育学会会长张承先为该书作序。这是一部反映新中国教育发展历史的大型资料工具书，摘引国家历年发布的教育文献有关原文，为各级教育部门及各级各类学校借鉴教育历史经验提供方便。

9324 | **7月7日**

《中国教育报》举行创刊10周年纪念会。中共中央总书记、国家主席、中央军委主席江泽民为该报题词："加强教育宣传工作为培养社会主义事业接班人服务。"中共中央政治局常委、国务院总理李鹏题词："热烈祝贺中国教育报创刊十周年！希望你们进一步解放思想，实事求是，大胆探索，再接再厉，为中国教育改革与发展做出更大的贡献。"该报从1983年7月7日正式创刊至今，已发展成为有着广泛影响的全国性教育日报。

9325 | **8月24日**

国家教委召开电视会议，要求尽快解决当前基础教育面临的教育经费短缺、拖欠教师工资、乱收费、初中生辍学较多等突出问题。

9326 | **8月**

国家教委主任朱开轩在陕西考察基础教育时强调，教育的难点、重点在基础教育，特别是农村基础教育；办好基础教育的关键是增加教育投入、稳定教师队伍。解决当前基础教育面临的突出问题，必须认真实施《中国教育改革和发展纲要》，在各级党委、人民政府的领导下推动教育的发展。

9327 | **9月2日**

国家教委召开基础教育形势分析会，讨论分析了当前基础教育尤其是农村基础教育的形势，确定1993年下半年国家教委要集中力量重点抓好基础教育工作，切实解决基础教育工作面临的困难和问题。

9328 | **9月13日**

国家教委、人事部、财政部联合印发《关于禁止在民办教师选招公办教师中乱收费的通知》。通知明确规定，除国务院和省级人民政府以及中央和省两级财政、计划（物价）部门批准的收费项目外，任何地区、任何单位不准以任何理由，在民办教师选招公办教师中，巧立名目收取费用。

9329 | **9月20日**

国务院残疾人工作协调委员会、国家教委、民政部、中国残联联合发布《关于表彰特殊教育先进县（市、区）的决定》，对成绩突出的89个县（市、区）授予“特殊教育先进县（市、区）”的光荣称号，发给奖牌、证书和奖金（用于特殊教育）；并对取得显著成绩的165个县（市、区）予以通报表彰。

9330 | **9月21日**

中国教育学会在上海举办纪念邓小平“三个面向”题词10周年学术讨论会。全国政协副主席苏步青、中国教育学会会长张承先、国家教委副主任柳斌等出席会议。会议认为，“三个面向”从战略高度提出了我国教育的根本任务，指明了教育改革和发展的方向，这是邓小平有中国特色社会主义理论中的教育思想精髓，是我国教育方针的重要组成部分。

9331 | 10月4日

国务院总理李鹏主持召开国务院第十次常务会议，审议并原则通过《中华人民共和国教师法（草案）》。此前，该法起草人员根据七届全国人大常委会第二十一次会议审议时提出的意见，对教师的管理体制、教师的计划分配与聘任制、教师的待遇、教师职务等问题作了修改。

9332 | 10月9日

北京景山学校举行邓小平“三个面向”题词发表10周年纪念会。国务院总理李鹏致电向大会表示祝贺，国务院副总理李岚清出席纪念会并讲话。

9333 | 10月15日至16日

根据中共中央政治局委员、国务院副总理李岚清的指示，国家教委主任朱开轩、副主任柳斌邀请专家学者就“基础教育投入对策”进行座谈。

9334 | 10月25日至27日

全国民族教育宣传工作会议在广西恭城瑶族自治县召开。会议提出，要进一步加强民族教育的宣传工作，扩大全国各少数民族地区教育信息的传递与交流。

9335 | 10月28日

受国务院委托，国家教委主任朱开轩在八届全国人大常委会第四次会议上，就当前教育战线的形势和实施《中国教育改革和发展纲要》中存在的几个问题作报告。

9336 | 10月31日

八届全国人大常委会第四次会议审议通过《中华人民共和国教师法》，国家主席江泽民签署主席令第15号，发布《教师法》。《教师法》共9章43条，包括总则、权利和义务、资格和任用、培养和培训、考核、待遇、奖励、法律责任、附则，自1994年1月1日起施行。其中，在幼儿教师资格学历方面，《教师法》规定“取得幼儿园教师资格，应当具备幼儿师范学校毕业及其以上学历”。该法是新中国也是我国教育史上第一部有关教师的法律，是加强教师队伍建设、保障人民教师合法权益的重要法律。

9337 | **11月2日**

《邓小平文选》第三卷在全国公开发行。11月5日，中共国家教委党组印发《关于学习〈邓小平文选〉第三卷的通知》。《邓小平文选》第三卷收入邓小平在1982年至1992年间的重要著作，共119篇。《邓小平文选》第三卷的出版，是全党和全国人民政治生活中的大事，为我们进一步落实党的十四大提出的用邓小平同志建设有中国特色社会主义理论武装全党的战略任务，统一思想，提高教育工作水平提供了很好的教材和重要的思想武器，意义十分重大。

9338 | **11月9日至13日**

国家教委基础教育司、中央教科所、联合国教科文组织、联合国儿童基金会联合举办教育评价技术报告会，讨论在中国建立教学质量监控机制等问题。

9339 | **11月14日**

党的十四届三中全会讨论通过《中共中央关于建立社会主义市场经济体制若干问题的决定》。《决定》指出，以邓小平同志1992年初重要谈话和党的十四大为标志，我国改革开放和现代化建设事业进入了一个新的发展阶段。在本世纪末初步建立起新的经济体制，是全党和全国各族人民在新时期的伟大历史任务。要始终坚持以是否有利于发展社会主义社会的生产力，是否有利于增强社会主义国家的综合国力，是否有利于提高人民的生活水平，作为决定各项改革措施取舍和检验其得失的根本标准。《决定》提出，要进一步改革科技体制和教育体制。社会主义市场经济体制的建立和现代化的实现，最终取决于国民素质的提高和人才的培养。各级党委和人民政府要把优先发展教育事业作为战略任务来抓，加强对教育工作的领导。确保教育投入，提高教学质量和办学效益。改变政府包揽办学的状况，形成政府办学为主与社会各界参与办学相结合的新体制。强化义务教育，大力发展职业教育和成人教育，优化教育结构。义务教育主要由政府投资办学，同时鼓励多渠道、多形式社会集资办学和民间办学。各类学校都要加强教师队伍建设，改善德育教育。

9340 | **11月16日**

国务院办公厅印发《关于采取有力措施迅速解决拖欠教师工资问题的通知》。通知要求各地人民政府年底前解决拖欠教师工资问题。

9341 | **11月21日**

国务院印发《关于贯彻实施〈中华人民共和国教师法〉若干问题的通知》。通知提出，要确保1993年底之前彻底解决拖欠教师工资的问题，并保证今后不再产生新的拖欠。对1994年1月1日以后拖欠教师工资的，要依法追究有关领导的责任。要确保教师的平均工资水平不低于或高于国家公务员的平均工资水平。

9342 | **12月3日**

国务院副总理李岚清在北京接见联合国开发计划署、联合国儿童基金会、联合国教科文组织、联合国人口基金和世界银行驻华代表处的代表及高级官员。在过去10年里，这五个国际组织向国家教委提供了7000万美元的援款和10亿美元无息贷款。

9343 | **12月12日至17日**

国家教委在广东省江门市举行全国城市教育综合改革研讨会在。会议提出，要认真贯彻《中国教育改革和发展纲要》，加快城市教育综合改革步伐。

1994年

改革进行时

• 重要文件

中共中央《关于进一步加强和改进学校德育工作的若干意见》

中共中央《爱国主义教育实施纲要》

国务院《关于〈中国教育改革和发展纲要〉的实施意见》

国务院《残疾人教育条例》

国务院《教学成果奖励条例》

国家教委办公厅《国家教育督导团若干工作制度（试行）》

卫生部、国家教委《托儿所、幼儿园卫生保健管理办法》

• 重要政策

确立教育优先发展的战略地位

出台托儿所、幼儿园卫生保健制度

• 重要会议

中共中央、国务院召开全国教育工作会议

国家教委基础教育司召开全国学前班试点工作会议

国家教委召开全国农村教育综合改革工作会议

• 改革亮点

重视和规范托儿所、幼儿园的卫生保健工作。卫生部、国家教委发布《托儿所、幼儿园卫生保健管理办法》，对托儿园和幼儿园的儿童保健人员的配备，儿童卫生保健的具体内容作出明确规定，有助于提高托儿所和幼儿园的保育质量。

9401 | **1月1日**

《中国教育报》全文刊发邓小平1985年5月19日在全国教育工作会议上的讲话《把教育工作认真抓起来》，并发表题为《学习邓小平教育思想，落实教育的战略地位》的社论，进一步落实教育优先发展的战略地位。

9402 | **1月9日至13日**

国家教委在河北石家庄召开北京、河南、山东等十四省（自治区、直辖市）教育行政部门人事处、法规处处长参加的贯彻《教师法》座谈会，交流各地贯彻《教师法》的办法和措施，讨论《中小学教师资格试行条例》《教师聘任试行办法》等《教师法》配套法规。

9403 | **1月11日**

全国教育系统邓小平建设有中国特色社会主义理论研究中心在北京成立。该中心同中国社科院、中央党校、军队系统等单位的理论中心密切配合，积极组织和大力推动教育系统对邓小平建设有中国特色社会主义理论的学习和研究，负责教育系统内部学术理论方面的指导和组织协调工作。

9404 | **1月11日**

国家教委在北京召开1994年全国教育工作电话会议。国家教委主任朱开轩在工作报告中回顾总结了过去一年的教育工作，部署安排1994年的主要任务。会议指出，1994年教育工作总的指导思想是：以邓小平同志建设有中国特色社会主义理论为指导，认真贯彻党的十四届三中全会精神，全面部署和推进《中国教育改革和发展纲要》的实施工作，严格执行《教师法》，加大教育改革力度，促进教育事业进一步发展。会议强调，1994年要继续发展幼儿教育和特殊教育。

9405 | **2月21日至25日**

国家教委主任朱开轩到山东济南、临沂、莱芜三地市对教育工作进行调查研究时强调，为在20世纪末实现国民经济和社会发展第二步战略目标，教育必须通过改革为之提供较为充足的人才资源，为此，认真贯彻、落实《中国教育改革和发展纲要》就成为各级人民政府和教育部门的一项紧迫的任务。

9406 | **3月1日**

国家教育发展研究中心在北京人民大会堂举行邓小平教育思想研讨会。会议指出，邓小平同志始终把教育作为关系社会主义建设全局和社会主义历史命运的战略问题加以考察，形成了具有中国特色和时代特征、内涵十分丰富而深刻的教育思想，成为指导我国教育改革和发展的科学的理论基础和强大的思想武器。

9407 | **3月9日**

国家教委在北京召开修改《教育法（草案）》座谈会。教育界、法律界10多位专家学者出席会议，对《教育法（草案）》中涉及的教育方针、基本教育制度、教育投入、学校分类、法律责任等重大问题提出修改意见。

9408 | **3月10日**

八届全国人大二次会议在北京召开，国务院总理李鹏作《政府工作报告》。《报告》指出，1993年是全面贯彻党的十四大精神，沿着建设有中国特色社会主义道路胜利前进的一年。教育事业在改革中前进，基础教育、职业教育、成人教育和高等教育继续发展与提高。《报告》提出，1994年要加快建立社会主义市场经济体制，保持国民经济持续、快速、健康发展，维护政治稳定，促进社会全面进步，认真处理好改革、发展、稳定三者之间的关系。《报告》强调，发展科技教育文化事业，加强社会主义精神文明建设，既是现代化建设的重要内容，也是改革开放和经济建设顺利进行的重要保证，要抓好教育改革和发展。现代化建设有赖于国民素质的提高和人才的培养。各级人民政府要有长远眼光和紧迫感，把教育放在优先发展的战略地位。要加快教育改革步伐，切实增加教育投入，加强教育经费管理，促进教育事业的发展。各级人民政府宁可在别的方面节省一点，也要千方百计为教育办几件实事。教育改革要把重点放到调整教育结构、提高教学质量和经费使用效益上来。各类学校都要贯彻德智体全面发展的方针，加强和改善德育教育，重视国情教育、形势教育和优良传统教育，培养有理想、有道德、有文化、有纪律的新人。

认真执行《教师法》，充分发挥教师的作用，努力改善教师待遇，在全社会形成尊师重教的良好风尚。

9409 | **3 月 14 日**

国务院发布《教学成果奖励条例》，旨在奖励取得教学成果的集体和个人，鼓励教育工作者从事教育教学研究，提高教学水平和教育质量。

9410 | **4 月 6 日**

国家教委印发《关于建立国家教育督导团的通知》。通知指出，为了加强对各地区、各部门教育工作的宏观管理，保证国家有关教育的方针、政策、法规的执行，推动义务教育的实施和整个中等及中等以下教育的改革与发展，经国务院批准，成立国家教育督导团。国家教育督导团在中共国家教委党组领导下，行使教育督导职权。

9411 | **4 月 8 日**

中共中央政治局委员、国务院副总理李岚清主持召开民主党派负责人座谈会，听取各民主党派对《教育法（草案）》的修改意见。国家教委主任朱开轩就《教育法（草案）》作了说明。

9412 | **4 月 22 日至 26 日**

全国教育科学规划领导小组扩大会议暨第二次教育科研工作座谈会在河北石家庄举行。国家教委副主任兼全国教育科学规划领导小组组长何东昌、国家教委副主任兼全国教育科学规划领导小组副组长王明达出席会议并讲话。8 月 31 日，国家教委办公厅印发座谈会纪要。

9413 | **4 月 29 日**

来自首都教育、理论、新闻、出版界的专家学者座谈纪念《教育研究》杂志创刊 15 周年。国务院副总理李岚清为杂志题词："进一步深入开展教育理论的研究，为促进祖国教育改革和发展作贡献。"《教育研究》自 1979 年 4 月创刊以来，为繁荣我国教育科学研究工作以及教育事业的改革与发展作出了贡献，成为我国教育科学面向世界的一个窗口。

9414 | **4月**

北京市教育局、北京市妇联、北京市家庭教育研究会宣布实施北京家庭教育指导行动。指导行动包括三方面内容：帮助家长了解婴幼儿、儿童、少年的生理心理特点；帮助家长树立正确教育思想，掌握科学教育内容方法；回答在子女成长过程中遇到问题。

9415 | **5月26日**

国务院妇儿工委在中南海召开实施《九十年代中国儿童发展规划纲要》工作会议暨儿童工作先进表彰会。会议指出，亿万儿童能否健康成长，关系到国家的前途命运，关系到党的事业的兴衰成败。做好儿童工作，是提高民族素质的一项基础工程，是实现我们宏伟目标的重要保证，是社会主义现代化建设事业兴旺发达的必然要求。

9416 | **6月8日**

中共中央政治局常委、国务院总理李鹏在中南海与各民主党派中央、全国工商联负责人和无党派人士进行座谈，征求对全国教育工作会议报告（征求意见稿）的意见。李鹏指出，这次全国教育工作会议，是改革开放以来党中央、国务院召开的第二次教育工作会议，也是我国教育发展史上一次重要的会议。这次会议对全面部署和动员实施《中国教育改革和发展纲要》，研究和解决我国教育改革和发展中的重大问题，实现九十年代教育改革和发展的战略目标，促进我国社会主义现代化建设，必将产生重大影响。

9417 | **6月14日至17日**

中共中央、国务院在北京召开全国教育工作会议。会议的主要任务是，以邓小平建设有中国特色社会主义理论和党的基本路线为指导，贯彻党的十四大和十四届三中全会精神，进一步落实教育优先发展的战略，动员全党全社会认真实施《中国教育改革和发展纲要》，为实现九十年代我国教育改革和发展的任务而奋斗。会议强调，要重视发展幼儿教育，解决好女童入学问题。

9418 | **6 月 18 日**

为祝贺全国教育工作会议闭幕，《人民日报》发表题为《坚决落实教育优先发展的战略》的评论员文章。《光明日报》发表题为《教育发展史上的里程碑》的社论。《中国教育报》发表题为《开创教育工作的新局面》的社论。

9419 | **6 月 22 日**

中国教育学会在北京举行纪念会，庆祝学会成立 15 周年。中共中央政治局委员、国务院副总理李岚清题词祝贺。中国教育学会会长张承先作题为《进一步发挥教育学会在深化教育改革中的作用》的讲话。

9420 | **6 月 22 日至 24 日**

国家教委艺术教育委员会在北京召开第三届全体委员会议。会议指出，美育是教育中不可缺少的重要组成部分，对于陶冶人的思想情操，提高人的审美情趣，使人树立崇高的审美理想，具有其他教育所不可替代的作用。

9421 | **7 月 2 日**

八届全国人大常委会第八次会议听取全国人大教科文卫委员会关于检查《教师法》执行情况的报告。1994 年上半年，全国人大常委会和全国人大教科文卫委员会组织 12 个检查组，分赴北京、吉林等地，对《教师法》宣传落实情况进行全面检查。报告认为，自《教师法》颁布以来，各地广泛组织学习，开展宣传和普及活动，积极制定具体措施，紧紧围绕提高教师素质、改善教师工作和生活条件两个重点，做了大量工作，取得了初步成效。

9422 | **7 月 3 日**

国务院印发《关于〈中国教育改革和发展纲要〉的实施意见》。《实施意见》明确，到 2000 年大中城市基本满足幼儿接受教育的要求，广大农村积极发展学前一年的教育。

9423 | **7 月 23 日**

上海国际儿童文化艺术节开幕。中共中央政治局常委、全国人大常委会委员长乔石题词：“世界少年儿童热爱和平。”

9424 | **8月22日**

中国教育学会、光明日报社等举办的全国优秀民办教师表彰大会在北京举行。本次共评选出10名全国十佳民办教师和20名全国优秀民办教师。中共中央政治局委员、国务院副总理李岚清写信向他们表示祝贺。李岚清在信中指出，我国有几百万民办教师，长期以来，他们在十分艰苦的条件下，辛勤耕耘，无私奉献，为我国的教育事业作出了巨大的贡献。我国的民办教师特别应该受到全社会的理解、关心和尊重，希望全社会对民办教师给予更多的关心和支持。

9425 | **8月22日**

北京市教育工作会议宣布中共北京市委、北京市人民政府关于建立海淀区教育改革实验区的决定。中共北京市委、北京市人民政府在建立海淀区教育改革实验区的批复中提出，教育改革试验在海淀区行政区域内进行，除双管和市属高等院校外，其他各类教育均可被列入改革实验范围。

9426 | **8月23日**

国务院发布《残疾人教育条例》。《条例》共9章52条。《条例》第二章学前教育规定，残疾儿童家庭应当对残疾儿童实施学前教育，残疾幼儿的学前教育可以通过残疾幼儿教育机构、普通幼儿教育机构、残疾儿童福利机构、残疾儿童康复机构、普通小学的学前班和残疾儿童、少年特殊教育学校的学前班等多种机构实施。

9427 | **8月23日**

中共中央发布《爱国主义教育实施纲要》。《实施纲要》指出，加强爱国主义教育，对于增强民族凝聚力，团结全国各族人民自力更生、艰苦创业，具有重要的现实意义和深远的历史意义。爱国主义教育是提高全民族整体素质和加强社会主义精神文明建设的基础性工程，是一项十分重要的工作。《实施纲要》强调，要把爱国主义教育贯穿到幼儿园直至大学的教学、育人全过程中去。9月23日，国家教委印发《关于贯彻〈爱国主义教育实施纲要〉的通知》。

9428 | **8月31日**

中共中央印发《关于进一步加强和改进学校德育工作的若干意见》。《意见》共25条，是新形势下学校德育工作的纲领。《意见》指出，新形势对学校德育工作提出了更高的要求，要整体规划学校德育体系；深入持久地进行爱国主义、集体主义和社会主义思想教育；开展中华民族优良道德传统的教育。9月19日，国家教委印发《关于学习贯彻〈中共中央关于进一步加强和改进学校德育工作的若干意见〉的通知》。通知要求，精心组织、深入学习意见；广泛宣传，形成落实意见的有利环境；认真研究，制定贯彻意见的规划和措施；加强检查，切实保证意见的贯彻落实。

9429 | **9月9日**

国家教委办公厅发布《国家教育督导团若干工作制度（试行）》。《工作制度》指出，国家教育督导团工作会议，原则上每年召开一次，由总督学主持，副总督学和全体国家督学参加。国家教育督导团工作会议的主要任务是：确定教育督导团年度工作计划；总结工作经验，研究制定教育督导工作法规和重要的政策文件。

9430 | **9月15日**

国家教委发布《关于表彰全国农村教育综合改革先进集体的决定》。北京市昌平县等204个单位被评为全国农村教育综合改革先进单位。

9431 | **9月20日**

国家教委印发《关于进一步做好学校收费工作的通知》。通知指出，学校收费项目和标准的确定，必须严格按规定审批权限进行，不得层层下放，不得超越自立收费项目和提高收费标准。不得把捐资助学同录取学生挂钩，坚决杜绝以钱买分、以钱买学籍、以钱选择公办学校和重点学校的错误做法。

9432 | **9月22日至26日**

国家教委在河北唐山召开全国农村教育综合改革工作会议。会议明确把农村教育综合改革作为贯彻全国教育工作会议精神和实施《中国教育改革和发展纲要》的一项重要任务，系统总结这些年各地改革的经验，明确强调今后要更广泛动员大中专院校和教育科研单位积极参与改革。

9433 | **9月28日**

中共中央发布《关于加强党的建设几个重大问题的决定》，要求学校党的建设要围绕学校的改革和发展，加强和改进德育工作，培养有理想、有道德、有文化、有纪律的社会主义事业的建设者和接班人来进行。

9434 | **10月22日至24日**

国务院办公厅在辽宁大连召开全国教师住房工作经验交流会。会议总结、交流和推广各地、各部门解决教师住房问题的经验及做法，研究加快教师住房建设和改革的方针政策及目标任务，以推动全国教职工住房条件的全面改善。国务院副总理李岚清出席会议并讲话。国家教委副主任张孝文在会上作报告。国务院副秘书长刘济民在闭幕会上作总结。

9435 | **10月27日**

八届全国人大常委会第十次会议通过《中华人民共和国母婴保健法》。本法自1995年6月1日起实施。

9436 | **10月28日**

全国政协、民进中央在北京举行纪念叶圣陶先生诞辰100周年座谈会。会议指出，叶圣陶先生作为一位杰出的文学家、教育家、编辑出版事业家、社会活动家，在新民主主义革命时期和社会主义建设时期作出了重大的贡献。他的光辉一生中始终贯穿着热爱党、热爱社会主义祖国，全心全意为人民服务，坚持真理，无私奉献的崇高精神。他是中国知识分子的典范，是风范永存的一代师表。

9437 | **11月1日**

国家教委办公厅印发《关于民办学校向社会筹集资金问题的通知》。根据国务院副总理李岚清“教育事业历来都不能以盈利为目的，对那些以办教育为名而牟取高利尤不能容忍，请告各地区、各部门注意，并对此进行清理，妥善处置”的指示，通知对民办学校向社会筹集资金的有关问题作出规定。

9438 | 11月2日至11日

由联合国教科文组织支持召开的农村教育紧迫需要地区研讨会在河北保定举办。国家教委副主任王明达在开幕式上指出，这次农村教育紧迫需要地区研讨会的召开，是贯彻1990年召开的世界全民教育大会和1993年召开的九个发展中人口大国全民教育首脑会议精神的一次重要活动，也是促进亚太地区各国实施全民教育的一项重要措施。来自16个国家和国际组织的代表就亚太地区各国农村教育发展中的一些紧迫问题交换意见和交流经验，并对一些理论问题进行探讨。

9439 | 11月4日至7日

国家教委教育发展研究中心和中国联合国教科文组织全国委员会秘书处在北京联合召开市场经济与教育改革国际研讨会。国家教委主任朱开轩在开幕式上讲话指出，社会主义市场经济的建立和发展，要求相应地进行教育改革，建立起与社会主义市场经济体制和政治科技体制相适应的、充满生机和活力的新的教育体制，转换教育运行机制，增强教育主动适应社会发展需要的能力。

9440 | 11月8日

国际农村教育研究与培训中心在河北保定成立。联合国教科文组织总干事马约尔，国家教委副主任、中国联合国教科文组织全国委员会主任韦钰等参加了中心落成揭幕仪式。马约尔和韦钰分别代表联合国教科文组织和国家教委签署了国际农村教育研究与培训中心协议备忘录，并对中心工作进行考察指导。

9441 | 11月14日

据《中国教育报》报道，人事部、国家教委印发《关于下达1994年度从民办教师中选招公办教师专项指标的通知》。通知决定，要在1994年的机关、事业单位劳动工资计划内，安排15万专项指标，用于解决民办教师转公办教师问题。

9442 | **11月21日**

国务院总理李鹏主持召开国务院第二十六次常务会议，讨论并原则通过《中华人民共和国教育法（草案）》。12月29日，八届全国人大常委会第十一次会议通过决定，将《中华人民共和国教育法（草案）》提交1995年3月5日召开的八届全国人大三次会议审议。

9443 | **11月29日至12月2日**

国家教委基础教育司在北京召开全国学前班试点工作会议。国家教委副主任柳斌讲话指出，幼儿教育是教育事业的组成部分，各级教育部门必须在发展中小学教育的同时把幼教工作做好。要提高认识，抓住机遇，深化改革，促进幼儿教育事业的发展。

9444 | **12月1日**

卫生部、国家教委发布《托儿所、幼儿园卫生保健管理办法》。《管理办法》明确了托儿所、幼儿园的保健室与隔离室设置要求、儿童保健人员配备要求、卫生保健工作的内容与要求、工作人员的健康要求等。《管理办法》规定，卫生行政部门主管托儿所卫生保健工作，教育行政部门协助卫生行政部门检查、指导幼儿园的卫生保健工作；各类托儿所、幼儿园必须设立保健室，并根据接收儿童的数量配备儿童保健人员。

1995年

改革进行时

• 重要文件

国务院《教师资格条例》

国家教委《关于〈中华人民共和国教师法〉若干问题的实施意见》

国家教委等七单位《关于企业办幼儿园的若干意见》

国家教委《三年制中等幼儿师范学校教学方案（试行）》

• 重要政策

明确了学前教育在教育体系中的地位

实施教师资格制度

明确企业办幼儿园的相关规定

对三年制中等幼儿师范学校的培养目标和规格作出详细规定

• 重要会议

国家教委召开全国城市教育综合改革会议

国家教委召开企业办幼儿园体制改革研讨会

国家教委召开全国学生安全和保险工作会议

• 改革亮点

学前教育进入全面依法治教阶段。《中华人民共和国教育法》的发布确立了学前教育在我国教育体系中的地位，《教师资格条例》明确了幼儿园教师的法定身份地位，学前教育发展进入全面依法治教的新时期。

深化中等幼儿师范教育教学改革。《三年制中等幼儿师范学校教学方案（试行）》在教育专业课程设置上作了重大改革：打破原“三学六法”的课程体系，取消六科教学法，教育专业课程改为幼儿卫生保育教程、幼儿心理学、幼儿教育概论、幼儿园教育活动的设计与指导四门课程。

改革企业办园体制，幼儿教育逐步社会化。国家教委等七单位联合印发的《关于企业办幼儿园的若干意见》提出，要加强企业幼儿园内部管理运行机制的改革，增强办园活力。改革现行幼儿园收费制度，鼓励企业幼儿园向社会开放，逐步改变幼儿园经费由企业全部包揽的做法。要深化改革，积极稳妥地推进幼儿教育逐步走向社会化。

9501 | **1月4日**

中共国家教委党组书记、国家教委主任朱开轩主持召开国家教委党组会议和主任办公会议，听取关于八届全国人大常委会第十一次会议审议《中华人民共和国教育法（草案）》有关情况的通报，部署与有关部门继续密切配合，做好报请八届人大三次会议审议的相关工作。会议研究中共国家教委党组贯彻党的十四届四中全会精神的进展情况，讨论并通过《国家教委党组关于进一步坚持和健全民主集中制的若干意见》，讨论国家教委 1995 年的重点工作。

9502 | **1月10日至12日**

全国教育系统首届邓小平建设有中国特色社会主义教育理论研讨会在首都师范大学举行。全国高校、教科院所等单位 50 多位专家、学者就邓小平教育思想的战略地位、人才观、德育观等问题交流了研究成果。

9503 | **1月11日至14日**

八届全国政协常委会第九次会议在北京召开。中共中央政治局常委、全国政协主席李瑞环就基础教育的重要性、目前存在的困难和问题以及如何按照《中国教育发展和改革纲要》发展基础教育，发表《全社会都要关心和支持基础教育》的重要讲话。中共中央政治局委员、国务院副总理李岚清就我国的教育工作作了报告。

9504 | **1月16日**

国家教委召开 1995 年度教育工作电话会议。会议回顾总结过去一年的教育工作，部署安排 1995 年的主要任务。国家教委主任朱开轩在讲话中谈到几个社会关注的教育热点问题，其中包括国有企业办幼儿园问题。朱开轩指出，在社会服务体系尚未健全起来，政府和社会承接企业幼儿园还缺乏各种必要的准备和配套措施的情况下，国有企业仍有办好所属幼儿园的责任，要防止出现大的波动，影响基础教育的发展和社会的稳定。

9505 | 1月27日

国家教委发布《三年制中等幼儿师范学校教学方案（试行）》。《方案》提出，中等幼儿师范学校是培养幼儿园教师的中等专业学校。幼儿教师的培养规格包括思想品德，知识、技能及基本能力，身心素质三方面；课程设置由必修课、选修课、教育实践和课外活动四部分组成。

9506 | 2月2日

国家教委、全国妇联、共青团中央在北京举行“心中有祖国、心中有他人”爱国主义教育活动新春联谊会，纪念世界反法西斯战争和中国抗日战争胜利50周年。中共中央政治局委员、国务院副总理李岚清为活动题词:“心中有祖国、心中有他人，是对少年儿童进行爱国主义教育的一个好形式。”

9507 | 2月11日至13日

国家教委在天津大学召开1995年全国教育系统纪检监察工作会议。会议传达了中央纪律检查委员会第五次会议精神，总结了1994年教育系统反腐败斗争情况，研究部署了1995年的教育纪检监察任务。会议强调，加大监督检查力度，使纪律监察工作制度化规范化。

9508 | 2月26日

全国少工委召开全国千万对少年儿童“手拉手”动员会议。会议宣布1995年全国将有一千万对少年儿童结成“手拉手”好朋友，这一目标首先在100个城市落实。“手拉手”是在城市和乡村、富裕地区和贫困地区、健康的和有残疾的以及各个民族的少年儿童之间，互相通信往来、互助互学、奉献爱心、共受教益的一项实践教育活动。

9509 | 3月5日

八届全国人大三次会议在北京人民大会堂开幕，国务院总理李鹏作《政府工作报告》。《报告》指出，1994年，各级各类教育继续发展，普及九年义务教育受到更大重视，办学条件有所改善，职业教育和成人教育有较大发展，教师工作条件、生活待遇以及民办教师转正问题，得到不同程度的改善和解决。《报告》指出，1995 年是继续推进改革开放和现代化建设的重要一年。发展科技教育文化和卫生体育事业，提高思想道德水平，建设社会主义精神文明，对发展社会主义市场经济，促进社会全面进步，有着极其重要的作用，必须继续认真抓好这些领域的改革和发展。要深化教育改革，加快发展教育事业，进一步落实教育优先发展的战略地位。切实抓好基础教育。鼓励社会力量办学，以调动各方面办学的积极性。从中央到地方，各级人民政府都要继续增加教育投入。各类学校都要充分利用现有条件，努力提高教学质量和办学效率，合理配置和有效利用教育资源。各类学校都要认真贯彻德、智、体全面发展的方针。要在全社会形成尊师重教的良好风尚，认真办好各级师范教育，进一步加强中青年教师队伍建设，改善教师工作条件和生活待遇，继续解决民办教师转正的问题。

9510 | **3 月 13 日至 15 日**

国家教委召开全国教育审计工作会议，部署贯彻《中华人民共和国审计法》，加强 1995 年的教育审计工作。会议指出，教育经费要开源节流，为保证教育资金的效益，审计工作尤为重要。

9511 | **3 月 18 日**

八届全国人大三次会议审议通过《中华人民共和国教育法》。《教育法》的颁布实施对落实教育优先发展的战略地位，促进教育的改革与发展，建立具有中国特色的社会主义现代教育制度，提供了根本的法律保障，标志着我国教育工作进入全面依法治教的新阶段。《教育法》共 10 章 84 条，包括总则、教育基本制度、学校及其他教育机构、教师和其他教育工作者、受教育者、教育与社会、教育投入与条件保障、教育对外交流与合作、法律责任、附则等。《教育法》提出“国家实行学前教育、初等教育、中等教育、高等教育的学校教育制度”，明确了学前教育在教育体系中的地位。3 月 24 日，中宣部、全国人大教科文卫委员会、国家教委、司法部、全国教育工会印发《关于学习宣传和贯彻实施〈中华人民共和国教育法〉的通知》，要求各地把学习、宣传和贯彻实施《教育法》作为当前的一项重要任务抓紧抓好。

9512 | **3月28日**

“世界银行贷款第二个贫困地区基础教育发展”项目正式启动，总投资19亿多元人民币。项目将在内蒙古、广西等6省（自治区）的111个县实施。

9513 | **4月12日至16日**

国家教委在湖南长沙召开全国教育人事工作会议，决定采取一系列措施，全面加大教师队伍建设的力度。

9514 | **4月25日至28日**

国家教委在浙江绍兴召开全国城市教育综合改革会议。会议讨论了国家教委《关于推进实验城市教育综合改革的若干意见（讨论稿）》及有关问题。

9515 | **4月30日**

中共中央政治局委员、国务院副总理李岚清与来北京出席全国劳动模范和先进工作者表彰大会的教育系统劳动模范及先进工作者座谈，向他们表示祝贺和敬意，并希望他们再接再厉，肩负起培养跨世纪人才的重任。1995年“五一”国际劳动节，全国共表彰2873名全国劳动模范和先进工作者，其中教育系统185人，约占6.44%。

9516 | **6月6日**

国家教委在北京举办省、自治区、直辖市、计划单列市教委主任美育学习班。举办学习班旨在贯彻《中国教育改革和发展纲要》，加强学校美育与艺术教育，全面贯彻党的教育方针、培养全面发展的建设人才。

9517 | **6月8日至9日**

中央教科所召开国家哲学社会科学“八五”重点课题“农村教育综合改革与社会全面进步”第一次课题研讨会。

9518 | **6月14日**

国家教委印发《关于深入推进农村教育综合改革的意见》。《意见》指出，要将农村教育转到主要为当地经济建设和社会发展服务的轨道上来，调动农村干部、群众办学和送子女上学的积极性，提高农村劳动者的素质。

9519 | **6月21日**

国家教委、文化部、国家体委、全国总工会、共青团中央、全国妇联、中国科协发布《少年儿童校外教育机构工作规程》。《工作规程》就校外教育机构、活动、人员、条件保障、奖励与处罚等作出规定。

9520 | **8月10日**

山东省教育督导学会成立大会暨第一届年会在山东青岛举行。山东省教育督导学会是山东省唯一的研究教育督导的学术团体。学会的成立，旨在研究教育督导的理论、方法，指导检查督促全省中小学和幼儿园正确办学，交流教育督导研究成果，促进山东教育督导制度的建设，推动全省教育事业的发展。

9521 | **8月18日**

国家教委印发《关于实施〈中华人民共和国教育法〉若干问题的意见》。《意见》提出，加强领导，深入学习，转变职能，积极推进全面依法治教；以《教育法》为依据，努力解决当前教育改革和发展中的突出问题，依法落实教育优先发展的战略地位；依法加强对举办学校及其他教育机构的规范化管理，完善学校自主办学的运行机制；重视教育法制工作，抓紧制定《教育法》的配套法规，加强教育执法与监督。

9522 | **8月21日**

国家教委在山东青岛召开企业办幼儿园体制改革研讨会。这次会议总结了青岛、广州、武汉、哈尔滨等城市企业办幼儿园体制改革的成功经验，并决定将有计划地采取多种形式加以推广。

9523 | **8月28日至9月1日**

全国学生安全和保险工作会议在河北秦皇岛举行。会议强调，要加强学生的日常健康教育和安全教育，把“保险”和“防险”结合起来，减少伤亡事故。

9524 | **8月30日**

国家教委在北京召开《教育法》实施工作电话会议。国务院副总理李岚清在讲话中指出，贯彻实施《教育法》是各级人民政府及全社会的共同责任，确保教育优先发展的战略地位，坚持有中国特色的社会主义办学方向，是贯彻落实《教育法》的根本任务。

9525 | **9月19日**

国家教委、国家计委、民政部、建设部、国家经贸委、全国总工会、全国妇联等七单位联合印发《关于企业办幼儿园的若干意见》。《意见》提出，坚持依靠社会力量发展幼儿教育的方针，有条件的企业应继续办好幼儿园；深化改革，积极稳妥地推进幼儿教育逐步走向社会化。同时，《意见》指出，各级人民政府和教育行政部门要加强对企业办园的业务指导，在城市规划建设中安排好幼儿园规划和建设，加强社区对幼儿教育的扶持与管理等，以适应中国经济体制改革的日益深入和社会主义市场经济体制的建立，解决在企业转换经营机制过程中，幼儿教育工作面临的一些新情况和新问题，保证幼教事业的健康发展。

9526 | **9月22日**

据《中国教育报》报道，国家教委决定在东北师范大学建立国家基础教育实验中心。这是我国第一个专门从事基础教育实验研究的国家实验室。

9527 | **9月25日至28日**

党的十四届五中全会在北京召开，审议并通过《中共中央关于制定国民经济和社会发展“九五”计划和2010年远景目标的建议》。中共中央总书记江泽民在闭幕式上作重要讲话指出：“转变经济增长方式，要重视科技和教育，认真实施科教兴国战略，实现科技、教育与经济的紧密结合。科学技术是第一生产力，经济建设必须依靠科学技术，科学技术工作必须面向经济建设，始终把经济建设作为主战场，把攻克国民经济发展中迫切需要解决的关键问题作为主要任务，努力攀登科学技术高峰，提高科技创新能力。教育是基础，关系民族振兴、经济发展和社会全面进步。教育工作必须面向现代化、面向世界、面向未来，提高国民素质，为社会主义现代化事业培养大批跨世纪的优秀人才。”①

9528 | **10 月 6 日**

国家教委印发《关于〈中华人民共和国教师法〉若干问题的实施意见》。《实施意见》就《教师法》的适用范围、教师的管理、教师的任用、教师的培养与培训、教师的考核、教师的奖励、教师的申诉、《教师法》实施的监督等问题作出详细规定。《实施意见》明确指出，《教师法》第二条所称的“教师”包括各级人民政府举办的幼儿园的老师。

9529 | **10 月 14 日**

由 13 个省的优秀民办教师和国家教委、人事部有关人员组成的民办教师考察团赴港澳进行为期 12 天的考察访问。10 月 12 日，国家教委副主任柳斌接见考察团成员时指出，此次考察是新中国成立以来第一次组织这种类型的考察，目的是引起社会各界对民办教师的关注和支持。

9530 | **10 月 25 日至 10 月 27 日**

中国学前教育研究会在四川成都召开第一次代表大会。会议通过《中国学前教育研究会章程》。

9531 | **11 月 27 日至 30 日**

第二次全国教职工住房建设工作经验交流会在云南昆明举行。会议强调，要继续加大教职工住房建设的投资力度和工作力度，推动全国教职工住房建设工作再上新台阶。

9532 | **11 月 30 日**

中央电视台加密卫星电视少儿节目开播。全国 3 亿少年儿童有了属于自己的专门频道，少儿频道在每天上午 8 点半至 10 点播出幼儿节目。

① 《江泽民文选》第一卷，人民出版社 2006 年版，第 462—463 页。

9533 | **12 月 11 日**

联合国儿童基金会《1996 年世界儿童状况》中文版新闻发布会在北京举行。国家教委副主任韦钰在发言中指出，中国政府历来十分重视保护儿童的权利，为儿童发展提供全力的支持。

9534 | **12 月 12 日**

国务院发布《教师资格条例》。《条例》明确教师资格包括幼儿园教师资格，幼儿园教师资格由申请人户籍所在地或者申请人任教学校所在地的县级人民政府教育行政部门认定。

9535 | **12 月 21 日**

由国家教委组织编写的《中国传统道德》多卷本及简编本出版座谈会在北京举行。中共中央总书记江泽民、国务院总理李鹏为该书题词，国务院副总理李岚清作序。

9536 | **12 月 28 日**

国家教委发布《教师资格认定的过渡办法》。《过渡办法》指出，申请教师资格过渡的，必须是《教师法》施行之日前已在各级各类学校和其他教育机构中从事教育教学工作的教师及承担教育教学任务的其他专业技术人员和教育职员。符合《教师法》第十条规定的条件和教师资格过渡范围，不具备《教师法》规定学历但具有小学教师职务，在幼儿园任教的在职教师，可申请认定幼儿园教师资格。

1996年

改革进行时

• 重要文件

国家教委《全国教育事业"九五"计划和2010年发展规划》

国家教委《幼儿园工作规程》

国家教委《学前班工作评估指导要点》

国家教委《关于开展幼儿园园长岗位培训工作的意见》

国家教委《全国幼儿园园长岗位培训指导性教学计划（试行草案）》

国家教委《全国幼儿园园长任职资格、职责和岗位要求（试行）》

• 重要政策

推动基础教育由应试教育转向素质教育

加强幼儿园工作的科学管理

对幼儿园园长的任职和培训等作出规定

• 重要会议

国家教委召开全国社会力量办学管理座谈会

国家教委、财政部召开全国教育财务工作会议

国家教委关心下一代工作委员会召开首次全国工作会议

• 改革亮点

幼儿园园长的专业发展受到重视。《全国幼儿园园长任职资格、职责和岗位要求(试行)》规定了园长的任职资格和主要职责，确立了选拔、任用、考核、培训幼儿园园长的基本依据，促进了园长队伍建设，推进了学前师资队伍建设的整体发展。

9601 | 1月9日

国家教委发布《学前班工作评估指导要点》，以进一步加强学前班的科学管理，端正办班指导思想，全面提高学前班的教育质量，为九年义务教育奠定基础。《要点》内容涵盖学前班的办班指导思想、房舍场地、设备、师资、班额、组织领导、管理、卫生保健、环境创设与利用、师生关系、入学准备、教育活动组织及家园联系等方面。

9602 | 1月11日

国家教委办公厅印发《关于以1997年我国政府恢复对香港行使主权为题对中小学生深入进行爱国主义教育的通知》，要求各级教育行政部门和学校抓住契机对学生进行一次深入的爱国主义教育、中国近代史及国情教育。

9603 | 1月22日至24日

国家教委在北京召开1996年度教育工作会议。会议的主要任务是：贯彻党的十四届五中全会精神，回顾总结教育事业“八五”计划执行情况和1995年的工作情况，讨论研究教育事业“九五”计划和2010年发展规划，并对1996年及今后一个时期的教育工作作出部署。1月24日，中共中央政治局委员、国务院副总理李岚清与会议代表座谈，指出教育改革和发展的大政方针已经确定，要继续深入贯彻党中央、国务院召开的全国教育工作会议精神，实施《中国教育改革和发展纲要》确定的改革思路和发展目标，坚决按《教育法》等教育法律、法规依法治教，努力做好1996年工作，为完成全国教育事业“九五”计划和2010年发展规划开好头、起好步。

9604 | 1月25日

中共中央政治局委员、国务院副总理李岚清在北京会见香港著名爱国人士邵逸夫先生，对他多年来捐资助学，向内地教育事业提供的宝贵支持表示感谢，并高度赞扬了他的爱国之心和慷慨捐助的善举。自1985年以来，邵逸夫连年向内地教育事业捐款已超过10亿港元，援助的项目达720多个。

9605 | **1月25日**

国家教委印发《关于开展幼儿园园长岗位培训工作的意见》。《意见》对幼儿园园长岗位培训工作的基本要求、培训的内容与形式、主要措施作出规定。国家教委同时印发《全国幼儿园园长岗位培训指导性教学计划（试行草案）》，对培训的课程设置和课程内容等作出详细规定。

9606 | **1月26日**

国家教委发布《全国幼儿园园长任职资格、职责和岗位要求（试行）》。《要求》对园长的任职资格、主要职责，以及园长岗位思想品德要求、专业要求、能力要求等作出规定，是选拔、任用、考核、培训幼儿园园长的基本依据。

9607 | **1月26日**

中共中央总书记江泽民、国务院总理李鹏分别为《中国教育地图集》题词。江泽民总书记的题词是："希望这本地图集的出版能有助于大家了解中国教育的历史与现状，真正树立科教兴国的思想。"李鹏总理的题词是："《中国教育地图集》为发展教育事业作出了贡献。"

9608 | **2月3日**

共青团中央等单位在河北石家庄召开全国少年儿童"手拉手"表彰暨推进会议。截至目前，全国已有1100多万对少年儿童结成了"手拉手"好朋友，11.3万名辅导员结成了"手拉手"对子，"手拉手"联谊市、县达800多个，联谊学校达10.8万所，"手拉手"书屋达1.5万个，向贫困地区少年儿童赠送图书、杂志1500多万册、报纸800多万份，向灾区小伙伴送衣物、文具等数百万件。

9609 | **2月7日至9日**

全国首次科普工作会议在北京举办。会议的任务是进一步学习并贯彻《中共中央、国务院关于加强科学技术普及工作的若干意见》和《中共中央、国务院关于加速科学技术进步的决定》，交流探讨在新形势下开展科普工作的做法，讨论全国科普工作"九五"计划纲要编制思路，表彰全国科普工作先进集体和个人。

9610 | **2月12日**

国家教委、劳动部、公安部、交通部、铁道部、国家体委、卫生部联合印发《关于建立全国中小学生安全教育日制度的通知》，决定建立“全国中小学生安全教育日”制度，并确定每年3月份最后一周的星期一为“全国中小学生安全教育日”。

9611 | **3月5日**

八届全国人大四次会议在北京开幕，国务院总理李鹏作《政府工作报告》，题为《关于国民经济和社会发展“九五”计划和2010年远景目标纲要的报告》。《报告》首先回顾了“八五”时期国民经济和社会发展情况，指出过去的五年，是我国人民沿着建设有中国特色社会主义道路阔步前进的五年。以1992年邓小平同志重要谈话和党的十四大为标志，改革开放和现代化建设进入新的发展阶段。科技和教育事业在改革中继续前进。《报告》指出，今后十五年，是我国改革开放和社会主义现代化建设事业承前启后、继往开来的重要时期。实施科教兴国战略，对于今后十五年的发展乃至整个现代化的实现，具有重要意义。优先发展教育，提高国民素质，这是我国现代化事业的百年大计。2000年全国要基本普及九年义务教育，基本扫除青壮年文盲，在经费和师资等方面要予以保证，并加强对贫困地区的支持。积极发展多形式、多层次的职业教育和成人教育。优化教育结构，使普通教育和职业教育的比例更加合理。加快教育体制改革，积极探索与我国改革和发展相适应的办学机制和办学模式。鼓励社会力量办学，逐步形成政府办学为主与社会参与办学的新体制。提倡多种形式的联合办学，优化配置教育资源。各级各类学校都要加强和改进思想政治教育，全面提高学生素质。重视师资队伍建设，全面提高教师素质，改善教师的工作、学习条件和住房等生活条件。教育要面向现代化，面向世界，面向未来，培养大批优秀人才。

9612 | **3月9日**

国家教委发布《幼儿园工作规程》。《规程》共10章，包括总则，幼儿入园和编班，幼儿园的卫生保健，幼儿园的教育，幼儿园的园舍、设备，幼儿园的工作人员，幼儿园的经费，幼儿园、家庭和社区，幼儿园的管理和附则，自6月1日起施行。《规程》的发布对加强幼儿园的科学管理，提高幼儿园保育和教育质量起着重要作用。

9613 | **3月17日**

八届全国人大四次会议批准通过《国民经济和社会发展“九五”计划和2010年远景目标纲要》。《纲要》提出，实施科教兴国战略，要加速科学技术进步，优先发展教育。要重视发展少数民族教育、特殊教育和幼儿教育。加快教育体制改革，积极探索与现阶段我国改革和发展相适应的办学机制和办学模式，逐步形成政府办学为主与社会各界参与办学相结合的新体制。积极推进教学改革。加强和改进德育工作，按照不同年龄学生的特点，加强理想、道德、纪律、法制、国防和民族团结教育。加强师资队伍建设，提高教师政治、业务素质，提高教师的社会地位，改善教师的工作、学习和生活条件。

9614 | **3月27日**

国家教委印发《关于加强社会力量办学管理工作的通知》。通知就加强对社会力量办学的领导和管理，建立健全社会力量办学的审批制度，做好规范学校名称的工作，加强对招生广告（简章）的审核和管理，学校教育质量的检查和评估，学校收费及财产、财务的管理和监督等问题作出规定。

9615 | **3月28日至30日**

国家教委在北京举行全国教育督导室主任会议。国家教委副主任、总督学柳斌讲话指出，教育督导在督政的同时要兼重督学，在积极推进“两基”工作的同时，要下决心推动素质教育，建立评价制度，形成素质教育的机制。截至1995年底，30个省、自治区、直辖市全部建立了教育督导室，367个地区（市、州、盟）和2526个县（市、区、旗）也都建立了教育督导机构；全国有2万多名专、兼职教育督导人员，聘任了三届106位国家督学。

9616 | **4月4日**

国家教委印发《关于要求各级各类学校在重要场合奏唱国歌的通知》，提出建立健全重要场合奏唱国歌的制度。通知提出，在学校升国旗仪式、重要庆祝活动和典礼、政治性公共集会、运动会等重要场合，要奏唱国歌；奏国歌时，与会人员要有组织地齐唱国歌，声音洪亮，音调整齐；要坚持不懈，养成习惯，形成制度。

9617 | **4月5日**

国家教委发布新修订的《教育系统内部审计工作规定》。新《工作规定》自发布之日起施行。

9618 | **4月10日**

国家教委发布《全国教育事业"九五"计划和2010年发展规划》。《规划》提出，今后15年教育发展的基本指导思想是：根据国民经济和社会发展规划和科教兴国战略，切实落实教育优先发展的战略地位，深入推进教育体制改革，优化教育结构，提高教育质量和办学效益，使教育发展与未来我国社会和经济发展需要相适应。"九五"期间，学前教育的具体目标是：3周岁至5周岁儿童毛入园（包括学前班）率达到45%以上，大中城市基本解决适龄幼儿入园问题，农村学前一年级幼儿入园（班）率达到60%以上。2010年学前教育事业具体发展目标是：3周岁至5周岁幼儿毛入园（班）率达到55%。

9619 | **4月12日**

《中国教育报》刊发中共中央政治局委员、国务院副总理李岚清题为《基础教育是提高国民素质和培养跨世纪人才的奠基工程》的文章。文章提出，基础教育在跨入下一个世纪的时候，至少应当做好以下三个方面的工作：一是在全国基本普及九年义务教育，基本扫除青壮年文盲；二是认真实施向素质教育的转轨，全面贯彻教育方针，全面提高教育质量；三是保证基础教育的投入，保障基础教育事业的发展。

9620 | **4月22日**

国家教委印发《关于社会力量办学管理经费问题的意见》。《意见》指出，在行政事业费不能保障社会力量办学管理经费的情况下，可由地方人民政府或人大通过法规、规章作出规定，以适当收费的方式解决社会力量办学的管理经费问题。所收费用要管好用好。教育行政部门不得自行出台收取社会力量办学发展督导费（发展基金、管理费）的政策。

9621 | **5月10日至16日**

中共中央政治局委员、国务院副总理李岚清在湖南考察汨罗县推行素质教育的情况。考察期间，李岚清副总理发表题为《基础教育的根本任务是提高全民族的素质》的讲话，指出汨罗坚持办素质教育已历时12年，创造了可贵的经验。有这样几点，值得我们很好地研究、学习：第一点，实施素质教育要从转变观念抓起，特别是转变各级领导的观念。第二点，实施素质教育，要有一个较好的大环境。第三点，要构建素质教育的运行机制，包括有效的导向机制、有力的制约机制、科学的评估机制、广泛的社会参与机制等。第四点，要搞素质教育，就必须对校长、教师有更高的要求。李岚清强调，要在全国逐步推广汨罗推行素质教育的经验。

9622 | **5月24日**

国家教委发布《关于表彰全国幼儿教育先进县（市）、区的决定》，公布受表彰的100个先进县（市）、区名单。5月28日，国家教委召开表彰会。

9623 | **5月28日**

国家教委在北京召开全国社会力量办学管理座谈会。国家教委副主任王明达在座谈会上讲话指出，各级教育行政部门要认真贯彻“积极发展、大力支持、加强管理、正确引导”的方针，进一步推动社会力量办学的健康发展。

9624 | **5月29日**

全国首家儿童博物馆——上海儿童博物馆正式开馆。中共中央总书记江泽民题词“缔造未来”祝贺该馆的建成。

9625 | **5月30日**

全国人大常委会《教育法》执法检查组会议在北京人民大会堂召开。国家计委、财政部、国家教委、国家税务总局向检查组汇报了本部门实施《教育法》、落实教育投入的情况。北京市人大常委会汇报了对同级政府实施教育法律的检查监督情况。6月5日，国家教委、财政部、国家计委、司法部、人事部、国务院法制局六部门印发《关于开展〈教育法〉执法检查的通知》，决定自1996年6月起，联合对各地贯彻实施《教育法》的情况进行全面执法检查，要求各省、自治区、直辖市抓紧进行自查和总结工作。

9626 | **6月24日**

国家教委印发《关于正式实施〈幼儿园工作规程〉的意见》。《意见》要求各地加强学习、宣传，提高全社会对实施《规程》的认识；实施《规程》要从实际出发，坚持因地制宜的原则；继续建立和完善地方幼教行政法规和规章制度；加强幼儿园的科学管理工作；总结、推广幼儿园教育改革的经验，深化幼儿园教育改革。

9627 | **7月15日**

国家教委办公厅印发《关于进一步加强贫困地区、民族地区女童教育工作的十条意见》，以增加贫困地区、民族地区女童受教育的机会。

9628 | **9月10日**

中国中小学幼儿教师奖励基金会成立10周年。国务院总理李鹏为基金会题词："尊师重教，科教兴国。"中国教师奖励基金会已逐步形成中央、省、地、县四级奖励教师的网络。县以上教师奖励（教育）基金会达千家以上。10年间，各级教师奖励基金会会同教育、人事部门共奖励优秀教师130多万人次，受奖人数占全国教师总人数的12%左右。

9629 | **9月15日至17日**

华东师范大学承办的海峡两岸婴幼儿人格建构研讨会在上海召开。全国各地高校和教育研究单位的教育、心理专家100多人参会。世界各国学前教育研究的重心开始从"智力开发"转向"人格培养"。

9630 | **10月10日**

党的十四届六中全会审议通过《中共中央关于加强社会主义精神文明建设若干重要问题的决议》。《决议》指出，加强社会主义精神文明建设是一项重大战略任务。在发展社会主义市场经济和对外开放条件下建设社会主义精神文明，是中国共产党人和中国人民一项艰巨的历史使命。《决议》强调，我国社会主义精神文明建设，必须以马克思列宁主义、毛泽东思想和邓小平建设有中国特色社会主义理论为指导，坚持党的基本路线和基本方针，加强思想道德建设，发展教育科学文化，以科学的理论武装人，以正确的舆论引导人，以高尚的精神塑造人，以优秀的作品鼓舞人，培育有理想、有道德、有文化、有纪律的社会主义公民，提高全民族的思想道德素质和科学文化素质，团结和动员各族人民把我国建设成为富强、民主、文明的社会主义现代化国家。这是精神文明建设总的指导思想，也是精神文明建设总的要求。社会主义精神文明建设的主要目标是：在全民族牢固树立建设有中国特色社会主义的共同理想，牢固树立坚持党的基本路线不动摇的坚定信念；实现以思想道德修养、科学教育水平、民主法制观念为主要内容的公民素质的显著提高，实现以积极健康、丰富多彩、服务人民为主要要求的文化生活质量的显著提高，实现以社会风气、公共秩序、生活环境为主要标志的城乡文明程度的显著提高；在全国范围形成物质文明建设和精神文明建设协调发展的良好局面。《决议》强调，各级各类学校都要全面贯彻党的教育方针，坚持社会主义办学方向，加强德育工作，努力培养德智体等方面全面发展的社会主义建设者和接班人。

9631 | **10月13日至17日**

国家教委关心下一代工作委员会在湖南长沙召开首次全国工作会议。国家教委关心下一代工作委员会会长张文松在会上作题为《紧紧围绕各级教委的中心工作，扎扎实实地做好关心下一代的工作》的讲话。

9632 | **10 月 17 日至 19 日**

国务院副总理李岚清在青海考察教育工作。李岚清强调指出，一定要下大力气抓好教育改革，基础教育要由目前的应试教育向素质教育转变，农牧区、少数民族地区的基础教育要从实际出发，实事求是。

9633 | **11 月 4 日至 7 日**

由联合国教科文组织与联合国儿童基金会合作，中国联合国教科文组委会秘书处和中央教育科学研究所“中国—联合国儿基会教育项目服务中心”承办的国际基础教育革新研讨会在北京举行。来自中国、约旦等 10 个国家的代表出席研讨会。

9634 | **11 月 6 日**

中国关工委在江苏南京召开全国农村关心下一代工作经验交流暨研讨会。会议就如何贯彻党的十四届六中全会精神，加强农村青少年的思想道德建设，进行了交流探讨。国务院总理李鹏为会议题词:“关心教育下一代，关心农村青少年。”国务院副总理姜春云的题词是:“充分发挥老同志优势，做好农村关心下一代工作。”

9635 | **11 月 7 日**

中国教育国际交流协会成立 15 周年暨民间教育交流国际学术研讨会在北京召开。国务院总理李鹏为大会题词：“开展教育国际交流，落实科教兴国战略。”国务院副总理李岚清为大会题词：“积极开展民间教育国际交流，弘扬中华文化，增进世界人民之间的友谊，为推动世界和平和进步事业作贡献。”

9636 | **11 月 11 日至 14 日**

国家教委在安徽芜湖召开全国城市教育综合改革研讨会。会议总结回顾城市教育综合改革的经验成果。国家教委副主任张天保在会上作题为《深化教育综合改革，促进教育的两个重要转变》的讲话。

9637 | 11月21日

中国中小学幼儿教师奖励基金会设立“援助贫困地区教师专项基金”。全国政协副主席、中国中小学幼儿教师奖励基金会理事长钱正英，国家教委副主任、副理事长柳斌在北京人民大会堂代表基金会接受第一笔捐款共250万元人民币。“援助贫困地区教师专项基金”主要用于支持贫困地区教育，援助贫困地区教师。

9638 | 11月29日

中央综治委、国家教委、公安部印发《关于进一步加强学校治安综合治理工作的意见》。《意见》要求各级教育部门要把学校治安综合治理工作纳入目标管理的内容，各级各类学校要把学校治安综合治理的各项措施落到实处。

9639 | 12月10日

国家环保局、中宣部、国家教委发布《全国环境宣传教育行动纲要（1996年—2010年）》。《纲要》就环境教育、环境宣传、环境宣传教育对外交流与国际合作等提出目标和要求。

9640 | 12月23日至26日

国家教委、财政部在北京召开全国教育财务工作会议。会议的主要任务是总结“八五”期间教育财务管理和改革工作，研究制定“九五”期间教育财务工作目标和总体改革方案。

9641 | 12月26日

国家教委艺术教育委员会成立10周年暨艺术教育工作座谈会在北京举行。会议探讨了在新形势下如何进一步加强艺术教育，以全面提高学生素质，建立有时代特色的学校艺术教育教学体系。

1997年

改革进行时

• 重要文件

国务院《社会力量办学条例》

国家教委《全国幼儿教育事业“九五”发展目标实施意见》

国家教委《关于进一步推进城市教育综合改革的若干意见》

国家教委、国家计委、农业部、财政部《农村教育集资管理办法》

国家教委、全国妇联《家长教育行为规范（试行）》

• 重要政策

进一步推进素质教育

规范社会力量办学（园）行为

• 重要会议

国家教委人事司、基础教育司举办全国幼儿园园长岗位培训教材培训班

• 改革亮点

社会力量办园得到规范。《社会力量办学条例》和《关于实行社会力量办学许可证制度有关问题的通知》为规范民办园申办、管理等提供了政策依据和制度保障，有助于贯彻落实多种形式发展幼儿教育事业，多种途径举办幼儿园的发展理念。

9701 | **1月14日**

国家教委在北京召开1997年度教育工作会议。国家教委主任朱开轩作工作报告。报告回顾了1996年全国教育事业发展情况及取得的成就，强调充分发挥各级各类学校在社会主义精神文明建设中的重要作用，特别要抓好以下三方面的工作：第一，各级各类学校必须加强对学生的正面教育，注意引导学生自觉抵制社会的各种负面影响，努力提高学生鉴别美丑、区别善恶、分辨真伪的能力；第二，努力争取社会各方面的支持，把开辟和充分利用各种教育基地、组织师生开展社会实践活动和治理校园周边环境等作为重点；第三，各级教育部门和学校必须统一认识，采取坚决措施，下决心纠正教育系统内部少数人和单位乱收费、乱办学、乱发文凭等行业不正之风。

9702 | **1月27日至30日**

国务院办公厅在北京召开第三次全国教职工住房建设工作经验交流会。会议指出，要进一步贯彻落实国家有关解决教职工住房的方针、政策，总结交流各地区、各部门的成功经验与做法，检查落实“九五”期间建设规划，以推动全国教职工住房建设。国务院总理李鹏会见会议代表时指出，全党全社会都要尊师重教，各级党委和人民政府有责任为教师提供必要的和比较好的生活、学习和工作条件，教育工作者也要更好地为人师表、教书育人。

9703 | **3月1日**

八届全国人大五次会议在北京人民大会堂开幕，国务院总理李鹏作《政府工作报告》。《报告》回顾了1996年国内工作，指出1996年是实施“九五”计划和2010年远景目标纲要的第一年。科技、教育和各项社会事业取得新成就。关于1997年教育工作，《报告》提出，积极发展科技教育文化和各项社会事业。我们任何时候都不能忘记邓小平同志关于两手抓、两手都要硬的指导思想。要继续实施科教兴国战略和可持续发展战略，深化改革，切实保证必要的投入。要认真贯彻国家的教育方针，全面提高学生素质，使学生在德智体等方面都得到发展。继续把基础教育作为教育工作的重点。鼓励和引导社会力量办学。继续重视教职工住宅建设，推进学校后勤服务社会化。

9704 | **3月3日**

国家教委、国家计委、农业部、财政部发布《农村教育集资管理办法》。《管理办法》规定，农村教育集资应根据当地经济、教育发展状况和群众承受能力，坚持依法、自愿、量力、专款专用原则。

9705 | **3月17日**

国家教委、全国妇联发布《家长教育行为规范（试行）》，旨在实现到20世纪末，使90%的儿童家长不同程度地掌握保育、教育儿童的知识，引导家长树立正确的教子观念，掌握科学的教育方法，提高家长的教育水平的总目标。

9706 | **4月3日至7日**

中共中央政治局委员、国务院副总理李岚清考察山东教育时强调，实施素质教育，领导首先要转变认识，也要取得学校、社会、家长的共识。搞好素质教育，必须建立对各级领导、学校和教师的全面科学评估体系，提高学校领导和教师队伍的素质，还要与教学改革相结合，改进现有的教学大纲、教学方法和教材的内容。

9707 | **4月25日**

中宣部、中直机关工委、中央国家机关工委、总政治部、中共北京市委联合举办形势报告会。会议指出，从应试教育向素质教育转变是基础教育中的重大问题。基础教育要彻底摒弃以应试为目的的片面教育观，面向全体学生，培养学生热爱祖国、热爱社会主义、热爱劳动、热爱集体的精神，为学生学会做人、求知、劳动、生活、健体和审美等打下扎实基础，使学生在德智体等方面得到全面发展。

9708 | **5月6日**

国家教委在北京举行1996年度全国师范院校基础教育改革实验研究项目优秀成果获奖项目颁奖大会。本次评选共评出获奖成果90项，是首次对全国师范院校基础教育改革实验研究项目优秀成果进行评选。

9709 | **5月20日**

国家教委印发《关于加强学校艺术教育的意见》。《意见》指出，艺术教育是学校实施美育的主要内容和途径，在提高人的素质方面有着其他学科所不可替代的作用。学校艺术教育是国民素质教育而非专业教育，它的根本目的是培养全面发展的“四有”新人，而非艺术专业人才。

9710 | **5月30日**

国务院妇儿工委办公室、中共四川省委宣传部等单位联合在北京召开《中国儿童生存、保护和发展书系》出版座谈会。该书系是四川少年儿童出版社响应联合国《儿童生存、保护和发展世界宣言》，宣传、实施《九十年代中国儿童发展规划纲要》而编辑出版的，内容涉及我国儿童教育、儿童生理和心理、儿童福利和权益保护等领域。

9711 | **7月17日**

国家教委印发《全国幼儿教育事业“九五”发展目标实施意见》。《实施意见》要求必须以邓小平同志关于“教育要面向现代化、面向世界、面向未来”的思想为指导，继续贯彻国家、集体和公民个人一起办园（班）的方针，多种形式地发展幼儿教育事业，为更多幼儿提供学前教育的机会。继续深入贯彻《幼儿园管理条例》和《幼儿园工作规程》，全面提高保教质量，促进幼儿体、智、德、美诸方面全面和谐发展。《实施意见》提出了“九五”期间幼儿教育事业发展的分区具体目标，包含入园率、园长培训要求、办园标准、办园质量评估体系等方面。

9712 | **7月31日**

国务院发布《社会力量办学条例》。《条例》共8章60条，自1997年10月1日起施行。《条例》对教育机构的设立，教育机构的教学和行政管理，教育机构的财产、财务管理，教育机构的变更与解散，保障与扶持，法律责任等问题作了详细规定。

9713 | **7月**

北京市教委、市妇联、市家教会共同发布《北京市学前儿童家庭教育大纲（试行）（3岁—6岁）》。《大纲》指出，学前儿童教育要实行保教结合的原则，进行体、智、德、美全面发展的教育，促进孩子身心和谐发展。学前儿童家庭教育要通过家庭生活和家长的言传身教，着重于良好品德和行为习惯的培养。学前儿童家庭教育要充分考虑孩子的年龄特点与发展规律，注重科学性，有效地促进孩子身心健康成长。

9714 | **9月1日**

国家教委、全国教育工会印发新修订的《中小学教师职业道德规范》。新《规范》的内容包括依法执教、爱岗敬业、热爱学生、严谨治学、团结协作、尊重家长、廉洁从教、为人师表等八个方面。

9715 | **9月7日**

国务院办公厅印发《解决民办教师问题的通知》，要求各级地方人民政府和国务院有关部门采取有效措施，确保到20世纪末基本解决民办教师问题目标的实现，推动我国农村教育事业的发展。通知指出，统筹解决民办教师问题实行地方责任制，各有关部门要积极配合。解决民办教师问题的工作要在加强管理、提高素质、改善待遇的同时，全面贯彻实施“关、转、招、辞、退”的方针，分区规划，分步实施，逐年减少民办教师数量，力争到20世纪末基本解决民办教师问题。

9716 | **9月12日至18日**

党的十五大召开。中共中央总书记江泽民在会上作《高举邓小平理论伟大旗帜，把建设有中国特色社会主义事业全面推向二十一世纪》。江泽民指出：“展望下世纪，我们的目标是，第一个十年实现国民生产总值比二〇〇〇年翻一番，使人民的小康生活更加宽裕，形成比较完善的社会主义市场经济体制；再经过十年的努力，到建党一百年时，使国民经济更加发展，各项制度更加完善；到世纪中叶建国一百年时，基本实现现代化，建成富强民主文明的社会主义国家。”[①] 江泽民强调：“在把我们的事业全面推向二十一世纪的历史时刻，必须郑重指出：全党要毫不动摇地坚持党在社会主义初级阶段的基本路线，把以经济建设为中心同四项基本原则、改革开放这两个基本点统一于建设有中国特色社会主义的伟大实践。”[②] 江泽民指出：“发展教育和科学，是文化建设的基础工程。培养同现代化要求相适应的数以亿计高素质的劳动者和数以千万计的专门人才，发挥我国巨大人力资源的优势，关系二十一世纪社会主义事业的全局。要切实把教育摆在优先发展的战略地位。尊师重教，加强师资队伍建设。发挥各方面的积极性，大力普及九年义务教育、扫除青壮年文盲，积极发展各种形式的职业教育和成人教育，稳步发展高等教育。优化教育结构，加快高等教育管理体制改革步伐，合理配置教育资源，提高教学质量和办学效益。认真贯彻党的教育方针，重视受教育者素质的提高，培养德智体等全面发展的社会主义事业的建设者和接班人。”[③]

9717 | **9 月**

香港《幼儿服务条例》正式实施。为了解决幼儿独留在家问题，香港《幼儿中心条例》于 1997 年 5 月修订为《幼儿服务条例》。《条例》除鼓励社区团体帮助解决幼儿独留在家问题外，还禁止某些人士或机构担任幼儿托管工作，否则将属违法行为。

9718 | **9 月**

华东师范大学学前教育与特殊教育学院成立。该学院由华东师范大学教育系学前教育专业、心理系特殊教育专业和上海幼儿师范高等专科学校合并而成，首次实现职前培养与职后培训相沟通。

---

① 《江泽民文选》第二卷，人民出版社 2006 年版，第 4 页。
② 同上，第 16 页。
③ 同上，第 34 页。

9719 | **10月14日**

国家教委印发《关于实施〈社会力量办学条例〉若干问题的意见》。《意见》对《条例》的适用范围、教育机构的审批与备案、教育机构名称等作出具体规定。

9720 | **10月16日至18日**

国家教委在湖南长沙召开全国城市教育综合改革会议。会议总结10年来各地城市教育综合改革的成绩和经验，分析城市教育改革面临的机遇和挑战，明确进一步深化城市教育综合改革的思路和任务。

9721 | **11月23日至27日**

国家教委人事司和基础教育司在江苏丹阳联合举办全国幼儿园园长岗位培训教材培训班。各省（自治区、直辖市）教委、教育厅主管幼教工作的处长和各省（自治区、直辖市）幼儿园园长岗位培训基地的骨干教师参加了培训。

9722 | **12月4日**

国家教委办公厅、劳动部办公厅联合印发《关于实行社会力量办学许可证制度有关问题的通知》。通知提出，按照《社会力量办学条例》第十八规定，国家对社会力量办学实行办学许可证制度。办学许可证自1998年5月1日起启用。

9723 | **12月19日**

国家教委印发《关于进一步推进城市教育综合改革的若干意见》。《意见》明确提出，到20世纪末、21世纪初城市教育综合改革的目标是：实验城市要形成统筹经济、科技、教育的领导体制，部门、行业和社会组织参与教育改革、发展及管理的良好运行机制，基本配套的劳动、人事、教育制度，初步建立起与社会主义市场经济体制相适应的城市教育体制和健全的教育体系，实现城市经济、科技、教育的持续协调发展，各级各类教育的持续协调发展。

1998年

改革进行时

• 重要文件

教育部《面向21世纪教育振兴行动计划》

国家教委《教师和教育工作者奖励规定》

国家教委《教育行政处罚暂行实施办法》

• 重要政策

强调实施素质教育从幼儿抓起

对作出突出贡献的教师和教育工作者给予国家级奖励

• 重要会议

教育部召开全国教育人事工作会议

教育部、卫生部、公安部召开全国中小学生安全工作电话会议

- **改革亮点**

强调将素质教育的起点放在幼儿阶段。《面向21世纪教育振兴行动计划》指出，实施素质教育要从幼儿阶段抓起。这充分肯定了幼儿教育阶段的重要性，突显了幼儿教育的奠基性作用，指明了幼儿教育的基本方向。

9801 | **1月8日**

国家教委发布《教师和教育工作者奖励规定》。《奖励规定》依据《教师法》制定。《奖励规定》指出，对长期从事教育教学、科学研究和管理、服务工作并取得显著成绩的教师和教育工作者，分别授予“全国优秀教师”和“全国优秀教育工作者”荣誉称号，发布相应的奖章和证书；对其中作出贡献者，由国务院教育行政部门会同国务院人事部门授予“全国模范教师”和“全国教育系统先进工作者”荣誉称号，发布相应的奖章和证书。

9802 | **1月13日**

国家教委副主任柳斌到北京明天幼稚集团塔院分园看望教师，代表国家教委向工作在幼儿园教育一线的教职员工拜年。

9803 | **1月16日**

国家教委在江苏南京召开1998年度教育工作会议。国家教委主任朱开轩对1997年和过去五年来全国教育改革和发展的情况进行了回顾总结，并对1998年教育工作的安排和工作作了重点说明。中共国家教委党组书记、国家教委副主任陈至立作了总结讲话。会议强调，1998年教育工作要按照党的十五大确定的教育工作方针，进一步加大改革的力度，加快发展的步伐，在适应社会主义市场经济和社会发展方面有新的突破。

9804 | **3月4日**

国家教委印发《全国幼儿园园长岗位培训教材培训班纪要》，要求各级教育行政部门提高对幼儿园园长岗位培训工作的认识，加强领导，使培训工作规范化、制度化。

9805 | **3月5日**

九届全国人大一次会议在北京人民大会堂开幕，国务院总理李鹏作《政府工作报告》。《报告》指出，过去五年，国家优先发展教育的战略决策逐步落实，教育投入随着国家财力的增强而不断增加，社会力量办学也为发展教育事业作出了贡献。《报告》强调，我国只有大力发展教育和科技事业，把经济发展切实转到依靠科技进步和提高劳动者素质的轨道上来，才能加快现代化进程，缩小与发达国家的差距。科技、教育、文化工作的根本任务，是提高全民族的思想道德素质、科学文化素质和创新能力。《报告》提出，1998年，进一步发展和引导社会力量办学。实施全面素质教育，加强思想品德教育和美育，改革教学内容、课程体系和教学方法，以适应社会对各类人才的需要。继续改革完善教育投资体制，多渠道增加教育投入。加强教师队伍建设，提倡尊师重教，改善教师的工作和生活条件。

9806 | **3月6日**

国家教委发布《教育行政处罚暂行实施办法》，规定教育行政处罚的实施机关与管辖、处罚种类与主要违法情形、处罚程序与执行等事项。《暂行实施办法》规定，对幼儿园及其内部人员的处罚，由县、区级人民政府教育行政部门管辖。《暂行实施办法》还详细列举了幼儿园可能出现的主要违法情形，并对相应的处罚种类和程序作出规定。

9807 | **3月10日**

九届全国人大一次会议第三次全体会议表决通过《国务院机构改革方案》。《方案》将国家教育委员会更名为中华人民共和国教育部，并对其职能作出部分调整。

9808 | **3月18日**

教育部印发《关于推行〈中小学生幼儿系列广播体操〉的通知》。通知决定，自1998年5月起在全国普通中学、职业中学、中等专业学校、技工学校、小学、幼儿园推行国家教委组织创编的《中小学生幼儿系列广播体操》。

9809 | **3月**

针对近年来一些地方停办或减办幼儿园等问题，全国政协委员、北京师范大学博士生导师庞丽娟在全国政协九届一次会议教育界别联组会上发言指出，幼儿教育是国家教育事业的重要组成部分，社会各界要重视发展幼儿教育。庞丽娟建议采取有效措施制止随意停办幼儿园的倾向，利用多种形式办好幼儿园。

9810 | 3 月

首届中小学教育图书展在香港举办。此次展出的图书共有6000多种，有近3.6万册中小学和幼儿园教科书、教学参考书及课外读物。此次书展旨在促进内地与香港的教育交流合作，向香港各级各类学校师生及幼儿家长介绍内地的优秀教育书籍。

9811 | 4 月 7 日

教育部办公厅印发《关于确保学生春游和其他集体活动安全的紧急通知》。通知要求各大中小学、幼儿园的领导要牢固树立“安全第一”的思想，精心组织好学生和幼儿园的春游及各项集体活动，加强各个环节的安全工作，务必做到层层落实，责任到人。通知提到凡未建立健全学校、幼儿园安全工作的检查、报告制度的地方，必须迅速建立和完善。一旦发生事故，要采取果断措施，将人员伤亡减少到最低限度，并迅速及时逐级上报，不得拖延。

9812 | 4 月 13 日至 16 日

教育部在重庆召开全国教育人事工作会议。会议提出，1998年教育人事工作改革的重点是深化学校人事制度改革，加强高校教师队伍建设。在中小学教师队伍建设上，努力提高中小学高中级职务教师比例，并向薄弱学校倾斜。

9813 | 4 月 28 日

教育部、卫生部、公安部在北京召开全国中小学生安全工作电话会议。教育部副部长吕福原、卫生部副部长彭玉、公安部副部长牟新生出席会议并讲话。会议要求各地对中小学校、幼儿园安全制度的制定和落实情况、校舍和体育设备的安全情况、食品卫生及进入学校的卫生保健品和药品的使用情况，进行一次全面的检查和清理。

9814 | 5 月 20 日

国务院办公厅转发财政部《关于进一步做好教育科技经费预算安排和确保教师工资按时发放的通知》，对各级财政部门在安排支出预算和教师工资发放的相关工作进行了明确规定。10月7日，教育部印发通知，要求各地对教育经费的落实情况进行一次对照检查。

9815 | **5月20日**

教育部办公厅印发《关于以我国政府恢复对澳门行使主权为主题，在大中小学生中深入开展爱国主义教育活动的通知》，对各级教育行政部门和学校抓住迎接澳门回归祖国的契机开展爱国主义教育的相关工作进行了规定。通知提出，各级教育行政部门和各级各类学校要抓住迎接澳门回归祖国的契机，结合学习党的十五大精神，贯彻落实《中共中央关于进一步加强和改进学校德育工作的若干意见》，认真深入开展爱国主义教育。各级教育行政部门和学校要充分发挥主导作用，把这项活动融入学校日常教育之中，采取多种形式进行教育。

9816 | **6月1日**

中共中央政治局常委、国家副主席胡锦涛，中共中央政治局常委、国务院副总理李岚清在北京人民大会堂亲切会见了少年儿童及儿童工作者代表，并与他们合影留念。胡锦涛代表党中央、国务院，向全国各族小朋友致以良好的祝愿，向辛勤培育祖国花朵的广大教师和少年儿童工作者致以亲切的问候。

9817 | **8月10日**

教育部办公厅印发《关于当前加强教师队伍管理的通知》。通知要求，理顺教师队伍管理体制，依法加强教师队伍管理；认真贯彻执行《教师法》和《教师资格条例》，严格按照教师资格条件聘任教师，确保教师素质；加强教师的法制教育和职业道德教育。

9818 | **9月10日**

教育部、人事部、中国中小学幼儿教师奖励基金会、全国教育工会在北京举行1998年庆祝教师节暨优秀教师表彰大会，表彰2797名教师。

9819 | **10 月 19 日**

教育部、建设部印发《关于进一步深化学校住房制度改革，加快解决教职工住房问题的若干意见》。《意见》指出，各级教育行政部门和各级各类学校要通过进一步深化住房制度改革，停止实物分配住房，逐步实行住房分配的货币化等改革措施，争取使解决教职工住房问题在 2000 年左右进入良性循环。坚持对教职工住房的建、租、售实行优先优惠政策。

9820 | **10 月 20 日**

教育部印发《关于搞好灾区教育恢复重建工作的若干意见》，对灾后教育恢复重建的相关工作进行了要求。《意见》提出，一是要把灾后教育恢复重建工作放在突出的位置，明确目标，加强领导，各地要认真贯彻中央领导同志关于重建家园，首先是重建校园的指示精神，把灾区教育恢复重建工作放在优先的位置。二是抓好校舍恢复重建工作，统筹规划，提高质量和效益。三是坚定不移地继续做好“两基”工作，继续坚持“两基”重中之重的地位不动摇，“两基”目标不动摇。四是要解决好教师的生活问题。五是加强灾后中小学的安全卫生工作。

9821 | **10 月 21 日**

北京市体委、市教委、市卫生局发布《北京市 3—6 岁儿童体质测定标准》。《标准》提出，测定的内容包括身高、体重、脉搏、10 米 ×2 往返跑、立定跳远、垒球掷远、双脚持续跳跃、走平衡木、圆周单脚持续跳跃等九项内容。

9822 | **10 月 23 日**

首届中国内藤国际育儿奖颁奖活动在北京举行。这次活动由中国关工委专家委员会和日中育儿研究会联合发起。

9823 | **12 月 11 日**

联合国儿童基金会驻中国代表处在北京举行《1999 年世界儿童状况报告》（中文版）首发式。《报告》指出，中国面向未来的政策表明，教育在继续推动市场经济改革和实现经济现代化的进程中起到特殊的作用。《报告》还呼吁国际社会应高度重视儿童教育问题。

9824 | **12月24日**

教育部发布《面向21世纪教育振兴行动计划》。《行动计划》是在贯彻落实《教育法》及《中国教育改革和发展纲要》的基础上提出的跨世纪教育改革和发展的施工蓝图。《行动计划》指出，实施素质教育，要从幼儿阶段抓起，要用科学的方法启迪和开发幼儿的智力，培养幼儿健康的体质、良好的生活习惯、活泼开朗的性格与求知的欲望。

9825 | **12月31日**

教育部、中国中小学幼儿教师奖励基金会发布《关于表彰全国教育督导先进集体和全国教育督导先进工作者的决定》。

1999年

改革进行时

• 重要文件

中共中央、国务院《关于深化教育改革全面推进素质教育的决定》

教育部《关于加强教育法制建设的意见》

教育部《中小学教师继续教育规定》

教育部《关于加强教育督导与评估工作的意见》

• 重要政策

全面推进素质教育

明确幼儿教育在素质教育中的重要地位

加强学校基建项目质量和安全管理

• 重要会议

中共中央、国务院召开全国教育工作会议

教育部召开全国基础教育工作研讨会

• **改革亮点**

全面推进素质教育。为培养适应21世纪现代化建设需要的社会主义新人，国家决定通过深化教育改革、优化教师队伍结构、加强全党全社会的领导等措施全面推进素质教育，并且强调幼儿教育阶段实施素质教育的重要性，提出要重视婴幼儿的身体发育和智力开发；普及婴幼儿早期教育的科学知识和方法。

9901 | **1月11日至12日**

教育部在北京召开1999年度教育工作会议。教育部部长陈至立作工作报告。会议回顾了1998年的教育工作，交流了各地的情况与经验，分析研究了当前教育所面临的形势与任务，部署了教育战线1999年的重点工作。会议指出，1999年以"两基"为重点，大力加强素质教育，培养适应现代化教育需要的高素质教师队伍，努力提高全民受教育的水平和劳动者素质。

9902 | **1月18日**

中央综治委在北京召开1999年第一次会议。会议提出，青少年犯罪仍是影响社会治安的一个突出问题。

9903 | **2月24日**

教育部印发《关于学习、宣传和全面贯彻〈面向21世纪教育振兴行动计划〉的通知》。通知指出，学习、宣传和贯彻《行动计划》，要加深对其意义的认识，要贯彻"全面规划，突出重点，抓住关键，重在落实"的原则，要从各地经济、社会和教育事业的实际出发，要依靠教育界和社会各界的通力合作。

9904 | **3月5日**

九届全国人大二次会议在北京人民大会堂开幕，国务院总理朱镕基作《政府工作报告》。《报告》指出，1998年，各级各类教育进一步发展。《报告》强调，实施科教兴国战略，是实现经济振兴和国家现代化的根本大计，也是本届政府极其重要的任务。科教兴国，基础在教育。要继续把教育放在优先发展的战略地位。1999年，要大力推进素质教育，注重创新精神和实践能力的培养，使学生在德、智、体、美等方面全面发展。依法增加政府对教育的投入，充分利用教育资源，注重提高办学效益。振兴教育事业，一要加大改革力度。继续积极改革教育思想、体制、内容和方法。深化各类学校管理体制的改革。积极探索发展民办教育的机制。二要更加重视质量。全面提高各级各类学校的教育质量，特别是中小学阶段的教育质量。

严格教师标准，努力提高教师队伍的政治素质和业务水平，继续改善教师的工作和生活条件。三要更加重视思想政治和品德教育。坚持用马克思列宁主义、毛泽东思想特别是邓小平理论教育学生，使他们树立坚定的社会主义理想和信念，努力提高一代新人的全面素质。

9905 | **3月31日**

中共中央政治局常委、国务院副总理李岚清出席幼儿教育和青少年营养健康问题座谈会并讲话指出，幼儿教育和青少年营养健康问题是关系贯彻党的教育方针，培养德、智、体、美等方面全面发展的建设者和接班人的重大根本性问题，各级人民政府、有关部门、学校和家长都要予以高度重视，采取有力措施，共同把这项工作做好。实施全面素质教育也包括幼儿教育，不能把托儿所、幼儿园单纯看成是幼儿托管场所，把幼儿教师看作是保姆。

9906 | **4月7日**

教育部印发《关于加强学校基建项目工程质量和安全管理以及开展质量和安全工作检查的通知》。通知提出，各级各类学校校舍建设质量是一件关系师生生命安全的大事，直接影响到民心安定、社会稳定。责任重于泰山，各级教育主管部门及学校领导要以对党对人民高度负责的态度，把学校建设工程质量摆在突出位置，坚决克服麻痹松懈思想，强化工程质量检查工作领导责任制，层层抓落实。

9907 | **4月21日至24日**

中共中央政治局常委、国务院副总理李岚清在吉林、辽宁考察教育、科技体制改革等工作，强调要全面推进素质教育，深入进行教育改革，培养大批适应21世纪需要的全面发展的高素质人才。

9908 | **4月22日至25日**

教育部在北京召开全国基础教育工作研讨会。会议总结了近两年全面实施素质教育的工作情况，交流了各地推进基础教育改革与发展的经验，研究了基础教育如何进一步落实《面向21世纪教育振兴行动计划》。

9909 | **4月26日**

中国教育工会和中国中小学幼儿教师奖励基金会在北京召开全国普教系统老有所为先进工作者表彰会。来自全国24个省、自治区、直辖市的83位离退休教育工作者受到表彰。中国中小学幼儿教师奖励基金会理事长钱正英出席表彰会，教育部部长陈至立向表彰会致贺信。

9910 | **5月25日**

由著名美籍华人陈香梅女士捐资，中国中小学幼儿教师奖励基金会设立的“陈香梅教育基金首届优秀教师奖”颁奖仪式在北京举行。212名来自全国各地的教师获奖。

9911 | **6月1日**

中共中央政治局常委、国家副主席胡锦涛，中共中央政治局常委、国务院副总理李岚清等党和国家领导人在北京人民大会堂参加“小伙伴手拉手，共话祖国50年”“六一”交流活动。同日，李岚清副总理到北京朝阳区三里屯幼儿园和东城区东华门幼儿园，看望正在欢度“六一”国际儿童节的小朋友和教师，并邀请北京市部分幼儿园园长和幼儿教育专家就加强幼儿教育工作举行座谈，强调实施素质教育要从幼儿教育抓起，为培养高素质人才打下良好基础。

9912 | **6月13日**

中共中央、国务院发布《关于深化教育改革全面推进素质教育的决定》。《决定》指出，全面推进素质教育，是党中央和国务院为加快实施科教兴国战略作出的又一重大决策，各级党委和人民政府要结合本地实际情况，创造性地把素质教育落到实处，在以江泽民同志为核心的党中央的领导下，高举邓小平理论伟大旗帜，为实现社会主义现代化建设宏伟目标和中华民族伟大复兴作出更大的贡献。《决定》提出，要全面推进素质教育，培养适应21世纪现代化建设需要的社会主义新人；要深化教育改革，为实施素质教育创造条件；要优化结构，建设全面推进素质教育的高质量的教师队伍；要加强领导，全党、全社会共同努力开创素质教育的新局面。《决定》

强调，实施素质教育应当贯穿于幼儿教育、中小学教育、职业教育、成人教育、高等教育等各级各类教育，应当贯穿于学校教育、家庭教育和社会教育等各个方面。要重视婴幼儿的身体发育和智力开发，普及婴幼儿早期教育的科学知识和方法。

9913 | **6月15日至18日**

中共中央、国务院在北京召开全国教育工作会议。会议的主题是：动员全党同志和全国人民，以提高民族素质和创新能力为重点，深化教育体制和结构改革，全面推进素质教育，振兴教育事业，实施科教兴国战略，为实现党的十五大确定的社会主义现代化建设宏伟目标而奋斗。

9914 | **6月22日**

教育部印发《关于学习贯彻全国教育工作会议精神和〈中共中央、国务院关于深化教育改革全面推进素质教育的决定〉的通知》。通知要求，各级教育行政部门、各级各类学校要在当地党委、人民政府的领导下，组织广大师生认真学习贯彻全国教育工作会议精神；要把全面推进素质教育作为今后教育的一项重要任务；要进一步解放思想，抓住机遇，以改革的精神创造性地开展工作，认真落实全国教育工作会议提出的各项改革任务。

9915 | **6月28日**

九届全国人大常委会第十次会议通过《中华人民共和国预防未成年人犯罪法》。制定《预防未成年人犯罪法》旨在保障未成年人身心健康，培养未成年人良好品行，有效预防未成年人犯罪。《预防未成年人犯罪法》包括总则、预防未成年人犯罪的教育、对未成年人不良行为的预防、对未成年人严重不良行为的矫治、未成年人对犯罪的自我防范、对未成年人重新犯罪的预防、法律责任和附则等八章。7月13日，全国人大内务司法委员会在北京召开学习贯彻《预防未成年人犯罪法》座谈会。会议强调，各级教育部门和学校要承担起预防未成年人犯罪的重要责任。

9916 | **6月29日**

教育部印发《关于做好落实“收支两条线”规定工作的通知》。通知要求各级教育行政部门、各级各类学校必须充分认识并深刻理解实行“收支两条线”管理的重要意义和作用,从大局出发,以高度的责任心和紧迫感,坚决执行中央规定,并增强执行规定的自觉性。同时要把落实“收支两条线”的规定与规范预算外教育资金的管理相结合，进一步完善内部制度，提高教育经费的使用效益。

9917 | **6月**

《中国教育报》基础教育部、浙江《幼儿教育》编辑部、陕西省教委特幼办、陕西省师大教科院联合举行“东西部幼儿园结对交流活动”。来自江苏省、浙江省的幼教专家及发起单位的人员组成的代表团，为陕西省20多个乡镇、300多名幼师及1000多个孩子传经送宝，受到了当地人民政府及广大幼师的热烈欢迎。

9918 | **8月20日**

教育部印发《关于加强教育督导与评估工作的意见》，以指导各地开展教育工作。《意见》指出，建立和完善教育督导与评估制度，一是建立和完善“两基”督导检查和巩固提高复查制度；二是建立全面推进素质教育的督导评估制度，着重检查地方政府推进素质教育工作是否扎实而有效；三是建立对地方教育行政工作的督导检查制度。

9919 | **9月13日**

教育部发布《中小学教师继续教育规定》。《规定》自发布之日起施行，对中小学教师（包括幼儿园教师）继续教育的内容与类别、组织管理、条件保障等内容作出详细说明。

9920 | **9月24日**

教育部、卫生部、国家药监局印发《关于进一步加强学生常见病防治工作管理的通知》。为加强对学生常见病防治工作的管理，以促进学生健康成长，通知要求各级各类学校按规定组织学生健康检查。任何单位和个人未经批准不得擅自组织学生进行群体性服药。应将学生常见病防治工作纳入地方政府疾病防治的统一规划，并统一管理和实施。

9921 | **11 月 2 日至 5 日**

为庆祝新中国幼儿教育 50 周年和中国学前教育研究会成立 20 周年，中国学前教育研究会于上海举行双庆活动。

9922 | **12 月 2 日**

教育部印发《关于加强教育法制建设的意见》。《意见》提出，依法治国，建设社会主义法治国家，是党的十五大和宪法确立的党领导人民治理国家的基本方略。要进一步认识依法治教的重要性和必要性；进一步明确加强教育法制建设的目标；完善和加快教育立法；严格做到依法行政；积极推进依法治校；完善教育行政执法监督机制；加强教育普法工作，为依法治教创造良好环境；加强教育法制工作机构和教育行政执法队伍建设；切实重视和加强对教育法制建设的领导。12 月 7 日至 8 日，全国人大教科文卫委员会和教育部在北京共同召开全国教育法制工作会议。会议指出，教育法制建设，为落实教育在社会主义现代化建设全局中优先发展的战略地位，提供了强有力的法律保障。

9923 | **12 月 6 日**

教育部在北京召开 2000 年度教育工作会议。教育部部长陈至立在会上讲话，强调教育战线 2000 年的中心工作是继续认真贯彻党中央、国务院召开的全国教育工作会议精神，全面落实《中共中央、国务院关于深化教育改革全面推进素质教育的决定》和《面向 21 世纪教育振兴行动计划》，扎扎实实把教育改革和发展的各项工作推向深入。

9924 | **12 月 18 日**

司法部发布《未成年犯管教所管理规定》。《规定》对未成年犯管教所的管理制度、教育改造、生活卫生、考核奖惩等作出说明。

2000年

改革进行时

• 重要文件

教育部《〈教师资格条例〉实施办法》

中央综治委、教育部、公安部《关于深化学校治安综合治理工作的意见》

中组部、中共教育部党组《关于加强社会力量举办学校党的建设工作的意见》

• 重要政策

不得要求幼儿园、学前班的幼儿购买任何教材和幼儿读物

在社会力量举办学校（幼儿园）建立党组织

深化学校治安综合治理

• 重要会议

国务院妇儿工委召开儿童工作座谈会

教育部召开全国基础教育工作会议

- **改革亮点**

出台《〈教师资格条例〉》实施办法》。《实施办法》对幼儿园教师资格的认证条件、认证程序、资格证书管理等作出具体规定，对于提升幼儿教师专业素养，强化幼儿教师队伍建设具有重要意义。

0001 | 1月3日

教育部印发《关于在小学减轻学生过重负担的紧急通知》。通知明确规定，不得要求幼儿园、学前班的幼儿购买任何教材和幼儿读物。

0002 | 2月1日

中共中央总书记江泽民在中共中央政治局常务委员会会议上讲话指出："教育是一个系统工程，要不断提高教育质量和教育水平，不仅要加强对学生的文化知识教育，而且要切实加强对学生思想政治教育、品德教育、纪律教育、法制教育。老师作为人类灵魂的工程师，不仅要教好书，还要育好人，各个方面都要为人师表。加强和改进教育工作，不只是学校和教育部门的事，家庭、社会各个方面都要一起来关心和支持。只有加强，综合管理，多管齐下，形成一种有利于青少年学生身心健康发展的社会环境，年青一代才能茁壮成才起来。"① 2月12日，《人民日报》发表《全社会都要关心支持教育事业》的评论员文章。2月14日，教育部印发《关于认真学习人民日报评论员文章〈全社会都要关心支持教育事业〉的通知》，要求各地教育行政部门、各级各类学校组织干部、校长、教师认真学习，端正教育方向，明确教育思想，切实改进和加强教育工作。3月1日，《人民日报》《求是》《光明日报》全文发表了江泽民总书记2月1日的讲话，题为《关于教育问题的谈话》。同日，教育部印发《关于学习贯彻江泽民总书记〈关于教育问题的谈话〉的通知》。3月2日，教育部在北京召开学习贯彻江泽民同志《关于教育问题的谈话》报告会，中共中央政治局常委、国务院副总理李岚清作了题为《加强和改进教育工作开创全社会关心青少年健康成长新局面》的报告。6月26日，教育部办公厅印发《关于在暑假期间组织中小学干部、教师开展进一步学习贯彻江泽民同志〈关于教育问题的谈话〉活动的通知》，要求各级教育行政部门、普通中小学、各类中等职业学校及幼儿园（包括民办学校）的教师在2000年暑假进行大学习、大讨论和大落实活动。

①《江泽民文选》第二卷，人民出版社2006年版，第588页。

0003 | **2月3日**

《中国教育报》刊发文章《幼儿园里有男教师不是梦》。据报道，北京市东城区职教中心于1999年5月录取了11名报考幼师专业的男生，为幼师专业招录男生开先河。在课程安排上，这些男生除和女生一样要学习专业课、声乐、舞蹈、钢琴课外，还要学习健康课。

0004 | **2月13日**

教育部办公厅印发《关于开展全国农村学校艺术教育实验工作的通知》。通知指出，针对我国农村学校艺术教育发展的薄弱状况，教育部在全国不同地区选择58个县（市、区、旗），作为实验单位，到2004年通过5年的实验，在农村学校艺术教育观念、教育管理、教学内容和形式、师资培养和培训以及教学评价等方面，总结、探索出一些比较适应社会教育改革发展需要的我国农村学校艺术教育的规律和途径。

0005 | **3月5日**

九届全国人大三次会议在北京人民大会堂开幕，国务院总理朱镕基作《政府工作报告》。《报告》回顾1999年国内工作时指出，科技教育和社会事业全面发展。教育改革迈出新的步伐，素质教育逐步推进。报告强调，2000年，要深化教育改革，全面推进素质教育。各级各类学校都要加强德育工作，努力培养学生的创新精神和实践能力，切实减轻中小学生过重的课业负担，促进学生德、智、体、美全面发展。积极发展民办教育。继续推进教育管理体制改革，今后除教育部和少数特殊部门外，国务院其他部门不再直接管理学校，形成中央和省两级人民政府办学、以地方人民政府管理为主的新体制。深化学校内部管理体制改革，高度重视学校思想政治工作。加强教师队伍建设，全面提高教师素质。加大各方面对贫困地区教育对口支援的力度。

0006 | **3月16日**

北京师范大学博士生导师庞丽娟在《中国教育报》发表文章《切实贯彻全教会精神促进幼儿教育事业发展》。文章建议各级人民政府、有关部门，特别是教育主管部门站在全民素质提高、国家长远发展的战略高度，切实加强对幼儿教育的重视与领导；县以上各级教育行政部门都应有幼儿教育专门机构或专职干部负责幼儿教育工作，要研究、制定适宜于本地区幼教发展的长远规划与年度计划，并具体实施落实；加强对幼儿教育的科学研究；加强幼儿教师队伍建设，加强幼教师资培训。

0007 | **3月21日至23日**

教育部在天津召开全国基础教育工作会议。会议以江泽民同志《关于教育问题的谈话》为指导思想，贯彻落实《中共中央、国务院关于深化教育改革全面推进素质教育的决定》和《面向21世纪教育振兴行动计划》，部署2000年基础教育工作。

0008 | **4月27日**

中国基础教育网正式开通。该网站是以为基础教育服务为宗旨的大型综合性教育网站。全国人大常委会副委员长许嘉璐、教育部副部长王湛出席网站开通仪式。

0009 | **5月10日**

据《中国教育报》报道，全国妇联、全国总工会、共青团中央、中国科协、教育部等十一单位联合发出通知，要求各地以“六一”国际儿童节为契机，采取切实可行的措施，为儿童的健康成长创造良好的社会环境。通知指出，各地要充分利用庆祝“六一”国际儿童节这一时机，认真宣传、贯彻落实江泽民同志就青少年教育问题发表的重要谈话精神，号召全社会为儿童的健康成长尽一份力所能及的责任，形成关心、支持儿童工作特别是儿童教育的合力，全面推进素质教育。

0010 | **5月31日**

国务院妇儿工委召开儿童工作座谈会，交流儿童工作经验，表彰全国儿童工作先进市（区）、县和优秀儿童工作者。中共中央政治局候补委员、国务委员、国务院妇儿工委主任吴仪出席会议并讲话，对今后儿童工作提出了要求：各地区、各有关部门要坚持“儿童优先”的原则，真正把儿童工作特别是实施《九十年代中国儿童发展规划纲要》纳入经济和社会发展的总体规划，纳入党委、政府的议事日程，纳入政府和职能部门的工作目标，做到统筹规划、整体推进，并运用经济、行政、法律、教育等手段有效地促进儿童事业的发展。

0011 | **6月5日至7日**

实施《预防未成年人犯罪法》座谈会在北京举行。全国人大常委会委员长李鹏出席座谈会并发表讲话，强调家庭、学校、政府和社会要共同努力，认真贯彻落实《未成年人保护法》和《预防未成年人犯罪法》，切实采取措施预防未成年人犯罪，保护未成年人权益，为青少年健康成长创造良好环境。

0012 | **6月6日**

中组部、中共教育部党组印发《关于加强社会力量举办学校党的建设工作的意见》。《意见》要求及时在社会力量举办学校建立党的组织，理顺党组织的隶属关系，明确社会力量举办学校党组织的主要职责。

0013 | **6月29日**

中央综治委、教育部、公安部印发《关于深化学校治安综合治理工作的意见》。《意见》提出，进一步明确学校治安综合治理工作的任务，深化对学校治安综合治理工作重要性的认识；要加强领导，坚持“属地管理”原则，切实维护好学校及其周边地区治安秩序；学校要建立健全并认真落实治安综合治理责任制；有关部门齐抓共管，进一步净化学校周边地区的治安环境；加强综合治理工作机制建设，并建立定期检查制度。7月13日，国务院办公厅转发《关于深化学校治安综合治理工作意见》。

0014 | **7月21日**

中组部、人事部印发《关于加快推进事业单位人事制度改革的意见》。《意见》指出，加快推进事业单位人事制度改革是当前的紧迫任务。《意见》提出，建立以聘用制为基础的用人制度；建立形式多样、自主灵活的分配激励机制；建立多层次、多形式的未聘用人员安置制度；建立符合事业单位特点的宏观管理和认识监督制度；加强领导，统筹规划，积极稳妥地推进事业单位人事制度改革工作。

0015 | **9月23日**

教育部发布《〈教师资格条例〉实施办法》。《实施办法》自发布之日起施行，规定了包括幼儿园教师在内的各级各类教师资格认定条件、资格认定申请、证书管理等内容。《实施办法》要求，国务院教育行政部门负责全国教师资格制度的组织实施和协调监督工作；县级以上（包括县级）地方人民政府教育行政部门根据《教师资格条例》规定权限负责本地教师资格认定和管理的组织、指导、监督和实施工作。

0016 | **10月9日至11日**

党的十五届五中全会在北京召开。会议审议通过《中共中央关于制定国民经济和社会发展第十个五年计划的建议》。《建议》指出，教育是培养人才的基础，对经济和社会发展具有先导性、全局性的作用，要适度超前发展。发展教育，要面向现代化、面向世界、面向未来，走改革和创新之路。

0017 | **10月16日**

第六届国家督学会议在北京召开。教育部部长陈至立在会上讲话指出，近年来，国家教育督导团组织国家督学对地方人民政府贯彻落实《教育法》《义务教育法》《教师法》《扫除文盲工作条例》等法律法规及有关教育方针、政策进行过多次督导检查。除“两基”督导检查外，还指导地方督导部门开展了对普通中小学校以及幼儿教育、中等职业教育、社会力量办学等的督导评估工作。

0018 | **10月**

中国青少年研究中心主编的《百年中国儿童》一书由新世纪出版社出版。本书梳理了20世纪中国儿童发展史，集中记述和展示了百年来中国儿童在各个领域的发展风貌。

0019 | **12月4日至5日**

教育部在江苏苏州召开全国城市教育综合改革会议。教育部副部长王湛在会上作工作报告，就进一步推进城市教育综合改革工作进行部署。教育部部长陈至立在会上发表了讲话。

0020 | **12月20日**

教育部在湖北武汉召开2001年度教育工作会议。会议回顾总结“九五”以来教育改革和发展的成就与经验，分析21世纪之初教育面临的形势，明确“十五”期间教育改革和发展的基本思路及主要任务，部署安排2001年教育工作。教育部部长陈至立在会上讲话指出，“九五”期间教育工作取得了历史性成就，为新世纪教育发展奠定了坚实基础；要认真贯彻党的十五届五中全会精神，努力开创“十五”和2001年教育工作新局面。

0021 | **12月26日**

“华夏园丁迎2000年大联欢”活动开幕式在北京举行。来自香港、澳门和内地的中小学、幼儿园的优秀教师代表300多人参加了开幕式。教育部部长陈至立、北京市市长刘淇分别致贺词和欢迎词。

0022 | **12月27日**

教育部、公安部印发《关于加强学校安全工作的紧急通知》，要求教育、公安部门高度重视学校防火工作，警钟长鸣，切实加强学校安全。

2001年

改革进行时

• 重要文件

中共中央《公民道德建设实施纲要》

国务院《中国儿童发展纲要（2001—2010年）》

国务院《关于基础教育改革与发展的决定》

教育部《全国教育事业第十个五年计划》

教育部《幼儿园教育指导纲要（试行）》

教育部《关于首次认定教师资格工作若干问题的意见》

教育部《基础教育课程改革纲要（试行）》

国家教育督导团《关于加强基础教育督导工作的意见》

• 重要政策

全面实施教师资格制度

明确学前教育坚持保教结合和以游戏为基本活动的原则

加强基础教育督导工作

• 重要会议

国务院召开全国基础教育工作会议

教育部召开全国幼儿教育工作座谈会

教育部召开全国教师资格制度实施工作会议

教育部召开全国基础教育课程改革实验工作会议

• 改革亮点

《幼儿园教育指导纲要（试行）》开启幼儿教育改革的新阶段。《幼儿园教育指导纲要（试行）》从健康、语言、社会、科学、艺术五大领域，提出了我国幼儿园教育的基本内容范畴、目标以及基本的实践规范和要求，强调幼儿园要依据幼儿身心发展特点和教育规律，坚持保教结合的原则，以游戏为基本活动，对规范和指导我国幼儿园保育教育发挥了重要作用。

0101 | **1月4日至5日**

教育部在北京召开全国教师资格制度实施工作会议，动员和部署全面实施教师资格制度。教育部部长陈至立作《全面实施教师资格制度，建设一支高水平的教师队伍》的讲话。陈至立指出，全面实施教师资格制度是新时期教师队伍建设的重大举措和制度创新，对于稳定、加强和发展我国教师队伍具有十分重大的意义。

0102 | **2月1日**

教育部在北京召开江泽民同志《关于教育问题的谈话》发表一周年座谈会，畅谈一年来教育系统学习、贯彻江泽民同志《谈话》精神，加强和改进青少年学生政治教育工作的体会。教育部部长陈至立指出，全国教育战线要继续认真贯彻《谈话》精神，全面推进素质教育，大力开展校园拒绝邪教活动。

0103 | **2月23日**

教育部办公厅印发《关于积极配合和推动基础教育课程改革，进一步加强和改进教师培养培训工作的几点意见》。《意见》要求，要密切关注和了解当前基础教育改革特别是基础教育课程改革的动态和走向，研究其对教师培养和培训提出的新要求；要进一步转变教育观念，积极探索改进教师培养和培训工作的新思路、新模式、新内容和新方法，切实提高中小学教师实施素质教育的能力和水平；要进一步增强师范教育为基础教育服务的责任感和紧迫感，积极主动地配合和推动基础教育改革，特别是当前的课程改革。

0104 | **2月28日**

教育部在山东潍坊召开2001年基础教育工作研讨会。会议深入贯彻党的十五届五中全会精神，回顾和总结“九五”以来基础教育改革与发展的成就和经验，分析和认识新世纪初叶基础教育面临的形势，明确“十五”期间改革与发展的基本思路和2001年的主要工作，统一思想，振奋精神，努力开创基础教育工作的新局面。教育部副部长王湛出席会议并讲话指出，“十五”期间，我国基础教育的改革和发展将进入关键时期。要加快基础教育阶段学校布局结构调整的步伐，进一步优化教师队伍，努力改善办学条件，促进基础教育结构、质量和效益的协调发展；要继续强化基础教育的政府行为，建立有效的经费投入体制，完善管理体制，确保基础教育的健康发展，努力建设充满生机活力的、体现素质教育宗旨的高质量、高水平的基础教育。讲话强调要“积极发展学前教育”。

0105 | **3 月 5 日**

九届全国人大四次会议在北京人民大会堂开幕，国务院总理朱镕基作《政府工作报告》。《报告》指出，“九五”时期，各级各类教育全面发展，基本普及九年义务教育和基本扫除青壮年文盲的目标初步实现。今后五年，教育事业的目标是教育加快发展，国民素质进一步提高。关于 2001 年教育工作，《报告》强调，要落实科教兴国战略，大力开发人才资源。坚持教育适度超前发展，为国民经济和社会发展服务。着力推进素质教育，促进学生德、智、体、美全面发展。重视发展儿童早期教育。搞好教师队伍建设，全面提高教师的思想和业务素质。深化办学体制和教育管理体制改革。鼓励、支持和规范社会力量办学。增加国家和社会对教育的投入。适应农村税费改革后的新情况，县级人民政府要负责对基础教育经费的统筹，落实教师工资统一发放的措施。中央财政和省级财政要加大对困难地区、民族地区教育的转移支付和专项投入。采取有力措施，切实制止学校乱收费。

0106 | **3 月 15 日**

九届全国人大四次会议批准《中华人民共和国国民经济和社会发展第十个五年计划纲要》。《纲要》指出，“十五”期间，要加快发展各级各类教育。着力推进素质教育，重视培养创新精神和实践能力，促进学生德智体美全面发展。把加强基础教育放在重要位置，继续提高国民教育普及程度。重视发展儿童早期教育。推行弹性学习制度，放宽入学年龄限制，允许分阶段完成学业。加强教师队伍建设，提高教师思想和业务素质。加强和改进学校思想政治工作。大力调整教育结构和布局。加快办学体制改革，积极鼓励、支持和规范社会力量以多种形式办学，基本形成政府办学为主，公办学校和民办学校共同发展的格局。采取多种措施突破教育投入瓶颈，增加国家对教育的投入。

0107 | **4月28日**

中共中央政治局常委、国务院总理、国家科技教育领导小组组长朱镕基在中南海主持召开国家科技教育领导小组第九次会议。会议指出，基础教育是实施科教兴国战略的奠基工程，对提高中华民族素质、培养各级各类人才，促进社会主义现代化建设具有全局性和基础性作用。保持教育适度超前发展，必须把基础教育摆在优先地位并作为基础设施建设和教育事业发展的重点领域，切实予以保障。今后一个时期基础教育工作的基本任务是：占全国人口15%左右、未实现“两基”的贫困地区要打好“两基”攻坚战；占全国人口50%左右、已实现“两基”的农村地区要重点抓好“两基”巩固提高工作；占全国人口35%左右的地区要在高水平、高质量普及九年义务教育的基础上，基本满足社会对高中阶段教育和学前三年教育的需求。

0108 | **5月14日**

教育部印发《关于首次认定教师资格工作若干问题的意见》。《意见》对教师资格制度的法律依据、教师资格的性质、首次认定教师资格的范围、教师资格的申请、教师资格认定程序、教师资格认定的学历条件等方面作出具体规定。

0109 | **5月22日**

国务院发布《中国儿童发展纲要（2001—2010年）》。《纲要》按照“十五”计划的总体要求，根据中国儿童发展的实际情况，以促进儿童发展为主题，以提高儿童身心素质为重点，以培养和造就21世纪社会主义现代化建设人才为目标，从儿童与健康、儿童与教育、儿童与法律保护、儿童与环境四个领域提出2001年至2010年我国儿童发展的目标和策略措施。《纲要》提出，2001年至2010年，中国儿童发展的总目标是：坚持“儿童优先”原则，保障儿童生存、发展、受保护和参与的权利，提高儿童整体素质，促进儿童身心健康发展。儿童健康的主要指标达到发展中国家的先进水平；在基本普及九年义务教育的基础上，大中城市和经济发达地区有步骤地普及高中阶段教育；逐步完善保护儿童的法律法规体系，依法保障儿童权益；优化儿童成长环境，使困境儿童受到特殊保护。学前教育的目标是：适龄儿童基本能接受学前教育。发展0岁至3岁儿童早期教育；大中城市和经济发达地区适龄儿童基本能接受学前教育，农村儿童学前一年受教育率有较大提高。

0110 | **5月29日**

国务院发布《关于基础教育改革与发展的决定》。《决定》指出，基础教育是科教兴国的奠基工程，对提高中华民族素质、培养各级各类人才，促进社会主义现代化建设，具有全局性、基础性和先导性作用。保持教育适度超前发展，必须把基础教育摆在优先地位并作为基础设施建设和教育事业发展的重点领域，切实予以保障。《决定》强调，要重视和发展学前教育。大力发展以社区为依托，公办与民办相结合的多种形式的学前教育和儿童早期教育服务。加强乡(镇)中心幼儿园建设并发挥其对村办幼儿园(班)的指导作用。

0111 | **6月8日**

教育部印发《基础教育课程改革纲要(试行)》。《纲要》指出，大力推进基础教育课程改革，调整和改革基础教育的课程体系、结构、内容，构建符合素质教育要求的新的基础教育课程体系。新的课程体系涵盖幼儿教育、义务教育和普通高中教育。《纲要》对课程改革的目标、课程结构、课程标准、教学过程、教材开发与管理、课程评价、课程管理、教师的培养与培训、课程改革的组织与实施等内容作出明确说明。《纲要》指出，幼儿园教育要依据幼儿身心发展的特点和教育规律，坚持保教结合和以游戏为基本活动的原则，与家庭和社区密切配合，培养幼儿良好的行为习惯，保护和启发幼儿的好奇心和求知欲，促进幼儿身心全面和谐发展。

0112 | **6月11日至12日**

国务院在北京召开全国基础教育工作会议。会议指出，必须把基础教育放在更加重要的战略地位；完善基础教育管理体制，确保义务教育经费投入；着力提高基础教育质量；加强领导，努力开创基础教育工作新局面。会议强调，各级党委、人民政府要统一思想，提高认识，继续把搞好基础教育作为教育工作的“重中之重”，采取切实措施，推动基础教育跨上新台阶。

0113 | **6月15日**

教育部印发《关于学习贯彻〈国务院关于基础教育改革与发展的决定〉的通知》。通知指出，《决定》是以江泽民同志为核心的党中央在我国初步实现基本普及九年义务教育、基本扫除青壮年文盲的宏伟目标后，为实施科教兴国战略、推进基础教育改革与发展所作出的重大决策。

0114 | **6月19日**

探索推进21世纪教育改革研讨会在北京召开。中共中央政治局常委、国务院副总理李岚清在北京会见参加研讨会的香港中学校长和大学生访问团，介绍全国基础教育工作会议和内地基础教育改革与发展的情况。教育部副部长王湛在会上作《改革发展基础教育为中华民族振兴奠定坚实基础》的报告。

0115 | **6月22日**

北京市十一届人大常委会第二十七次会议通过《北京市学前教育条例》。《条例》自2001年9月1日起施行，对学前教育责任、学前教育机构和从业人员、学前教育保障、法律责任等方面作出具体规定。《条例》提出，开展学前教育应当贯彻国家的教育方针，对儿童实施体、智、德、美诸方面全面发展的教育，促进其身心健康与和谐发展。学前教育应当遵循学龄前儿童的年龄特点和身心发展规划，实行保育与教育相结合，以游戏为基本活动形式，寓教育于生活及各项活动之中。学前教育机构应当注重促进学龄前儿童身体素质和心理素质健康发展，养成良好的生活、卫生习惯；促进儿童的智力发展，培养儿童热爱祖国的情感以及良好的品德。

0116 | **6月**

中国陶行知研究会学前教育专业委员会在江苏南京成立。南京师范大学唐淑教授担任委员会主任。

0117 | 7月2日

教育部发布《幼儿园教育指导纲要（试行）》。《纲要》根据党的教育方针和《幼儿园工作规程》而制定，是指导广大幼儿教师将《规程》的教育思想和观念转化为教育行为的指导性文件。《纲要》指出，幼儿园教育是基础教育的重要组成部分，是我国学校教育和终身教育的奠基阶段。城乡各类幼儿园都应从实际出发，因地制宜地实施素质教育，为幼儿一生的发展打好基础。幼儿园应与家庭、社区密切合作，与小学相互衔接，综合利用各种教育资源，共同为幼儿的发展创造良好的条件。幼儿园应为幼儿提供健康、丰富的生活和活动环境，满足他们多方面发展的需要，使他们在快乐的童年生活中获得有益于身心发展的经验。幼儿园教育应尊重幼儿的人格和权利，尊重幼儿身心发展的规律和学习特点，以游戏为基本活动，保教并重，关注个别差异，促进每个幼儿富有个性的发展。《纲要》规定，幼儿园的教育内容是全面的、启蒙性的，可以相对划分为健康、语言、社会、科学、艺术等五个领域，也可作其他不同的划分。各领域的内容相互渗透，从不同的角度促进幼儿情感、态度、能力、知识、技能等方面的发展。《纲要》强调，幼儿园的教育是为所有在园幼儿的健康成长服务的，要为每一个儿童，包括有特殊需要的儿童提供积极的支持和帮助。幼儿园的教育活动，是教师以多种形式有目的、有计划地引导幼儿生动、活泼、主动活动的教育过程。教育活动的组织与实施过程是教师创造性地开展工作的过程。教师要根据《纲要》，从本地、本园的条件出发，结合本班幼儿的实际情况，制定切实可行的工作计划并灵活地执行。

0118 | 7月5日

国家教育督导团在北京召开部分国家督学会议，学习贯彻《国务院关于基础教育改革与发展的决定》精神，对“十五”期间如何进一步加强教育督导工作进行研究和部署。

0119 | **7月26日**

教育部发布《全国教育事业第十个五年计划》。《计划》指出，“十五”期间，学前教育发展的主要目标是，积极发展学前三年教育，重视发展儿童早期教育，努力使城乡儿童在入小学前能够接受多种形式的学前教育，城市地区基本满足学龄前儿童入园（学前班）需求。到2010年，学前教育较好满足社会需求。

0120 | **7月30日**

教育部在辽宁大连召开全国基础教育课程改革实验工作会议。会议部署了课程改革实验工作，确定了2001年至2005年课程改革实验的组织和推广工作进程。教育部副部长王湛在会上讲话指出，教育部将对幼儿园教育的改革进行全面部署，拟用三年左右的时间全面落实《幼儿教育指导纲要（试行）》。

0121 | **8月2日**

国家教育督导团印发《关于开展贯彻落实〈国务院关于基础教育改革与发展的决定〉督导检查活动的通知》，对督查内容、工作安排以及相关要求作了详细说明。

0122 | **8月8日**

教育部发布《教师资格证书管理规定》。《管理规定》指出，教师资格证书是持证人具有国家认定的教师资格的法定凭证，由国务院教育行政部门统一印制，教师资格认定机构认定申请人相应的教师资格后，在规定的期限内向申请人发布教师资格证书。

0123 | **8月15日**

教育部基础教育司、中国教育学会、国家教育发展研究中心在北京共同召开“更新教育观念、推进素质教育”座谈会暨《素质教育观念学习提要》赠书仪式。

0124 | 8月

中国学前教育研究会学术委员会在北戴河召开会议，从各地方研究会组织申报的课题中确立了280个立项课题，并进行“十五”课题培训。

0125 | 9月8日

国家教育督导团印发《关于加强基础教育督导工作的意见》。《意见》指出，要确立教育督导在基础教育改革与发展中的重要地位，进一步明确基础教育督导工作的指导思想。坚持督政与督学相结合，是我国教育督导制度建设的基本经验和特色，也是“十五”期间教育督导工作必须坚持的原则。基础教育实行在国务院领导下，由地方人民政府负责、分级管理、以县为主的管理体制，基础教育督导工作必须把对地方人民政府特别是县级人民政府履行教育职责情况作为督导的重要任务。同时，必须以督学为基本职能，根据素质教育的要求，加强对中等及中等以下各类学校的督导检查，推动学校落实《国务院关于基础教育改革与发展的决定》精神，全面实施素质教育。开展专项督导检查，促进基础教育热点难点问题的解决。建立符合素质教育要求的督导评估机制，保障素质教育顺利实施。加强领导，完善督导机构、队伍和法制建设。

0126 | 9月20日

中共中央发布《公民道德建设实施纲要》。《纲要》提出，公民道德建设的主要内容是：坚持以为人民服务为核心，以集体主义为原则，以爱祖国、爱人民、爱劳动、爱科学、爱社会主义为基本要求，以社会公德、职业道德、家庭美德、个人品德为着力点。

0127 | 9月

世界学前教育组织（OMEP）中国委员会在甘肃兰州召开第一届西北幼儿教育改革与发展研讨会。来自西北和内地的300名代表参会。

0128 | **10月17日**

教育部印发《关于开展基础教育新课程实验推广工作的意见》。《意见》对基础教育新课程实验推广工作的指导思想和任务、实验的组织与推进，开展新课程实验推广工作的要求等方面作出详细说明。

0129 | **10月17日**

教育部印发《关于开展基础教育新课程师资培训工作的意见》。《意见》要求，各级教育行政部门要组织广大教师认真学习《基础教育课程改革纲要（试行）》，学习和研究相关学科的课程标准以及所教课程的新编教材。《意见》提出，要切实保障新课程师资培训工作的经费，将新课程的师资培训工作始终贯穿于新课程实验推广的全过程，抓紧研究开发新课程师资培训的资源，切实加强对新课程师资培训的科学研究工作。

0130 | **10月18日**

以“为了中国和世界更美好的明天——基础教育的改革与发展”为主题的2001年中国教育国际论坛在北京开幕。教育部副部长王湛出席开幕式并发表讲话。王湛指出，我国基础教育的发展面临着经济全球化、知识经济、国际竞争以及实施科教兴国战略、促进教育适度超前持续发展等各种前所未有的挑战，这些都要求基础教育必须深化改革，推进素质教育，缩小教育差距，进一步满足全体国民教育的基本需求。

0131 | **11月9日至10日**

教育部在山东青岛召开全国幼儿教育工作座谈会。会议确定了幼儿教育发展的总目标，明确了“十五”期间幼教事业发展的具体目标、教育部门将要切实履行的职责、新形势下的幼儿教育管理机制等方面的问题。教育部副部长王湛出席会议并讲话指出，“九五”期间，大中城市幼儿入园难的问题基本解决，“十五”期间幼儿教育发展的重点在农村。鉴于我国的当前状况，要鼓励社会力量办园，最重要的两条是：对社会力量办园包括私人办园，要实行一视同仁的政策；制定合理的收费政策。

0132 | **11月24日**

为深入宣传和贯彻全国基础教育工作会议精神，推进素质教育，教育部和北京市在北京共同主办“更新教育观念”大型报告会。教育部部长陈至立、副部长王湛，中共北京市委副书记龙新民等出席报告会。

0133 | **12月5日**

《未成年人保护法》发布10周年座谈会在北京举行。会议强调，全社会要齐抓共管，形成合力，推动《未成年人保护法》的深入实施，为未成年人的茁壮成长营造一个安全和谐的环境。

0134 | **12月26日**

教育部召开2002年度教育工作会议。教育部部长陈至立在报告中回顾了2001年的教育工作，提出2002年教育工作总体要求是：高举邓小平理论伟大旗帜，以“三个代表”重要思想为指导，认真贯彻党的十五届五中、六中全会精神，落实全国教育工作会议和全国基础教育工作会议提出的各项任务，全面实施教育“十五”计划。进一步解放思想，深化改革，加快发展，提高质量，保持稳定，以优异的成绩迎接党的十六大召开。

2002年

改革进行时

• 重要文件

国务院《关于深化改革加快发展民族教育的决定》

教育部《基础教育工作分类推进与评估指导意见》

教育部《学校艺术教育工作规程》

教育部《中小学心理健康教育指导纲要》

教育部《关于加强县级教师培训机构建设的指导意见》

教育部、全国总工会《关于全面推进校务公开工作的意见》

国家计委、财政部、教育部《教育收费公示制度》

教育部《学生伤害事故处理办法》

• 重要政策

采取分类推进的原则发展学前教育

进一步规范民办教育机构办学秩序

全面推进校务公开工作

实行教育收费公示制度

集中整治学校（幼儿园）及周边治安秩序

• 重要会议

教育部、国家民委召开第五次全国民族教育工作会议

教育部召开全国教育督导工作会议

教育部召开全国基础教育课程改革实验工作电视电话会议

• 改革亮点

提出分类推进发展学前教育的思路。基于我国各地区学前教育发展水平差异显著的现状，《基础教育工作分类推进与评估指标意见》根据实事求是的原则，提出了不同地区学前教育改革与发展的主要目标和质量要求，明确采取分类推进的原则发展学前教育。

0201 | **1月8日**

教育部办公厅印发《关于建立“国家体育与艺术师资培养培训基地”的通知》。通知提出，教育部决定在北京师范大学、华东师范大学、东北师范大学、西南师范大学、福建师范大学、华南师范大学、南京师范大学、哈尔滨师范大学、西北师范大学、湖南师范大学、首都师范大学和河南大学等12所学校建立“国家体育与艺术师资培养培训基地”。基地建设应坚持“目标明确、改革领先、成果突出、师资优化、设备先进、教学优秀、质量一流”的要求与目标，发挥基地在体育艺术师资培养、培训工作中的示范和辐射作用。

0202 | **1月**

大型儿童卡通电视木偶系列剧《全托学校》在全国十几家省市级电视台开始播放。此剧以联合国《儿童权利公约》为创作蓝本，以素质教育为主题。每集就一个教育问题，以情景教育的方式，对4至14岁儿童进行品格、性格、个性心理发展等非智力方向的培养。

0203 | **2月4日**

中宣部、全国妇联、共青团中央、教育部、国家环保总局、国家广电总局印发《关于实施中国“小公民”道德建设计划的通知》。实施中国“小公民”道德建设计划，是贯彻落实《中共中央公民道德建设实施纲要》的一项重要举措，旨在引导和帮助全国儿童加强道德修养、提高自身素质。该活动的主要内容是：在全国儿童中大力倡导“爱国守法、明礼诚信、团结友爱、勤俭自强、敬业奉献”的基本道德规范，广泛开展“我做合格‘小公民’”的宣传教育、实践创新和评选展示活动。推出“小公民”的社会道德“五小”（“小帮手”“小标兵”“小伙伴”“小卫士”和“小主人”）行动，将其作为儿童普遍认同和自觉遵守的行为准则。2月25日，中国“小公民”道德建设计划启动仪式在北京举行，来自北京的30所中小学学生代表参加启动仪式。6月1日，中共中央总书记、国家主席江泽民为“小公民”道德建设计划题词：“加强小公民道德建设，促进儿童的健康成长。”6月12日，全国妇联举行加强“小公民”道德建设座谈会，全国妇联副主席顾秀莲、教育部副部长王湛出席座谈会。

0204 | 2月6日

教育部、全国总工会印发《关于全面推进校务公开工作的意见》。《意见》指出，全面推进校务公开，是在学校工作中依靠教职工办好学校，实现决策民主化、科学化的重要举措；是调动教职工积极性，维护教职工合法权益，深化教育改革、确保稳定和发展的有效途径。《意见》强调，各地各校应把学校工作的重点、难点、教职工群众和社会关心的热点问题，作为校务公开的重要内容，努力做到政策公开、过程公开、结果公开。除按规定必须保密的事项外，学校的发展规划、改革方案、教职工聘任办法、教职工奖惩办法、经费预决算、教职工购（建）房方案、住房公积金、养老金、医疗保险和其他社会保障基金等涉及教职工切身利益的重大问题，都应通过多种形式让教职工参与和知道。该向社会公开的要向社会公开。要保证公开的真实性，防止随意性，要注重实效，不搞形式主义。《意见》提出，要逐步建立健全校务公开的各项制度和监督检查办法，在实践中不断完善校务公开的工作制度，规范校务公开的程序，确保校务公开健康有序地进行。

0205 | 2月26日

教育部印发《关于加强基础教育办学管理若干问题的通知》。通知指出，发展基础教育是各级人民政府应尽的职责。各地不得将公办中、小学校及幼儿园以出售、拍卖等方式进行转让，已经转让并造成公有资产流失、减损的，应当及时予以纠正。办学水平和教育质量较高、社会声誉较好的公办中小学和幼儿园，不得改为民办或以改制为名实行高收费。经批准进行中小学办学体制改革试验的学校、幼儿园可以依托优质公办中小学、幼儿园办学。这类学校必须具有独立的法人，必须实行独立的经费核算和人事管理，有独立的校园、校舍，独立进行教育教学。

0206 | **3月1日**

教育部印发《关于“十五”期间教师教育改革和发展的意见》。《意见》对教师教育改革与发展面临的形势，教师教育改革与发展的指导思想、基本原则、主要任务及主要政策措施作出详细规定。

0207 | **3月1日**

教育部印发《关于加强县级教师培训机构建设的指导意见》。《指导意见》指出县级教师培训机构应依据相关法律法规，实施对本地区义务教育阶段教师、幼儿园教师和小学校长的继续教育。《指导意见》就进一步加强县级教师培训机构建设的必要性、县级教师培训机构的性质和主要任务、加强县级教师培训机构建设的基本原则和要求作了说明。

0208 | **3月3日**

全国政协九届五次会议在北京开幕。全国政协委员、北京师范大学教授庞丽娟提交《制定学前教育法，保障学前教育事业发展刻不容缓》的提案，呼吁通过立法来改变近年来学前教育事业大幅滑坡的状况。

0209 | **3月3日至4日**

教育部在浙江义乌召开全国教育督导工作会议。教育部副部长、国家总督学王湛出席会议，并作题为《与时俱进，求真务实，推动教育督导工作取得新的发展》的讲话。王湛指出，我国基础教育资源（包括非义务教育阶段的高中和幼儿园）严重不足，因此要积极鼓励社会力量办学，尤其是积极鼓励社会力量举办幼儿教育和高中教育。但是，基础教育必须坚持政府办学为主，必须坚决制止将公办学校特别是一些政府长期建设形成的优质教育资源出售、拍卖给个人或单位，再实行高收费的现象。教育督导部门要加强对这个问题的督导力度。

0210 | **3月5日**

九届全国人大五次会议在北京人民大会堂开幕，国务院总理朱镕基作《政府工作报告》。《报告》回顾2001年国内工作时指出，新世纪第一年，教育事业全面发展，基础教育和职业教育进一步加强，素质教育全面推进。

《报告》指出，2002年要实施科教兴国战略和可持续发展战略，加强精神文明建设。坚持教育优先发展。大力推进素质教育，加强学校思想政治工作，促进学生德智体美全面发展。加强基础教育。保证教师工资按时足额发放。全面提高教师思想和业务素质。加快教育信息化建设，积极发展现代远程教育。加大政府对教育的投入。鼓励、支持和规范社会力量办学、中外合作办学。

0211 | **3月26日**

教育部部务会议讨论通过《学生伤害事故处理办法》。《办法》指出，学校的举办者应当提供符合安全标准的校舍、场地、其他教育教学设施和生活设施。学校应当对在校学生进行必要的安全教育和自护自救教育；应当按照规定，建立健全安全制度，采取相应的管理措施，预防和消除教育教学环境中存在的安全隐患；当发生伤害事故时，应当及时采取措施救助受伤害学生。《办法》还就事故与责任、事故处理程序、事故损害的赔偿、事故责任者的处理作了说明。6月25日，教育部正式发布《学生伤害事故处理办法》。

0212 | **4月15日**

文化部、教育部印发《关于做好基层文化教育资源共享工作的通知》。通知指出，现有的各类文化设施要坚持为群众服务，为青少年学生服务；各级各类学校的内部设施，在保证正常教学活动和满足师生需要的前提下，积极创造条件，采取多种方式对社会开放，为群众开展文化活动提供方便；各级文化、教育部门要利用现有的教育电视频道，积极推进全国文化信息资源共享工程的实施。

0213 | **4月26日**

中国少年儿童新闻出版总社、联合国儿童基金会在北京共同主办中国“支持儿童”大会。大会宣布中国在儿童问题上面临的最紧迫的三个问题是：为了孩子要保护地球的生态环境；让每一个儿童都受到教育；倾听儿童的心声。

0214 | **4月27日**

全国教师教育信息化专家委员会成立大会暨第一次工作会议在北京召开。会议通报了全国教师教育信息化建设、英特尔“未来教育”培训项目、中小学教师继续教育远程教育资源建设等工作情况，就推进教师教育信息化面临的形势、问题和任务等进行了深入研讨，制定了推进教师教育信息化的具体实施方案。

0215 | **4月28日**

教育部召开全国基础教育课程改革实验工作电视电话会议，对省级课程改革实验区进行全面动员和部署。教育部部长陈至立就如何扎实做好基础教育课程改革实验推广工作提出意见。陈至立指出，要提高认识，统一思想，加快基础教育课程改革步伐；要抓住重点，扎实做好新课程实验推广工作；要加强领导，确保基础教育新课程实验推广工作顺利实施。

0216 | **5月13日**

教育部发布《全国学校艺术教育发展规划（2001年—2010年）》。《发展规划》提出，要建设一支能基本满足各级各类学校艺术教育需要，又具有实施素质教育能力和水平的教师队伍。积极开展面向全体学生的经常性的丰富多彩的课外、校外艺术活动，并逐步使其规范化、制度化。《发展规划》强调，各地要充分利用我国基础教育改革和课程标准实施的契机，开足开齐艺术课程，大面积提高教学质量。

0217 | **5月15日**

教育部办公厅印发《关于认真做好2002年全国教育督导先进集体和全国教育督导先进工作者评选工作的通知》。通知指出，全国教育督导先进集体主要在县级教育督导机构中评选，工作成绩突出的地级教育督导机构也可以参评。全国教育督导先进工作者在省级以下各级教育督导工作者（包括兼职督学）中评选。评选先进集体条件是：教育督导机构是代表本级人民政府行使教育督导职能的人民政府教育督导机构；建立了“两基”工作评估验收和巩固提高复查制度，成绩显著；在推动基础教育改革与发展，保障实施素质教育工作中成绩显著；建立了较为完善的督导制度并认真落实；督导机构和编制得到落实，督导人员结构合理，有专兼职结合的督学队伍，重视督导人员的培训、提高工作，队伍团结、勤政廉洁高效。先进工作者条件：热爱教育督导工作，执行《督学行为准则》，模范履行职责，具有奉献精神；熟悉国家有关教育的法律、法规和方针、政策，熟悉督导业务；积极主动完成督导工作任务，廉洁奉公，严格执法，作风民主，团结同志，发挥模范带头作用；一般从事督导工作4年以上。

0218 | **5月27日**

国家计委、财政部、教育部发布《教育收费公示制度》，决定在全国各级各类学校实行教育收费公示制度。教育收费公示制度，即学校通过设立公示栏、公示牌、公示墙等形式，向社会公布收费项目、收费标准等相关内容，便于社会监督学校严格执行国家教育收费政策，保护学生及其家长自身合法权益。

0219 | **5月29日**

宋庆龄基金会成立20周年纪念会在北京举行。宋庆龄基金会始终遵循“维护世界和平、促进祖国统一、发展少儿事业”的宗旨，坚持“开门办会”和“实验性、示范性”的工作方针，赢得了良好的声誉。

0220 | **6月17日**

全国总工会、教育部印发《关于在社会力量举办的学校建立工会组织的意见》。《意见》指出，要按照“哪里有职工，哪里就必须建立工会组织”的原则和最大限度地把职工组织到工会中来的要求，凡是经相应的行政部门批准、依法登记的社会力量举办的学校，不论其规模大小，职工多少，都应允许依法建立工会组织。对暂不具备条件的，应创造条件尽快把工会组织建立起来。

0221 | **7月5日**

教育部印发通知，推行《第二套全国中小学生（幼儿）系列广播体操》。

自2002年9月1日起，教育部门在全国普通中学、职业中学、中等专业学校、技工学校、全日制小学、幼儿园推行该套广播体操。

0222 | **7月7日**

国务院发布《关于深化改革加快发展民族教育的决定》。《决定》指出，深化改革，加快发展民族教育的政策措施有：深化教育改革，增强办学活力；加快“两基”步伐，促进各级各类教育的协调发展；进一步增强对民族教育的扶持力度；加大对民族教育的投入；进一步加强对民族教育的支援力度；大力加强教师队伍建设；等等。

0223 | **7月25日**

教育部发布《学校艺术教育工作规程》。《工作规程》指出，艺术教育是学校实施美育的重要途径和内容，是素质教育的有机组成部分。学校艺术教育工作包括：艺术类课程教学，课外、校外艺术教育活动，校园文化艺术环境建设等方面。

0224 | **7月26日至27日**

教育部、国家民委在北京召开第五次全国民族教育工作会议。教育部部长陈至立在会上作题为《高举邓小平理论伟大旗帜，认真实践“三个代表”重要思想，努力开创民族教育工作新局面》的报告。报告提出，要在民族地区“积极发展学前教育”。

0225 | **8月1日**

教育部发布《中小学心理健康教育指导纲要》。《指导纲要》对心理健康教育的指导思想和基本原则、目标与任务、主要内容、途径和方法、组织实施等作出明确规定。《指导纲要》指出，心理健康教育的总目标是：提高全体学生的心理素质，充分开发他们的潜能，培养学生乐观、向上的心理品质，促进学生人格的健全发展。心理健康教育的主要内容包括：普及心理健康基本知识、树立心理健康意识、了解简单的心理调节方法、认识心理异常现象以及初步掌握心理保健常识，其重点是学会学习、人际交往、升学择业以及生活和社会适应等方面的常识。

0226 | **8月5日**

中国儿童中心成立20周年庆祝大会在北京举行。中共中央政治局常委、全国人大常委会委员长李鹏致信祝贺，并向全国少年儿童工作者表示亲切的慰问。李鹏在贺信中指出，20年来，中国儿童中心坚持全面贯彻党的教育方针，充分发挥少年儿童教育实践基地的作用，为培养少年儿童的创新精神和实践能力，使其成为“有理想、有道德、有文化、有纪律”的新世纪合格小公民作出了积极的探索，并积累了宝贵的经验，为我国校外教育事业的健康发展作出了自己的贡献。李鹏强调，我国有3亿多儿童，他们是祖国的未来和民族的希望。中国儿童中心作为国家的公益型教育事业单位，要继续努力，把中国儿童中心办成具有实验性、指导性和示范性的儿童教育基地和少年儿童喜爱的活动乐园，为促进少年儿童的健康成长，作出更多的成绩。

0227 | **8月16日**

教育部印发《基础教育工作分类推进与评估指导意见》。《指导意见》提出，大力推进不同地区基础教育事业发展。“十五”期间，未实现“两基”的贫困地区，因地制宜，积极发展灵活多样的儿童早期教育形式；学前一年受教育率达到60%，力争学前三年受教育率达到35%，60%的乡（镇）有一所乡镇中心幼儿园，大多数0岁至6岁儿童的家长和看护人员受到科学育儿的指导。占全国人口50%左右、已实现“两基”的农村地区，多渠道、多形式发展正规与非正规相结合的幼儿教育机构，逐步满足儿童学前三年受教育的需要；学前一年受教育率达到80%以上，学前三年受教育率达到50%以上；每个乡（镇）有一所以上示范性的乡镇中心幼儿园并发挥辐射指导作用，使90%的0岁至6岁儿童家长和看护人员受到科学育儿的指导。占全国人口35%左右的大中城市和经济发达地区，在城乡基本建立和完善以示范幼儿园或乡中心幼儿园为骨干的正规和非正规形式相结合的社区早期教育服务网络；学前三年受教育率达到90%；0岁至6岁儿童的家长和看护人员普遍接受儿童早期教育指导。《指导意见》还提出，到2005年，全国幼儿教师具有大专以上学历者达20%，农村地区幼儿教师90%以上达到高中以上学历。全面实施教师资格制度，推行教师聘任制，健全教师继续教育制度，骨干教师队伍建设进一步加强。

0228 | **8月22日**

中央综治委学校及周边治安综合治理工作领导小组召开第一次全体会议。会议研究了全国学校及周边治安综合治理工作情况和开展“严打”整治斗争以来集中整治学校及周边治安秩序情况，审议并确定新学期开学后，各地开展集中整治学校及周边治安秩序专项行动的工作部署。

0229 | **8月**

中国学前教育研究会开机拍摄《中国幼教百年》大型电视专题片。该片由中央教育科学研究所音像出版社出品，首次用大量珍贵的历史镜头展示了我国幼教百年沧桑历史。

0230 | **9月4日**

教育部发布《教育管理信息化标准》(第一部分：学校管理信息标准)。11月27日，教育部办公厅发布《〈教育管理信息化标准〉实施办法(试行)》和《〈教育管理信息化标准〉应用示范区建设实施办法(试行)》，强调进一步加快教育信息化的建设步伐。

0231 | **9月11日至13日**

国家基础教育课程改革实验区教学工作研讨会在黑龙江哈尔滨举行。会议总结实施课程改革实验一年来的经验，就实验中存在的问题进行研讨与交流。

0232 | **9月14日至17日**

世界学前教育组织(OMEP)亚太地区委员会常务理事国会议在北京召开，会议主题为“为儿童生活得更美好而携手合作”。

0233 | **9月20日**

教育部、卫生部发布《学校食堂与学生集体用餐卫生管理规定》，旨在防止学校食物中毒或者其他食源性疾患事故的发生，保障师生员工身体健康。《管理规定》就食堂建筑、设备与环境卫生要求，食品采购、贮存及加工的卫生要求，食堂从业人员卫生要求，管理与监督等问题作了说明。

0234 | **9 月 24 日**

中宣部、中直机关工委、中央国家机关工委、总政治部、中共北京市委在北京举办党的十三届四中全会以来改革开放和现代化建设成就第六场报告会。教育部部长陈至立出席报告会并讲话指出，我国教育事业已进入了最快最好的发展时期。我国教育改革与发展的成就，集中地体现在两个方面：一是各项教育事业持续健康发展；二是教育改革全面推进，取得了突破性的进展。

0235 | **10 月 1 日**

国务院公布《禁止使用童工规定》。《规定》明确指出，国家机关、社会团体、企业事业单位、民办非企业单位、个体工商户，均不得招用不满 16 周岁的未成年人；禁止任何单位或个人为不满 16 周岁的未成年人介绍就业；禁止不满 16 周岁的未成年人开业从事个体经营活动。不满 16 周岁的未成年人的父母或其他监护人不得允许其被用人单位非法招用。

0236 | **10 月 17 日**

教育部印发《关于进一步规范民办教育机构办学秩序的通知》。通知要求，进一步做好民办教育机构的设置审批，改进民办教育机构的招生管理，完善民办教育机构的收费管理和监督，严格民办教育机构证书发放的管理，落实对民办教育机构的年检和评估。

0237 | **10 月 25 日**

全国妇联儿童工作部、中国儿童活动中心共同举办儿童发展与参与专题国际研讨会。专家们再次重申成人要仔细倾听儿童的声音，形成“尊重儿童”的社会风气和氛围，促进儿童进一步从真正意义上参与与自己有关的事物，促进儿童民主意识、健康个性和创造力的发展。

0238 | 10月30日至11月3日

纪念陈鹤琴先生诞辰110周年暨新世纪素质教育学术研讨会在厦门大学举行。研讨会由厦门市陈鹤琴教育思想研究会、厦门教育学院、厦门市教育学会、厦门市教育国际交流协会主办。来自我国和美国、英国等国家和地区的教育专家、学者、教师1000多人参加研讨会。

0239 | 11月8日

党的十六大在北京人民大会堂开幕，中共中央总书记江泽民代表第十五届中央委员会向大会作题为《全面建设小康社会，开创中国特色社会主义事业新局面》的报告。江泽民指出："开创中国特色社会主义事业新局面，必须高举邓小平理论伟大旗帜，坚持贯彻'三个代表'重要思想。"[①] 江泽民强调，必须将教育摆在优先发展的战略地位。"全面贯彻党的教育方针，坚持教育为社会主义现代化建设服务，为人民服务，与生产劳动和社会实践相结合，培养德智体美全面发展的社会主义建设者和接班人。坚持教育创新，深化教育改革，优化教育结构，合理配置教育资源，提高教育质量和管理水平，全面推进素质教育，造就数以亿计的高素质劳动者、数以千万计的专门人才和一大批拔尖创新人才。加强教师队伍建设，提高教师的师德和业务水平。继续普及九年义务教育。加强职业教育和培训，发展继续教育，构建终身教育体系。加大对教育的投入和对农村教育的支持，鼓励社会力量办学。完善国家资助贫困学生的政策和制度。"[②]

0240 | 11月19日

中共教育部党组印发《关于教育战线认真学习贯彻党的十六大精神的通知》。通知提出，要高度重视，充分认识学习贯彻党的十六大精神的重大意义；要认真学习，全面准确把握党的十六大的基本精神；要学以致用，

① 《江泽民文选》第三卷，人民出版社2006年版，第536页。

② 同上，第560—561页。

大力发扬理论联系实际的学风；要加强领导，把学习贯彻党的十六大精神的工作不断引向深入。

0241 | **11月27日**

20个“北京市社区儿童早期教育示范基地”正式挂牌。为贯彻落实《北京市学前教育条例》，缓解3岁前儿童早期教育难的问题，北京市教委专门安排200万元的专项经费扶持基地建设，依托社区内的幼儿园进行管理。

0242 | **12月26日至27日**

教育部召开2003年度教育工作会议。教育部部长陈至立作重要讲话，对2002年和五年来的教育工作作了回顾，强调要认真学习贯彻党的十六大精神，明确目标任务，增强做好新世纪教育工作的使命感和责任感，并提出了2003年教育工作的任务和要求。为做好2003年的教育工作，陈至立重点强调了五个方面的工作：以发展为主题，坚持全面、科学的发展观，努力实现教育的可持续发展；坚持教育改革创新，全面推进素质教育；进一步改进德育和思想政治工作；采取切实措施，关心困难学生和群体的学习生活；坚持从严治教、加强管理，坚决纠正行业不正之风。教育部副部长周济作了总结讲话，强调要结合实际，认真学习贯彻党的十六大精神，把建设中国特色社会主义现代化教育体系的奋斗目标落实到工作规划、工作部署中去，落实到教育系统的各方面实际工作中去。

0243 | **12月28日**

九届全国人大常委会第三十一次会议表决通过《中华人民共和国民办教育促进法》。《民办教育促进法》包括总则、设立、学校的组织与活动、教师与受教育者、学校资产与财务管理、管理与监督、扶持与奖励、变更与终止、法律责任以及附则等10章，自2003年9月1日起施行。

2003年

改革进行时

• 重要文件

国务院办公厅转发教育部等十部门《关于幼儿教育改革与发展的指导意见》

国务院《关于进一步加强农村教育工作的决定》

人事部、教育部《关于深化中小学人事制度改革的实施意见》

教育部《关于表彰全国幼儿教育先进县（市、区）的决定》

• 重要政策

提出形成“以公办幼儿园为示范，以社会力量办园为主体，公办民办并举”的发展格局

大力扶持农村学前教育发展

深化中小学人事制度改革

• 重要会议

教育部、民进中央、全国妇联等单位联合举办中国幼教百年纪念大会暨学术研讨会

国务院召开全国农村教育工作会议

教育部召开全国基础教育工作会议

教育部召开全国基础教育课程改革实验推广工作电视电话会议

教育部召开全国基础教育课程改革座谈会

• 改革亮点

发布《关于幼儿教育改革与发展的指导意见》。《指导意见》明确"形成以公办幼儿园为骨干和示范，以社会力量兴办幼儿园为主体，公办与民办、正规与非正规教育相结合的发展格局"的发展目标，强调"坚持实行地方负责，分级管理和有关部门分工负责的幼儿教育管理体制"，提出"积极推进幼儿教育改革，全面实施素质教育"的具体要求，从而扭转了20世纪90年代后期以来中国学前教育事业不断滑坡的局面。

0301 | **1月14日至15日**

教育部在河北唐山召开全国基础教育工作会议。会议确定了2003年基础教育工作的总体要求，提出要坚持基础教育积极、均衡、持续、协调发展，深化教育改革，大力推进教育创新，全面推进素质教育，切实加强管理，不断提高教育质量，努力开创基础教育工作的新局面。会议提出，加大对学前教育发展的统筹和管理，加快学前教育的发展。要进一步明确政府和有关部门的职责，落实加大投入、加强管理、促进发展等各项措施；认真分析幼教事业发展状况，研究制定事业发展规划；结合城乡中小学布局调整，利用调整后的空余校舍，举办幼儿园、学前班和开展灵活多样的早期教育；建立幼儿教育督导制度；依托社区现有的教育资源建立社区早期教育资源中心。

0302 | **2月18日**

2003年度全国学校体育卫生艺术与国防教育工作会议在江西南昌召开。会议强调，体育、卫生与健康教育、艺术教育和国防教育是学校素质教育的重要内容，对促进学生全面素质的提高具有重要作用。

0303 | **3月4日**

国务院办公厅转发教育部、中央编办、国家计委等十部门《关于幼儿教育改革与发展的指导意见》。《指导意见》内容包括幼儿教育改革与发展目标、幼儿教育管理体制和机制、教育质量、师资队伍建设等方面。《指导意见》提出，2003至2007年幼儿教育改革的总目标是：形成以公办幼儿园为骨干和示范，以社会力量兴办幼儿园为主体，公办与民办、正规与非正规教育相结合的发展格局。根据城乡的不同特点，逐步建立以社区为基础，以示范性幼儿园为中心，灵活多样的幼儿教育形式相结合的幼儿教育服务网络，为0岁至6岁儿童和家长提供早期保育和教育服务。

0304 | **3月5日**

十届全国人大一次会议在北京人民大会堂开幕，国务院总理朱镕基作《政府工作报告》。《报告》回顾了过去五年的政府工作，指出我国改革开放和经济社会发展取得举世公认的伟大成就，胜利实现了现代化建设第二步战略目标，开始向第三步战略目标迈进。五年来，教育事业迅速发展。早期教育得到重视。民办教育迅速发展。素质教育不断加强，促进了学生德智体美全面发展。坚持实施科教兴国战略，较大幅度地增加科技、教育投入。2002 年，全国财政性教育经费投入 3366 亿元，是 1997 年的 1.8 倍，占国内生产总值的比重从 2.5%提高到 3.3%。从 1998 年起，中央财政支出中教育经费所占比例每年提高一个百分点，仅此一项五年增加 489 亿元。中央财政还安排了大量资金解决中小学教师工资拖欠、中小学危房改造等问题。同时，建立以“奖、贷、助、补、减、免”为主要内容的助学政策体系，努力使家庭生活困难学生不失学。《报告》强调，2003 年是全面贯彻落实党的十六大精神的第一年。要认真实施科教兴国战略和可持续发展战略，继续加大对教育的投入。深化教育体制改革，坚持教育创新，全面推进素质教育。加快发展各级各类教育，提高教育质量。依法规范和积极支持民办教育发展。继续实施人才强国战略，培养和吸引各类人才特别是高层次急需人才，为他们充分发挥聪明才智和干成事业创造良好条件。

0305 | **3 月 21 日至 22 日**

全国教育督导工作会议在山东潍坊召开。会议提出要坚持督政与督学相结合，推进“普九”和素质教育的实施。督导工作要拓宽新领域，2003 年，国家教育督导团将开展对学前教育、新课程改革等专项督导检查。

0306 | **4 月 18 日**

国务院总理温家宝、副总理吴仪，国务委员陈至立检查北京市大中小学和幼儿园非典型肺炎防治工作，先后到北京市六一幼儿园、北京市一零一中学、北京大学附属小学和北京航空航天大学，察看学校的教室、宿舍、阅览室，并同教师、学生进行交谈，详细了解疫病防治工作。温家宝指出，做好非典型肺炎防治工作，要突出重点部位和重点环节。青少年是我们的未来和希望，学校承担着培养教育他们的重任。要采取有针对性的措施，切实加强学校的防治工作。各类学校都要高度重视，领导亲自抓，指定专人负责。要加强科普教育，宣传疾病预防知识，增强师生自我健康保健意识。特别是中小学和幼儿园教师，要切实负起责任，教育孩子养成良好的卫生习惯。

0307 | **4月21日**

教育部印发《关于表彰全国幼儿教育先进县（市、区）的决定》，对北京市顺义区等全国100个幼儿教育先进县（市、区）予以表彰，并授予“全国幼儿教育先进县（市、区）”光荣称号。

0308 | **4月22日**

北京市教委印发《关于进一步加强中小学幼儿园防控非典型肺炎工作的通知》。北京市各中小学从4月24日到5月7日暂放假两周，幼儿园参照执行。通知指出，家长因工作无法看管孩子的，幼儿园要继续负责照顾，并按市卫生局有关文件精神加强防疫工作；家长自愿将孩子接回家中的，幼儿园要加强防疫工作的跟踪监控。

0309 | **4月23日**

教育部印发《关于做好中小学和幼儿园“非典”防治工作的通知》，要求全国中小学和幼儿园进一步做好“非典”防治工作，确保师生身体健康和生命安全。

0310 | **5月3日**

经中共北京市委、北京市人民政府和教育部同意，北京市教委决定，全市中小学继续放假两周，以控制“非典”疫情对中小学校的影响，保障首都137万名中小学生的身体健康。幼儿园参照执行。

0311 | **5月15日**

教育部、国家发改委、财政部印发《关于做好2003年学校收费工作有关问题的通知》。通知要求，2003年政府举办的各级各类学校的收费标准不得提高，也不得设立新的收费项目，除按国家规定的项目和标准收费外，学校不得再向学生收取其他任何费用。2003年秋季开学前，全国各级各类学校必须按照规定，全面实行公示制度。

0312 | **5月19日**

教育部、国务院纠风办、国家发改委、财政部、审计署、新闻出版总署六部门建立治理教育乱收费部际联席会议制度，以加强对治理教育乱收费工作的组织协调，统一领导。教育部部长周济在作会议总结时指出，部际联席会议是一种很好的工作形式，使全国治理教育乱收费工作有了组织保障和统一领导，必将有力推动这项工作的深入开展。

0313 | **6月20日**

据《中国教育报》报道，中国家庭教育学会和全国妇联儿童工作部共同发起全国首届“婴幼儿亲子创作网络大赛”。该比赛尝试利用网络高科技手段进行家庭教育。比赛以“健康好习惯”“环保小卫士”“健身迎奥运”等内容为主题，全国的学龄前儿童及其家长可通过创作三字儿歌、绘画等形式参赛。

0314 | **6月23日**

国务院办公厅转发教育部等部门《关于2003年治理教育乱收费工作的实施意见》。《实施意见》要求，各省(自治区、直辖市)人民政府根据国家现行教育收费政策，立即全面清理审定本地区教育收费项目和收费标准。

0315 | **7月2日**

国务院办公厅转发教育部、卫生部《关于加强学校卫生防疫与食品卫生安全工作的意见》。《意见》要求，要提高认识，加强领导；要明确职责，健全机制；要加强预防控制，严格学校管理；要加强监督检查，严格责任追究；要加大投入，切实改善学校卫生设施与条件。

0316 | **7月7日**

教育部召开全国基础教育课程改革实验推广工作电视电话会议，对2003年新学年的实验推广工作进行动员和部署。会议要求各省级教育行政部门要以高度的责任感、使命感和紧迫感，把基础教育课程改革作为全面推进素质教育的战略举措，加强领导，边实验边推广，精心组织做好实验工作。

0317 | **7月17日**

教育部印发《关于加强依法治校工作的若干意见》。《意见》指出，依法治校是依法治教的重要组成部分。《意见》提出，要充分认识推进依法治教工作的重要性和必要性；进一步明确推进依法治教工作的指导思想；切实采取措施，大力推进依法治教；加强对依法治教工作的领导。

0318 | **7月28日**

卫生部、教育部联合印发《关于开展全国托幼机构卫生保健监督检查的通知》。通知指出，此次监督检查的目的是督查《托儿所、幼儿园卫生保健管理办法》实施情况，加强托幼机构公共卫生管理，确保托幼机构的卫生安全，同时探索托幼机构卫生保健监督检查的有效方法，听取对修订《管理办法》的意见。

0319 | **7月29日**

《中国教育报》以《涉县因地制宜发展幼教》为题报道了河北省涉县发展幼教的先进经验。涉县专门成立了由教育、土地、计划、劳动人事等部门共同组成的领导小组，像抓“普九”一样抓普及幼儿教育事业，把幼儿园建设情况作为乡镇一把手的重要考核内容。在幼儿园布局上，相邻村庄实行联合办园，生源较少的地方依托小学办校中园，偏远山村取消学前班，集中办幼儿班。涉县因地制宜发展幼教，使全县幼教事业快速发展。

0320 | **8月6日**

《中国教育报》专版讨论幼儿园男幼师问题。社会开始关注幼儿园男教师的工作状况。

0321 | **8月28日**

中共中央政治局常委、中纪委书记吴官正到教育部调研治理教育乱收费工作。吴官正指出，治理教育乱收费，要标本兼治，综合治理。要突出工作重点。要加强制度建设，积极推行教育收费听证、收费公示、收费巡查督导、收费审计和校务公开、责任追究等制度，落实“收支两条线”规定，规范收费管理。加强监督检查，做到防范在前。对仍然我行我素，违反规定乱收费的要严肃查处。广大教育工作者要增强职业荣誉感和社会责任感，提高职业道德水平，全力办好让人民群众满意的教育事业。

0322 | **8月29日**

国家发改委、教育部、国务院纠风办、监察部、财政部、审计署、新闻出版总署七部门印发《关于开展全国治理教育乱收费专项检查的通知》，决定自9月15日起，在全国范围内开展治理教育乱收费专项检查。

0323 | **9月4日**

教育部印发《关于实施全国教师教育网络联盟计划的指导意见》。《指导意见》就实施"教师网联计划"的意义、宗旨、目标，教师网联的管理体制和组织系统，教师网联的办学体系和公共服务体系等问题作了说明。9月8日，教育部在北京举行"全国教师教育网络联盟计划"启动仪式。教育部部长周济就实施"教师网联计划"的重要性强调，信息化为教师终身学习创造了有利条件，使原来想做而做不到的事情成为现实。抓住这一契机，率先推进信息化，实施"教师网联计划"，加强"三网"沟通，充分运用现代远程教育手段，实现教师教育领域内行业联合，沟通各种教育形式，建立和依托优质高效的公共服务体系，共建共享优质资源，是加速教师教育信息化进程，提高教育质量的重要举措，也是以教育信息化带动教育现代化的重要举措。

0324 | **9月9日**

中共中央政治局常委、国务院总理温家宝先后到北京玉泉路小学、丰台第二幼儿园、北京十二中学和北京第二实验小学看望教师，向他们表示节日的问候。

0325 | **9月17日**

国务院发布《关于进一步加强农村教育工作的决定》。《决定》指出，要发展农村幼儿教育。地方各级人民政府要重视并扶持农村幼儿教育的发展，充分利用农村中小学布局调整后富余的教育资源发展幼儿教育，鼓励发展民办幼儿教育。

0326 | **9 月 17 日**

人事部、教育部印发《关于深化中小学人事制度改革的实施意见》。《实施意见》提出，深化中小学人事制度改革的总体目标是：以实行聘用（聘任）制和岗位管理为重点，以合理配置人才资源，优化中小学教职工结构，全面提高教育质量和管理水平为核心，加快用人制度和分配制度改革，建立符合中小学特点的人事管理运行机制，建设一支高素质专业化的中小学教师队伍和管理人员队伍。中小学人事制度改革的主要任务是：加强编制管理，调整优化中小学教职工队伍结构；进一步完善校长负责制，改进和完善校长选拔任用制度；实行教职工聘用（聘任）制；完善中小学教职工工资保障机制，建立健全分配激励机制；促进人才合理流动。

0327 | **9 月 19 日至 20 日**

国务院在北京召开全国农村教育工作会议。中共中央政治局常委、国务院总理温家宝出席会议并讲话指出，各级人民政府要加大投入，积极发展公办教育，同时要鼓励和吸引社会力量参与农村办学。以政府投入为主、多渠道筹措资金，发展农村幼儿教育，努力形成公办学校和民办学校共同发展的多元办学格局。①

0328 | **10 月 14 日**

党的十六届三中全会审议通过《中共中央关于完善社会主义市场经济体制若干问题的决定》。《决定》提出，深化科技教育文化卫生体制改革，提高国家创新能力和国民整体素质。构建现代国民教育体系和终身教育体系，建设学习型社会，全面推进素质教育，增强国民的就业能力、创新能力、创业能力，努力把人口压力转变为人力资源优势。推进教育创新，优化教育结构，改革培养模式，提高教育质量，形成同经济社会发展要求相适应的教育体制。巩固和完善以县级人民政府管理为主的农村义务教育管理体制。实施全员聘用和教师资格准入制度。完善和规范以政府投入为主、多

① 参见中国教育新闻网，2003 年 9 月 20 日。

渠道筹措经费的教育投入体制，形成公办学校和民办学校共同发展的格局。完善国家和社会资助家庭经济困难学生的制度。

0329 | **10 月 15 日**

教育部、民进中央、全国妇联等单位联合举办中国幼教百年纪念大会暨中国幼教百年学术研讨会。会议指出，全社会要高度重视儿童社会化和品质成长最关键的奠基期，把幼儿教育提高到新的水平。会议要求各级人民政府和各有关部门完善管理体制和机制，加强管理，全面实施素质教育，加强师资队伍建设，扶持农村幼儿教育的发展，鼓励发展民办幼儿教育，努力办成一个能满足广大人民需要的中国幼儿教育。纪念大会之后，中国学前教育研究会主办中国幼教百年学术研讨会，就现代幼儿教育事业的发展和教育思想的脉络、世界学前教育发展的趋势以及中国幼儿教育政策等开展交流。

0330 | **10 月 15 日**

中国学前教育研究会理事长、北京师范大学教授冯晓霞接受《中国教育报》记者专题采访。冯晓霞指出，当前我国幼儿教育总体水平还不高，地区之间、城乡之间发展不平衡，与经济、社会、教育的发展和人民群众日益增长的教育需求还不相适应，经费投入明显不足，一些地方学前教育行政管理薄弱，教师的编制、工资、医疗、培训等缺乏应有的基本保障等问题。目前需要重视以下几个方面的问题：各级人民政府特别是教育行政部门应切实加强对学前教育的重视与领导；制定学前教育法已刻不容缓；要积极稳妥地进行幼儿园办园体制改革；要重视对学前教育的科学研究和幼儿教师队伍建设。

0331 | **10 月**

中国学前教育研究会主编的《百年中国幼教（1903—2003）》由教育科学出版社出版。本书分八个篇章分别论述了自 1903 年以来我国大陆及港澳台地区的幼儿教育事业的发展历程。在逐步走向社会化的过程中，中国幼教经历了从最早的蒙养院（园）制度演变为幼稚园制度，再演变为建立和发展幼儿园制度的不同历史阶段，新中国成立之后中国的幼教事业才得到了长足的发展。

0332 | **11月17日至18日**

全国中小学人事制度改革工作会议在山西太原召开。会议认为，当前深化中小学人事制度改革要着重抓好以下重点工作：一是加快编制核定工作，尽快将编制核定到县；要建立编制报告制度和定期调整制度；要组织中小学按照核定的编制数和教师职务结构比例合理设置各类岗位，明确岗位职责。二是依法实施教师资格制度，严把教师队伍入口关，坚持择优录用，逐步提高新聘教师的学历层次。三是引入竞争机制，全面推行教师聘任制。实行按需设岗、公开招聘、平等竞争、择优聘任、科学考核、合同管理，转换用人机制，建立公开、公平、公正的聘任机制，形成竞争择优、积极进取的良好氛围。四是严格掌握校长任职条件，积极推行校长聘任制。五是严格合同管理，科学实施考核。六是完善教师交流制度，促进教师队伍合理流动。

0333 | **11月**

《李岚清教育访谈录》由人民教育出版社出版。这部著作反映了中国跨世纪教育改革与发展的十年历程，生动阐述了中国教育工作一系列重大决策的出台背景。著作的出版，在社会上引起热烈反响，被评为2003年中国十大教育新闻之一。

0334 | **12月1日**

教育部在福建南安召开全国基础教育课程改革座谈会。会议总结交流了基础教育课程改革实施两年来，各实验区进行课程改革实验工作的经验，分析了当前面临的新情况和新问题，对课程改革工作作出进一步的研究与部署。

0335 | **12月19日至21日**

联合国教科文组织第五届九个发展人口大国全民教育部长会议在埃及开罗举行。会议的主题是：总结九国全民教育计划的进展，促进早期儿童养护和教育。教育部副部长章新胜率团参会，并作《让更多的中国儿童受到早期教育与保育》的报告。

0336 | **12月22日**

卫生部、公安部、中国残联、国家统计局和联合国儿童基金会在北京人民大会堂共同发布中国0—6岁残疾儿童抽样调查结果。调查结果显示，我国0—6岁残疾儿童约有139.5万，每年还新增约19.9万，其中智力残疾儿童所占比例最高。

0337 | **12月25日至27日**

教育部召开2004年度教育工作会议。教育部部长周济出席会议并讲话指出，2004年教育战线要继续以邓小平理论和“三个代表”重要思想为指导，大力实施科教兴国战略和人才强国战略，坚持巩固成果、深化改革、提高质量、持续发展的方针，推动教育事业持续健康协调快速发展，努力办好让人民满意的教育。要抓住县镇和农村中小学布局调整的契机，推动幼教事业积极、健康发展。

0338 | **12月28日**

中央电视台少儿频道开播。节目类型包括教育类、益智游戏类、科普类、综艺类、动画片和儿童剧等。

0339 | **12月30日**

国家科技教育领导小组召开第二次全体会议。会议听取了教育部关于制定《2003—2007年教育振兴行动计划》和《国家西部地区“两基”攻坚计划》的汇报。会议要求，各地区、各部门要从科教兴国、人才强国、推进西部大开发的战略高度，认真实施这两个计划。

2004 年

改革进行时

• 重要文件

中共中央、国务院《关于进一步加强和改进未成年人思想道德建设的若干意见》

国务院批转教育部《2003—2007 年教育振兴行动计划》

中宣部等十单位《关于加强和改进爱国主义教育基地工作的意见》

教育部、国务院西部开发办《2004—2010 年西部地区教育事业发展规划》

中央综治委、教育部、公安部《关于深入开展安全文明校园创建活动的意见》

文化部、国家发教委、教育部等十二单位《关于公益性文化设施向未成年人免费开放的实施意见》

• 重要政策

逐步建立以社区为基础的学前教育服务网络

加强幼儿园安全工作

进一步加强和改进未成年人思想道德建设

公益性文化设施向未成年人免费开放

• 重要会议

中共中央召开全国加强和改进未成年人思想道德建设工作会议

教育部、公安部联合召开全国中小学和幼儿园安全工作电视电话会议

教育部、国务院纠风办等七部门召开全国治理教育乱收费工作电视电话会议

• 改革亮点

强化幼儿园安全管理工作。由于短时间内幼儿园安全事故频发，幼儿园安全问题引起中央人民政府的高度重视。国务院办公厅印发《关于切实加强中小学幼儿园及少年儿童安全管理工作和开展专项整治行动的意见》要求进行专项整治行动，集中整治幼儿园周边环境，全面排查幼儿园安全隐患，有效提高了幼儿园的安全意识和安全防范能力。

0401 | **2月2日**

教育部印发《关于进一步加强基础教育新课程师资培训工作的指导意见》。《指导意见》强调，按照“边实验、边培训、边总结、边提高”的原则，根据新课程实验推广的要求，统筹规划、分区推进、分步实施，分阶段、滚动式地展开新课程师资培训。要明确培训内容，突出培训重点，增强新课程培训的针对性；更新培训观念，变革培训模式，提高新课程培训的实效性。

0402 | **2月5日**

财政部、国家税务总局印发《关于教育税收政策的通知》。通知明确规定教育事业享受多重税收优惠。对从事学历教育的学校提供教育劳务取得的收入，免征营业税。对托儿所、幼儿园提供养育服务取得的收入，免征营业税。对政府举办的高等、中等和初等学校（不含下属单位）举办进修班、培训班取得的收入，收入全部归学校所有的，免征营业税和企业所得税。优惠政策从2004年1月1日起施行。

0403 | **2月6日**

教育部印发《关于进一步加强学校安全工作的紧急通知》。通知要求，学校要将安全教育作为开学第一课，普遍组织开展对师生的安全及卫生防疫教育活动，牢固树立“安全第一，预防为主”的思想，教育广大师生员工自觉注意公共卫生、个人卫生、饮食卫生以及交通安全、防火安全、生活安全等，增强师生的安全与防病意识，排除各类安全隐患，防止出现各类安全事故。

0404 | **2月24日**

国家发政委、教育部印发《关于建立和完善教育收费决策听证制度的通知》。通知指出，教育收费决策听证是指制定（包括调整）重要的教育收费标准前，由政府价格主管部门支持，请社会有关方面对其必要性、可行性进行论证。

0405 | 2月25日

国务院第四十一次常务会议通过《中华人民共和国民办教育促进法实施条例》。3月5日，国务院发布《实施条例》。《实施条例》规定，国家机构以外的社会组织或者个人可以利用非国家财政性经费举办各级各类民办学校；但是，不得举办实施军事、警察、政治等特殊性质教育的民办学校。实施学前教育的民办学校可以自主开展教育教学活动，但是民办学校不得违反有关法律、行政法规的规定。

0406 | 2月26日

中共中央、国务院印发《关于进一步加强和改进未成年人思想道德建设的若干意见》。《意见》提出，要重视和发展家庭教育，教育引导居民、职工重视对子女特别是学龄前儿童的思想启蒙和道德品质培养，支持子女参与道德实践活动；要着力建设中小学及幼儿园教师队伍，建立健全学校、家庭和社会相结合的未成年人思想道德教育体系，使学校教育、家庭教育和社会教育相互配合，相互促进。

0407 | 3月1日

教育部、国务院纠风办等七部门在北京召开全国治理教育乱收费工作电视电话会议。会议强调，建立完善治理乱收费长效机制，要加大对搭车收费和各种形式摊派的治理力度，要进一步加强对教育收费资金的管理。同时，要加强监督检查，严肃查处违纪案件。3月8日，七部门印发《关于2004年治理教育乱收费工作的实施意见》。

0408 | 3月3日

国务院批转教育部《2003—2007年教育振兴行动计划》。《行动计划》提出，要高举邓小平理论伟大旗帜，以“三个代表”重要思想为指导，坚持教育为人民服务的宗旨，巩固成果，深化改革，提高质量，持续发展，办好让人民满意的教育。努力实现党的十六大提出的历史性任务，构建中国特色社会主义现代化教育体系，为建立全民学习、终身学习的学习型社会奠定基础；培养数以亿计的高素质劳动者、数以千万计的专门人才和一大批拔尖创新人才，把巨大的人口压力转化为丰富的人力资源优势；加强教育同科技与经济、同文化与社会的结合，为现代化建设提供更大的智力支持和知识贡献。《行动计划》强调，积极推进学前教育的改革与发展。多渠道、多形式地发展幼儿教育，逐步建立以社区为基础的学前教育服务网络，加强幼儿教师队伍建设，提高幼儿教育质量。3月24日，教育部印发《关于学习、宣传和全面实施〈2003—2007年教育振兴行动计划〉的通知》。

0409 | **3月5日**

十届全国人大二次会议在北京人民大会堂开幕，国务院总理温家宝作《政府工作报告》。《报告》指出，过去的一年，是我国发展进程中重要而非同寻常的一年，是改革开放和社会主义现代化建设取得显著成就的一年。国务院作出《关于进一步加强农村教育工作的决定》。中央财政和国债资金加大了对农村教育的支持力度，主要用于补助中西部农村教师工资发放、中小学危房改造、中小学现代远程教育工程试点和资助家庭经济困难的学生。许多城市开始实行以流入地人民政府管理为主的办法，努力使进城务工农民的子女能够上学。《报告》提出，2004年要继续实施科教兴国战略，坚持走可持续发展之路。切实把教育放在优先发展的地位，用更大的精力、更多的财力加快教育事业发展。实施新一轮《教育振兴行动计划》，重点加强义务教育特别是农村教育。各级各类学校都要全面贯彻党的教育方针，加强素质教育，深化教育改革，提高教育质量。规范和发展民办教育。坚决治理教育乱收费，切实减轻学生家庭负担。

0410 | **3月5日至6日**

高校学前教育专业学科建设学术研讨会暨中国学前教育研究会学术委员会扩大会议在北京师范大学召开。来自全国45所高校学前教育专业的负责人和部分幼教科研机构的代表共60余人参加了会议。

0411 | **3月19日**

文化部、国家文物局印发《关于公共文化设施向未成年人等社会群体免费开放的通知》。通知规定，从2004年5月1日起，全国文化、文物系统各级博物馆、纪念馆、美术馆要对未成年人集体参观实行免票；对学生个人参观可实行半票；家长携带未成年子女参观的，对未成年子女免票。

0412 | **3月25日**

联合国驻华机构发布《中国实施千年发展目标进展情况报告》。《报告》指出，中国实施千年发展目标的整体情况非常乐观，到2015年多数千年目标都可能在中国实现，基础教育等方面的一些目标已经提前13年实现。但对初级教育的投入还不够，造成0岁至6岁儿童及其父母的教育需求无法得到满足，特别是在农村贫困地区，用于早期儿童教育和开发的资源较为缺乏。

0413 | **3月31日**

教育部办公厅印发《关于启用〈民办学校许可证〉有关问题的通知》。通知指出，县级以上教育行政部门对国家机构以外的社会组织或者个人，利用非国家财政性经费，面向社会举办的实施学历教育、学前教育、自学考试助学及其他文化教育的民办学校，审批后发办学许可证。

0414 | **4月8日**

教育部召开网络视频会议，就教育系统进一步学习贯彻落实《中共中央、国务院关于进一步加强和改进未成年人思想道德建设的若干意见》作出部署。

0415 | **4月22日**

《中国教育报》以《北京市农村地区实现“小幼一体化”》为题，报道了北京市在推进农村学前教育发展方面的做法。北京市近年来加强了乡镇中心幼儿园建设，城镇地区实行“托幼一体化”的办园模式，农村地区实行以乡镇中心幼儿园辐射村办园或“小幼一体化”（小学附设幼儿园）的模式，保证全市学前教育均衡发展。全市3岁至6岁儿童入园率多年来一直保持在80%以上，其中城镇地区达90%以上。

0416 | **4月27日至28日**

全国预防青少年违法犯罪暨学校及周边治安综合治理工作会议在上海召开。会议强调，预防青少年违法犯罪工作对于维护社会稳定，培养和造就社会主义事业合格建设者和接班人具有重要作用。

0417 | **4月29日**

中共中央政治局常委、中央精神文明建设指导委员会主任李长春就贯彻落实《中共中央、国务院关于进一步加强和改进未成年人思想道德建设的若干意见》到教育部调研。李长春强调，学校是对未成年人进行思想道德教育的主课堂、主阵地、主渠道，在加强和改进未成年人思想道德建设方面起着至关重要的作用。德育是学校教育的根本性教育，是加强未成年人思想道德建设的重要途径，在党的教育事业中具有特殊重要的地位。

0418 | **5月8日**

中央综治委、教育部、公安部印发《关于深入开展安全文明校园创建活动的意见》。《意见》明确创建活动的主要内容、组织领导与协调配合、工作原则及要求、检查验收和评比表彰等问题。

0419 | **5月10日**

据《中国教育报》报道，中共北京市委、北京市人民政府《关于贯彻〈中共中央、国务院关于进一步加强和改进未成年人思想道德建设的若干意见〉的实施意见》的“折子工程”出台。“折子工程”分别由北京市委宣传部、首都文明办、市教委、团市委等24家单位负责。按照规定他们必须在2年内在加强和改进未成年人思想道德建设方面做50件实事，为孩子营造绿色成长环境。

0420 | **5月10日至11日**

中共中央在北京召开全国加强和改进未成年人思想道德建设工作会议。中共中央总书记胡锦涛在会议上发表重要讲话。胡锦涛强调，进一步加强和改进未成年人思想道德建设，是中央从推进新世纪新阶段党和国家事业发展、实现党和国家长治久安出发作出的一项重大决策，对于确保我国在激烈的国际竞争中始终立于不败之地，确保实现全面建设小康社会、进而实现现代化的宏伟目标，确保中国特色社会主义事业兴旺发达、后继有人，确保实现中华民族的伟大复兴，具有重大而深远的战略意义。胡锦涛指出，加强和改进未成年人思想道德建设，要坚持以马克思列宁主义、毛泽东思想、邓小平理论和“三个代表”重要思想为指导，以进行理想信念教育为核心，以树立正确的世界观、人生观、价值观为重点，以养成高尚的思想品质和良好的道德情操为基础，紧密结合全面建设小康社会的实际，遵循未成年人思想道德建设的规律，坚持以人为本，促进未成年人的全面发展，努力培育面向现代化、面向世界、面向未来，有理想、有道德、有文化、有纪律，德、智、体、美全面发展的中国特色社会主义事业建设者和接班人。[①]

0421 | **5 月 31 日**

在“六一”国际儿童节到来之际，中共中央总书记、国家主席胡锦涛到中国科技馆、北京市少年宫与孩子们一起庆祝节日。胡锦涛代表党中央，向全国广大少年儿童致以节日的祝贺和亲切的问候，祝全国小朋友们身体健康、学习进步、生活幸福。

0422 | **5 月 31 日**

教育部就加强农村留守儿童教育召开专家座谈会。教育部副部长陈小娅出席会议并讲话指出，加强对特殊群体子女的关爱和教育是贯彻落实《中共中央、国务院关于进一步加强和改进未成年人思想道德建设的若干意见》的一项重点工作。随着大量农民在外务工，农村留守儿童数量迅速增加，随之也带来了不少新的问题。党中央、国务院非常关注这一问题，教育部将加大研究力度，广泛听取各位专家的意见，共同努力做好留守儿童的教育工作。

① 参见《人民日报》，2004 年 5 月 12 日。

0423 | **6月1日**

教育部印发《关于学习贯彻〈中共中央、国务院关于进一步加强和改进未成年人思想道德建设的若干意见〉的实施意见》。《实施意见》指出，切实把思想统一到中央关于加强和改进未成年人思想道德建设的要求上来，组织全国性的教育思想大讨论，把学习不断引向深入，普遍开展以加强青少年学生思想道德建设为主要内容的干部培训。积极开展各种主题教育活动，大力弘扬和培育民族精神。

0424 | **6月16日**

教育部召开全国基础教育课程改革工作电视电话会议。会议强调，要深化基础教育课程改革，全面推进素质教育，努力开创基础教育课程改革工作的新局面。

0425 | **8月16日**

教育部印发《关于进一步加强幼儿园安全工作的紧急通知》。通知要求各省(自治区、直辖市、兵团)要逐级立即组织一次对幼儿园安全工作的大检查。各级教育行政部门要加强对幼儿园、学前班的管理，并建立幼儿园、学前班安全工作的行政人员责任制。各级各类幼儿园要建立健全安全防护、卫生保健等各种规章制度。

0426 | **8月18日**

教育部办公厅印发《关于进一步学习贯彻〈中共中央、国务院关于进一步加强和改进未成年人思想道德建设的若干意见〉深入开展教育思想大讨论活动的通知》。通知要求，要以马列主义、毛泽东思想、邓小平理论及“三个代表”重要思想为指导，深刻领会胡锦涛总书记等中央领导同志在全国未成年人思想道德建设工作会议上的讲话精神，结合教育工作实际，针对教育特别是当前青少年学生思想道德建设中存在的突出问题，认真组织干部、教师学习和讨论。

0427 | **9月19日**

文化部、国家发改委、教育部、科技部、民政部、财政部、国家文物局、总政治部、全国总工会、共青团中央、全国妇联、中国科协印发《关于公益性文化设施向未成年人免费开放的实施意见》。《实施意见》指出，加大公益性文化设施向未成年人免费开放力度；免费开展丰富多彩的活动，丰富思想道德建设内容；强化内部管理，提高服务水平；加大政府投入，争取社会赞助，积极建设未成年人活动场所，保证公益性文化设施免费开放；加强领导，切实做好公益性文化设施免费开放的组织协调工作。

0428 | **9月23日**

教育部、国务院西部开发办发布《2004—2010年西部地区教育事业发展规划》。《规划》提出，2004—2010年西部地区学前教育的主要任务与目标是：积极发展学前三年教育，重视儿童早期教育，逐步提高入园(学前班)率，努力使已实现“两基”地区的绝大部分城乡儿童都能接受多种形式的学前教育，城市地区基本满足学龄前儿童入园(学前班)需求。《规划》指出，在条件较好的农村地区，利用小学学龄人口下降的有利时机，鼓励多样化地举办学前教育，进一步提高学前教育普及率。

0429 | **9月28日**

中宣部、中央文明办、国家发改委、教育部、民政部、财政部、文化部、全国总工会、共青团中央和全国妇联印发《关于加强和改进爱国主义教育基地工作的意见》。《意见》提出，加强和改进爱国主义教育基地工作，要紧紧抓住教育基地建设、管理和使用三个关键环节。要征集保护文物，丰富教育内容；改进展示方式，增强教育效果；精心组织活动，扩大社会影响；加强内部管理，创造良好环境；树立服务意识，注重社会效益。

0430 | **9月29日**

国务院办公厅印发《关于切实加强中小学幼儿园及少年儿童安全管理工作和开展专项整治行动的意见》，要求在全国集中开展中小学、幼儿园及少年儿童安全管理专项整治行动。

0431 | 10月11日

教育部、公安部联合召开全国中小学和幼儿园安全工作电视电话会议。会议指出，要认真贯彻落实胡锦涛总书记、温家宝总理等中央领导同志重要指示精神，迅速行动，在全国集中开展中小学、幼儿园及少年儿童安全管理专项整治行动，为广大中小学生和少年儿童创造一个安全健康的良好环境。

0432 | 10月20日至11月7日

国家教育督导团对京、豫、鲁、苏、吉、湘六省（直辖市）幼儿教育工作进行专项督导。本次督导除了检查贯彻落实《关于幼儿教育改革与发展的指导意见》及《关于进一步加强幼儿园安全工作的紧急通知》的情况，还深入调研了各地幼教改革中的热点、难点问题，为制定幼儿教育政策提供依据。

0433 | 10月23日

据《中国教育报》报道，教育部、公安部、司法部、建设部、文化部、卫生部、国家工商总局、新闻出版总署发布《全国中小学幼儿园及少年儿童安全管理专项整治行动实施方案》。整治校园周边环境、全面排查校园安全隐患、清理不合格办学机构和从业人员、查处大案要案等被列为《实施方案》工作重点。

0434 | 10月25日

全国妇联、教育部等九单位印发《关于在全国开展“争做合格家长、培养合格人才”家庭教育宣传实践活动的通知》。通知指出，“双合格”活动以家庭道德教育为重点，以提高家长素质、帮助家长更新家庭教育观念、掌握科学的家庭教育知识和方法、营造有利于儿童健康快乐成长的家庭环境为目标，以面向基层、服务家庭、因地制宜、突出特色为原则，以自主参与、自我教育、亲子互动、共同提高为特征，通过开展家庭教育宣传、实践和表彰活动，促进家庭教育知识的普及和传播。

0435 | **11 月 25 日至 26 日**

教育部、公安部在福建厦门召开全国中小学、幼儿园及少年儿童安全管理专项整治行动座谈会。会议要求，当前和今后一段时期，各地应重点抓好几项工作：一是继续加强对侵害师生安全的违法犯罪活动的打击力度；二是加大治安整治和安全隐患整改工作力度；三是继续抓好校园内部的各项安全防范工作，建立长效工作机制；四是继续强化管理，切实维护校园周边的治安和交通秩序；五是教育、公安等有关部门搞好协作配合，进一步增强工作的整体合力。

0436 | **11 月 29 日**

由中央综治办、共青团中央、中宣部、教育部等二十单位共同实施的“为了明天——预防青少年违法犯罪工程”在北京人民大会堂启动。实施这一工程有利于吸纳和利用各方面资源，构建一个学校、家庭、社区三位一体的预防青少年违法犯罪工作网络。

0437 | **12 月 19 日至 20 日**

教育部召开 2005 年度教育工作会议。教育部部长周济在会议上指出，当前要重视幼儿教育，不断完善和加强国民教育体系。2004 年，教育系统大力开展中小学和幼儿园安全整治工作，集中整治了校园周边环境，排查了校园内的各种安全隐患。2005 年，要切实加强校园安全工作，为青少年营造健康发展的环境。这是 2005 年一项极为重要的工作。要巩固 2004 年下半年专项整治成果，总结经验，积极探索建立维护校园安全新机制。

2005年

改革进行时

• 重要文件

教育部《关于做好2005年中小学幼儿园安全工作的意见》

教育部《关于进一步做好中小学幼儿园安全工作六条措施》

公安部《公安机关维护校园及周边治安秩序八条措施》

教育部《关于规范小学和幼儿园教师培养工作的通知》

• 重要政策

中小学、幼儿园实行“重大安全事故内部通报”制度

逐步将幼儿园教师的培养纳入高等教育层次

积极支持普通本科院校举办学前教育专业

• 重要会议

教育部召开全国基础教育工作会议

教育部召开教师教育工作会议

• 改革亮点

幼儿园教师的培养逐步被纳入高等教育层次。教育部印发《关于规范小学和幼儿园教师培养工作的通知》，要求科学合理地确定幼儿园教师的培养层次、培养规模和实施途径，要逐步将小学和幼儿园教师的培养纳入高等教育层次，积极支持普通本科院校举办学前教育专业。这标志着我国的幼儿园教师培养体系从以中专层次为主逐步过渡到以大专及以上层次为主，从源头上提高了我国幼儿园教师队伍的专业素养。

0501 | **1月4日**

教育部发布《教育部2005年工作要点》，提出要加强幼儿教育和特殊教育，加强农村留守少年儿童的教育。2005年教育部工作要点包括：深入学习宣传习近平总书记重要讲话精神，切实加强党的建设；全面深化教育综合改革，推动基本实现教育现代化；全面推进依法治教，引领、保障教育事业改革发展；全面提高教育质量，促进各级各类教育内涵发展；大力促进教育公平，逐步缩小区域、城乡、校际差距。

0502 | **2月1日**

教育部办公厅印发《关于积极开展校园文化建设的系列通知》，决定开展校园文化建设活动，为广大未成年人创造良好的健康成长环境。

0503 | **2月2日**

中央综治委预防青少年违法犯罪工作领导小组在北京召开2005年第一次全体会议。会议总结回顾了2004年预防青少年违法犯罪工作开展情况，研究部署了2005年的工作，审议了《中央综治委预防青少年违法犯罪工作领导小组2005年工作要点》《2005年全国预防青少年违法犯罪工作考核办法》《关于表彰全国预防青少年违法犯罪工作先进集体和先进个人的决定》。

0504 | **3月1日**

教育部印发《关于做好2005年中小学幼儿园安全工作的意见》。《意见》提出，尽快消除中小学幼儿园安全隐患；建立和完善安全管理协作机制；着力做好农村寄宿制学校的安全管理工作；进一步落实安全工作责任制；加快校园安全法规和制度建设；以预防交通、溺水、火灾、拥挤踩踏等事故为重点普遍开展学生安全教育；分级分批开展校长园长安全管理培训；进一步加强学校安全督查工作；深入开展安全文明校园创建活动；建立常规化安全报告和通报制度。2005年教育部将实行重大安全事故内部通报制度，定期通报各地中小学幼儿园安全事故情况。

0505 | **3月5日**

十届全国人大三次会议在北京人民大会堂开幕，国务院总理温家宝作《政府工作报告》。《报告》指出，2004年，加大政策支持和财政投入，促进教育事业发展。新一轮教育振兴行动计划进展顺利。2005年是全面完成“十五”任务，为“十一五”发展打好基础的关键一年。要大力发展教育事业，切实把教育放在优先发展的战略地位。认真贯彻党的教育方针，加强德育工作，推进素质教育，促进学生全面发展。加快教学内容和方法的改革与创新，切实减轻学生负担。加快现代远程教育工程建设。继续促进民办教育健康发展。严格规范各类学校招生和收费制度，加强学校财务管理和监督。

0506 | **3月14日**

教育部印发《关于规范小学和幼儿园教师培养工作的通知》。通知要求，各省级教育行政部门根据当地经济社会发展和基础教育改革发展的实际需要，以科学发展观为指导，遵循“开放、改革、规范、提高”的原则，研究制定教师教育发展规划，统筹规划本地区小学和幼儿园教师培养工作，科学合理地确定小学和幼儿园教师的培养层次、培养规模和实施途径，采取有力措施确保小学和幼儿园教师培养质量。通知提出，要逐步将小学和幼儿园教师的培养纳入高等教育层次。积极支持普通本科院校举办小学教育和学前教育专业。培养中师学历小学和幼儿园教师，要根据当地小学和幼儿教育发展的实际需求情况，合理确定规模，严格执行招生计划。

0507 | **3月25日**

教育部在上海召开全国基础教育工作会议。教育部副部长陈小娅出席会议并讲话。陈小娅回顾了2004年全国基础教育工作，并对2005年的工作提出要求。陈小娅希望与会同志加强学习，把握规律性；把握全局，体现时代性；开拓创新，富于创造性。

0508 | **3月27日**

教育部、公安部等部门联合举办“全国中小学生安全教育日”宣传教育活动。教育部部长周济、副部长赵沁平，北京市副市长范伯元等出席活动。

0509 | **4月5日至6日**

教育部召开教师教育工作会议。教育部副部长袁贵仁在会上讲话指出，教师教育改革发展和教师队伍建设必须做到“七个坚持”：坚持优先发展的战略地位，坚持以教师为本的理念，坚持教师专业化的导向，坚持为基础教育服务的方向，坚持把师德放在首位的原则，坚持以教育人事制度改革为动力，坚持统筹规划、协调发展的策略。

0510 | **5月11日**

全国妇联在北京召开座谈会，宣布“争做合格家长、培养合格人才”家庭教育读书知识竞赛开始。这次全国性家庭教育读书活动以“为国教子、以德育人”为主题，以幼儿园、中小学和社区为基地，开展知识竞赛、征文、演讲、报告会等丰富多彩的实践活动，以提高家长素质，营造有利于未成年人健康成长的家庭氛围和社会环境。

0511 | **6月15日**

教育部发布《关于进一步做好中小学幼儿园安全工作六条措施》。同日，公安部发布《公安机关维护校园及周边治安秩序八条措施》。16日，教育部与公安部联合召开进一步做好学校和幼儿园及周边安全工作电视电话会议。会议要求，各级教育行政部门和学校要认真贯彻执行教育部《关于进一步做好中小学幼儿园安全工作六条措施》，要积极配合公安机关全面落实《公安机关维护校园及周边治安秩序八条措施》，使校园内部及周边的治安工作得到明显加强，防控机制得到有效建立和完善，让学生、家长、社会放心。

0512 | **8月9日**

广东省人民政府印发《广东省教育现代化建设纲要实施意见（2004—2010年）》。《意见》提出，要加快发展学前教育；加强各级人民政府的统筹力度，积极扶持学前教育发展。

0513 | **8月20日**

国务院发布《关于修改〈征收教育费附加的暂行规定〉的决定》。本次修改将《暂行规定》的第三条修改为：教育费附加，以各单位和个人实际缴纳的增值税、营业税、消费税的税额为计征依据，教育费附加率为3%，分别与增值税、营业税、消费税同时缴纳。除国务院另有规定者外，任何地区、部门不得擅自提高或者降低教育费附加率。

0514 | **9月10日**

在第二十一个教师节来临之际，中宣部、中央文明办、共青团中央、教育部等十单位决定，对在青少年社会教育中作出突出贡献的先进集体和先进个人进行表彰。100个单位荣获中国青少年社会教育“银杏奖”优秀团队奖，200名同志荣获中国青少年社会教育“银杏奖”突出贡献奖，31名同志荣获中国青少年社会教育“银杏奖”终身成就奖，30名同志荣获中国青少年社会教育“银杏奖”特别荣誉奖。

0515 | **10月1日**

中国教育电视台（CETV）早期教育专业频道正式开播。该频道旨在最大限度地整合国内外早期教育的资源，充分发挥中国教育电视台在专业教育节目制作领域多年积累的经验优势，为0岁至8岁儿童健康成长提供专业资讯。

0516 | **10月8日至11日**

党的十六届五中全会在北京举行。全会听取和讨论了中共中央总书记胡锦涛受中央政治局委托作的工作报告，审议通过了《中共中央关于制定国民经济和社会发展第十一个五年规划的建议》。《建议》指出，坚持教育优先发展。加快教育发展，是把我国巨大人口压力转化为人力资源优势的根本途径。适应经济社会发展对知识和人才的需要，全面实施素质教育，深化教育体制改革，加快教育结构调整，在全社会形成推进素质教育的良好环境。强化政府对义务教育的保障责任，普及和巩固义务教育。大力发展职业教育，扩大职业教育招生规模。提高高等教育质量，推进高水平大学和重点学科建设，增强高校学生的创新和实践能力。切实提高师资特别是农村师资水平。加大教育投入，建立有效的教育资助体系，发展现代远程教育，促进各级各类教育协调发展，建设学习型社会。

0517 | **11 月 9 日**

全国妇联、联合国儿童基金会、英国国际发展部召开全国女童发展研讨会，总结和推广女童工作已取得的经验，探讨新形势下解决女童问题的对策和措施。

0518 | **11 月 10 日**

《中国全民教育国家报告》发布。《报告》全面总结了 2000 年达喀尔世界全民教育会议后，中国全民教育实现的历史性突破，充分展示了中国在学前教育、义务教育、职业教育、成人扫盲及少数民族教育等方面所取得的巨大进展，清晰记录了具有中国特色的推进全民教育的历程。

0519 | **12 月 17 日**

中央综治委预防青少年违法犯罪工作领导小组在广州举行全国预防青少年违法犯罪先进表彰暨示范创建工作会议。100 个先进集体和 95 名先进个人在会上受到表彰。

0520 | **12 月 22 日**

据《中国教育报》报道，北京市 39 所市级示范幼儿园与 39 所农村乡镇中心幼儿园签订协议，成为“手拉手”共建单位。这项“手拉手”共建活动的内容包括兼职支教、挂职锻炼及共同开展教科研等，双方重在教育思想的交流，教育资源的共享，幼儿园管理、教师队伍素质和教育质量的提高。这是北京市为发挥示范幼儿园的示范、辐射作用，提高农村乡镇中心园的教育质量，促进城乡学前教育均衡发展的重要举措之一。

0521 | **12 月 24 日至 25 日**

教育部召开 2006 年度教育工作会议。会议指出，在现阶段，学前教育是非义务教育。其办学成本由政府和公民合理分担。由于教育的公益性特点，政府对非义务教育要加大投入，承担主要的办学责任，决不能让公民教育负担过重。教育部部长周济在会上讲话指出，2006年，要继续发展学前教育。

0522 | **12月31日**

教育部发布《教育部2006年工作要点》。2006年教育部工作要点包括：深入学习贯彻党的十六大和十六届五中全会精神，以科学发展观统领教育的改革与发展；加大素质教育实施力度，形成全面推进素质教育新的工作局面；加强统筹兼顾，深化改革和扩大开放，促进各级各类教育持续发展；深入推进教师人事制度改革，建设高素质的教师队伍；进一步加大工作力度，抓紧研究解决人民群众关心的教育热点问题等。

2006年

改革进行时

• 重要文件

中共中央办公厅、国务院办公厅《关于进一步加强和改进未成年人校外活动场所建设和管理工作的意见》

教育部等十部门《中小学幼儿园安全管理办法》

国务院《关于加强和改进社区服务工作的意见》

教育部、国家体育总局《关于进一步加强学校体育工作，切实提高学生健康素质的意见》

民政部、中央综治委预防青少年违法犯罪工作领导小组等十九部门《关于加强流浪未成年人工作的意见》

• 重要政策

政府间多部门协同配合担负起维护校园安全的职责

加强和改进未成年人校外活动场所建设和管理工作

• 重要会议

国务院召开全国农村综合改革工作会议

国务院召开全国加强中小学管理工作电视电话会议

教育部等七部门召开全国治理教育乱收费部际联席会议

教育部召开全国中小学人事制度改革工作座谈会

• 改革亮点

全面构建中小学幼儿园安全保障体系。《中小学幼儿园安全管理办法》以及一系列相应文件明确规定了公安、司法行政、建设、交通、文化、卫生、工商、质检、新闻出版等部门在校园安全方面的职责，教育部明确要求地方各级教育行政部门要按照“属地管理，分级负责”的原则，切实担负起学校安全管理职责，将行政区域内所有中小学校和幼儿园的安全工作纳入监管范围。

0601 | **1月18日**

民政部、中央综治委预防青少年违法犯罪工作领导小组等十九部门印发《关于加强流浪未成年人工作的意见》。《意见》指出，流浪未成年人工作是未成年人权益保护的重要组成部分，是构建和谐社会、落实科学发展观的重要内容，是预防未成年人违法犯罪的重要方面，流浪未成年人工作要以“三个代表”重要思想和科学发展观为指导，以构建和谐社会为目标，以以人为本为工作原则，以保障流浪未成年人合法权益为出发点，建立健全相关法律法规，完善齐抓共管的工作机制，创造流浪未成年人回归社会的良好环境，为促进流浪未成年人的健康成长而努力。在流浪未成年人工作中，预防是前提，救助是基础，管理是手段，教育是重点，保护是根本。注重流浪未成年人预防工作，保证流浪未成年人基本生活需要，强化对流浪未成年人的管理，注重流浪未成年人教育，努力促使流浪未成年人回归社会，打击幕后操纵和利用未成年人进行违法活动的犯罪行为，加大投入，建立完善流浪未成年人救助保护机构，提高流浪未成年人救助保护工作的专业化、社会化水平。

0602 | **1月21日**

中共中央办公厅、国务院办公厅印发《关于进一步加强和改进未成年人校外活动场所建设和管理工作的意见》。《意见》指出，始终坚持未成年人校外活动场所的公益性质；充分发挥不同类型未成年人校外活动场所的教育服务功能；积极促进校外活动与学校教育的有效衔接；切实加强未成年人校外活动场所的规划和建设；认真落实未成年人校外活动场所财政保障和税收优惠政策；努力建设高素质的未成年人校外活动场所工作队伍；进一步完善未成年人校外活动场所的管理体制和工作机制。

0603 | **1月26日**

教育部印发《关于建设节约型学校的通知》。通知要求，各地各学校要把建设节约型学校作为学校发展战略列入“十一五”规划和中长期发展规划；要积极推进技术进步，提高资源利用率，建设节约型学校要以提高资源利用效率为核心，以节能、节水、节材、节地等资源综合利用为重点，大力加强资源的循环利用；要加强制度建设，深入推进管理体制和运行机制改革；加强节能节约资源新技术的运用和研究开发；在学校日常工作中加强节约管理；加强节约资源的宣传教育，强化师生员工的节约意识等。

0604 | **1月29日**

国务院发布《艾滋病防治条例》。《艾滋病防治条例》第四十五条规定，生活困难的艾滋病病人遗留的孤儿和感染艾滋病病毒的未成年人接受学前教育的，应当减免学费等相关费用。

0605 | **2月13日**

教育部办公厅印发《关于继续做好2006年中小学安全工作的意见》。《意见》指出，地方各级教育行政部门要按照“属地管理，分级负责”的原则，切实担负起学校安全管理职责，将行政区域内所有中小学校和幼儿园的安全工作纳入监管范围。

0606 | **2月14日至15日**

联合国教科文组织第六次九个发展中人口大国全民教育会议在墨西哥蒙特雷市举行，会议的主题是“教育质量评估的政策与机制”。国务委员陈至立出席开幕式并发表讲话。陈至立指出，公平是全民教育的灵魂，为保障所有儿童平等接受教育的权利，推进全民教育的均衡发展，中国政府十分重视保证处境不利儿童受教育的机会。全民教育是一项意义重大而任务艰巨的宏伟目标，需要全社会的共同努力。

0607 | **2月28日**

国务院新闻办举行新闻发布会，教育部部长周济介绍了中国教育“十五”发展和“十一五”工作等方面情况，并回答了记者的提问。

0608 | **3月2日**

教育部等七部门在北京召开全国治理教育乱收费部际联席会议。会议总结了2003年以来治理教育乱收费工作情况，研究部署了2006年治理教育乱收费工作任务。会议强调，要按照中央纪委第六次全会和国务院第四次廉政工作会议的要求，加大源头治理力度，推进制度创新，使治理教育乱收费工作迈上新台阶。4月11日，教育部等七部门印发陈至立的讲话内容。

0609 | **3月4日**

中共中央总书记、国家主席、中央军委主席胡锦涛在参加全国政协十届四次会议民盟、民进届委员联组讨论时指出，全面建设小康社会、加快推进社会主义现代化，要求我们必须把发展社会主义先进文化放到十分突出的位置，着眼于提高人的素质、促进人的全面发展，加强思想道德建设，发展教育科学文化，培育有理想、有道德、有文化、有纪律的社会主义公民。要充分发挥教育对提高人的素质的基础性作用，坚持教育优先发展，全面推进素质教育，加大统筹城乡教育发展的力度，加大对义务教育尤其是农村义务教育的投入，使每一个适龄青少年都能接受良好教育。“要教育广大干部群众特别是青少年树立社会主义荣辱观，坚持以热爱祖国为荣、以危害祖国为耻，以服务人民为荣、以背离人民为耻，以崇尚科学为荣、以愚昧无知为耻，以辛勤劳动为荣、以好逸恶劳为耻，以团结互助为荣、以损人利己为耻，以诚实守信为荣、以见利忘义为耻，以遵纪守法为荣、以违法乱纪为耻，以艰苦奋斗为荣、以骄奢淫逸为耻。”①

0610 | **3月5日**

十届全国人大四次会议在北京人民大会堂开幕，国务院总理温家宝作《政府工作报告》。《报告》指出，2005年，我国社会主义现代化事业取得显著成就。2005年中央财政用于科技、教育、卫生、文化等方面的支出达1168亿元，比上年增长18.3%。2006年是实施“十一五”规划的第一年，改革发展稳定的任务十分繁重。要实施科教兴国战略和人才强国战略，加强文化建设。各级各类学校都要全面推进素质教育。要培养一支德才兼备的教师队伍，造就一批杰出的教育家。

---

① 《胡锦涛文选》第二卷，人民出版社2016年版，第430页。

0611 | **3月14日**

十届全国人大四次会议批准《中华人民共和国国民经济和社会发展第十一个五年规划纲要》。《规划纲要》提出，优先发展教育。保证财政性教育经费的增长幅度明显高于财政经常性收入的增长幅度，逐步使财政性教育经费占国内生产总值的比例达到4%。促进教育公平，公共教育资源要向农村、中西部地区、贫困地区、民族地区以及薄弱学校、贫困家庭学生倾斜。明确各级人民政府提供公共教育职责，制定和完善学校的设置标准，支持民办教育发展，形成公办教育与民办教育共同发展的办学格局。进一步加强教师队伍建设。

0612 | **3月30日**

由教育部、文化部、中国关工委等十二单位主办的“中国校园健康行动”大型公益活动在北京启动。活动将利用10年左右的时间，在全国大、中、小学及幼儿园，宣传健康人生理念，普及健康知识，倡导科学、文明、健康的生活方式和态度，促进青少年身心健康和全面发展。中国校园健康领导小组决定把每年的5月21日定为中国校园健康日。

0613 | **4月5日**

中宣部、中央文明办、新闻出版总署、文化部、教育部等十一单位发布《关于开展全民阅读活动的倡议书》，发出以下倡议：全国各地区、各部门、各团体，要积极开展全民阅读活动，倡导全民为构建社会主义和谐社会和全面建设小康社会，为中华民族的伟大复兴而努力读书，终身学习；全国各地、各有关部门要开展丰富多彩的读书推广活动，为全民阅读营造良好的读书环境，鼓励多读书，读好书；鼓励读者积极参与“我最喜爱的一本书”的征文活动。

0614 | **4月6日**

教育部、国务院纠风办、监察部、国家发改委、财政部、审计署、新闻出版总署印发《关于2006年治理教育乱收费工作的实施意见》。《实施意见》强调，确保国务院的决定落实到位，严格规范中小学收费行为。

坚决制止以改制为名乱收费，进一步规范公办学校办学行为。全面清算学校收费项目和标准，规范学校收费行为。

0615 | **4月9日**

国务院印发《关于加强和改进社区服务工作的意见》。《意见》指出，鼓励和支持各类组织、企业和个人开展社区服务。充分利用社区内的学校、培训机构、幼儿园、文物古迹等开展社区教育活动。

0616 | **4月11日**

教育部办公厅印发《关于进一步做好学校卫生防疫与食品卫生安全工作的通知》。通知要求，各级教育行政部门和学校要高度重视学校卫生防疫和食品卫生安全工作，切实把做好学校卫生防疫和食品卫生安全工作作为构建和谐社会、和谐校园的重要内容，作为实现好、维护好最广大人民群众根本利益的必然要求，进一步增强紧迫感和责任感。要以对青少年学生高度负责和求真务实的精神，采取扎实有效的工作措施，坚持不懈地把学校卫生防疫和食品卫生安全工作抓细、抓实、抓好，为学生在校学习、生活营造一个卫生安全的环境。

0617 | **4月20日**

教育部办公厅印发《关于加强校庆管理的通知》。通知要求，各级各类学校举办校庆活动要主题鲜明，注重实效，突出特色，体现思想性、学术性和高品质，把重点放在总结办学经验、密切与校友联系、弘扬学校优良传统、提升办学水平等方面。

0618 | **4月27日**

全国妇联、中央宣传部等十七单位印发《关于庆祝2006年“六一”国际儿童节的联合通知》。通知要求，要在少年儿童中大力开展社会主义荣辱观宣传实践活动。要增强活动的针对性、丰富性和有效性，通过开展道德、科技、文化、艺术、体育、法制等活动，促进儿童德智体美全面发展；充分发展儿童的主体作用，注重实践环节和参与过程；注重家长在儿童道德成长中的示范作用；不断深化、拓展、创新各类特色未成年人思想道德创建活动。

0619 | **4月29日**

教育部办公厅印发《关于加强民办学校卫生防疫与食品卫生安全工作的通知》。通知要求，加强对民办学校特别是民工子弟学校卫生防疫与食品卫生安全工作的管理，保障民办学校师生的身心健康。

0620 | **5月9日**

教育部办公厅印发《关于进一步加强中小学幼儿园安全保卫和管理工作的紧急通知》。通知要求，各级教育行政部门和中小学幼儿园要牢固树立"珍爱生命，安全第一"的观念，针对当前校园治安和刑事案件多发特点，切实加强学校安全保卫工作，认真落实门卫、值班、巡逻等内部管理工作制度，及时发现和制止外来人员随意进入校园，防止针对师生的违法犯罪活动，督促学校尽快建立健全安全保卫和管理制度，落实各项安全措施。中小学、幼儿园要切实加强与当地公安机关和社区的联系，建立健全校园安全联防制度。

0621 | **5月30日**

上海市教科院举行教育部基础教育监测中心揭牌仪式。教育部副部长陈小娅在揭牌仪式上表示，希望监测中心紧紧围绕全国基础教育改革与发展这个中心，积极开展监测工作，发挥上海教科院"启动快、起点高、应用性强"的优势，开拓进取，勇于创新，以良好的精神风貌迎接挑战，努力建成全国性、高水平、为基础教育服务的监测中心。

0622 | **5月31日**

"六一"国际儿童节前夕，中共中央总书记、国家主席、中央军委主席胡锦涛在北京市考察少年儿童工作，同孩子们一起庆祝节日。胡锦涛代表党中央，向全国少年儿童致以节日的祝贺，向广大少年儿童工作者表示衷心的感谢。31日上午，胡锦涛和随行的中共中央政治局候补委员、中央书记处书记、中央办公厅主任王刚，国务委员陈至立，在中共中央政治局委员、北京市委书记刘淇和北京市市长王岐山等陪同下，先后来到北京市儿童福利院、北京市西城区西四北幼儿园考察。

0623 | **6月1日**

国家质检总局和教育部联合开展的特种设备安全知识进校园活动正式启动。本次活动在全国范围内的幼儿园、中小学校，围绕电梯、游乐设施、液化石油气瓶等与青少年儿童接触最为密切的特种设备，进行宣传教育，以此引起学校、学生对特种设备安全的重视，防范事故发生。

0624 | **6月26日至27日**

教育部在北京召开全国中小学人事制度改革工作座谈会。会议指出，以农村教师队伍建设为重点，全面实行新任教师公开招聘制度、完善以岗位设置管理为基础的聘任制度、大力推进城乡教师交流制度、建立岗位绩效工资制度，是“十一五”时期中小学人事制度改革的重点内容。

0625 | **6月30日**

教育部、公安部、司法部、建设部、交通部、文化部、卫生部、工商总局、国家质检总局、新闻出版总署印发《中小学幼儿园安全管理办法》。《管理办法》于2006年9月1日起施行，分9章共66条，对中小学幼儿园安全管理作出较为全面的规定，明确了学校安全管理的方针、职责，校内安全管理制度、管理要求，校园周边管理职责，学校对学生进行安全教育的职责，事故处理要求与责任追究原则。

0626 | **7月至11月**

中共中央政治局常委、国务院总理温家宝在中南海主持召开四次座谈会，同来自全国各地的教师、校长和教育专家亲切交谈。温家宝指出，教育振兴是中国振兴的重要标志，党中央、国务院历来高度重视教育工作，在过去多年工作的基础上，近几年我国教育事业又有了很大发展，呈现不少新“亮点”。温家宝强调，提高教育质量必须依靠教师，中国需要建设一支规模宏大、素质优良的教师队伍，造就一大批教育家，把教育摆在优先发展的战略地位，这是我们国家必须长期坚持的一项重大方针。

0627 | 9月1日至2日

国务院在北京召开全国农村综合改革工作会议。国务院总理温家宝出席会议并讲话强调，教师工资必须列入财政预算，切实予以保证。要加快教育部门自身改革。深化教育人事制度改革，加强农村教师队伍建设；合理配置城乡教育资源，逐步缩小城乡之间义务教育发展差距；合理调整农村中小学布局，提高教育资源利用效率。[①]

0628 | 10月8日至11日

党的十六届六中全会在北京举行。全会全面分析了当前的形势和任务，提出新世纪新阶段，中国共产党要带领人民抓住机遇、应对挑战，把中国特色社会主义伟大事业推向前进，必须坚持以经济建设为中心，把构建社会主义和谐社会摆在更加突出的地位。全会审议并通过《中共中央关于构建社会主义和谐社会若干重大问题的决定》。《决定》强调，坚持教育优先发展，促进教育公平。全面贯彻党的教育方针，大力实施科教兴国战略和人才强国战略，全面实施素质教育，深化教育改革，提高教育质量，建设现代国民教育体系和终身教育体系，保障人民享有接受良好教育的机会。坚持公共教育资源向农村、中西部地区、贫困地区、边疆地区、民族地区倾斜，逐步缩小城乡、区域教育发展差距，推动公共教育协调发展。明确各级政府提供教育公共服务的职责，保证财政性教育经费增长幅度明显高于财政经常性收入增长幅度，逐步使财政性教育经费占国内生产总值的比例达到4%。规范学校收费项目和标准，坚决制止教育乱收费。提高师资特别是农村师资水平。改进学校思想政治工作和管理工作，提高师生思想道德素质。引导民办教育健康发展。积极发展继续教育，努力建设学习型社会。

0629 | 11月12日至14日

中国首届幼儿园园长大会在上海召开。会议由中国学前教育研究会、上海市教委联合主办，以“现代教育管理，幼儿园的改革和创新”为主题，

---

① 参见《人民日报》，2006年9月4日。

下设“幼儿园人力资源管理开发”“幼儿园办园效益与经费管理”“幼儿园依法办园和制度建设”“幼儿园规划和决策”等10个专题分会场。

0630 | **11月20日**

国务院召开全国加强中小学管理工作电视电话会议。会议强调，各地教育部门要在当地人民政府的领导下，根据《义务教育法》及《中小学幼儿园安全管理办法》的规定，结合当地实际，建立健全学校安全、卫生等各项管理制度，完善突发事故处置工作预案，落实预防安全事故、公共卫生事件的措施。要突出抓好对校长和教师的管理和教育，提高校长和广大教师的安全意识和工作能力，防止校外犯罪分子侵入校园、伤害学生。同时，要及时发现并妥善处置校长或教师自身存在的安全隐患或心理问题。教育行政部门要切实加强对中小学、幼儿园安全工作的指导和检查，积极配合有关部门做好校园周边治安秩序的整治工作。

0631 | **12月20日**

教育部、国家体育总局印发《关于进一步加强学校体育工作，切实提高学生健康素质的意见》。《意见》要求，学校教育要树立健康第一的指导思想，切实贯彻落实国家对学校体育工作的要求，完善学校体育的保障机制，完善学生体质健康和学校体育的评价制度，加强学校体育的督导检查和服务支持。

0632 | **12月23日**

教育部、国家体育总局在北京召开全国学校体育工作会议。会议强调，要认真贯彻党的教育方针，全国推进素质教育，大力加强学校体育工作，把学校体育工作作为全民健身运动的重点。

0633 | **12月24日至25日**

教育部在北京召开2007年度教育工作会议。会议提出，2006年是“十一五”的开局之年，也是教育事业不平凡的一年。教育系统不断推进教育改革和发展，各项工作取得了新的成绩。2007年，要全力做好全国教育工作会议的筹备和会议精神的贯彻落实工作，以优异的工作成绩迎接党的十七大的召开；加强和改进学校德育、智育、体育、美育工作，在切实推进素质教育方面取得实质性的进展；认真抓好教师队伍建设，加大吸引优秀人才从教的工作力度，全面提升教师队伍的素质和水平；推进教育的体制改革与制度创新，不断扩大教育的对外开放，建设和谐校园；解决人民群众关心的教育热点、难点问题，提高教育管理水平，加强教育系统党的建设，切实维护稳定。

0634 | **12 月 27 日**

国务院总理温家宝主持召开国务院常务会议，审议并原则通过《国家教育事业发展“十一五”规划纲要》。会议强调，各级人民政府必须切实把教育摆在优先发展的战略地位。要坚持全面贯彻党的教育方针，坚持教育的公益性原则、促进教育公平，坚持教育为社会主义现代化建设服务、为人民服务。要统筹城乡、区域教育，统筹各级各类教育，统筹教育发展的规模、结构、质量和效益，构建现代国民教育体系和终身教育体系，保障人民群众接受良好教育的机会，办好让人民群众满意的教育。

0635 | **12 月 29 日**

十届全国人大常委会第二十五次会议表决通过修订后的《未成年人保

护法》。全国人大常委会经过三次审议，对《未成年人保护法》作了全面修订，进一步强化家庭、学校、社会、国家的保护责任。

2007年

改革进行时

• 重要文件

国务院批转教育部《国家教育事业发展“十一五”规划纲要》

教育部《关于加强民办学前教育机构管理工作的通知》

人事部、教育部《关于中等职业学校、普通高中、幼儿园岗位设置管理的指导意见》

教育部《中小学公共安全教育指导纲要》

教育部、公安部、国家安监总局《关于加强农村中小学生幼儿上下学乘车安全工作的通知》

• 重要政策

进一步加强民办学前教育机构管理工作

加强农村中小学生、幼儿上下学乘车安全工作

实施新的校车强制标准

• 重要会议

全国政协教科文卫体委员会、国务院妇儿工委办公室、教育部、卫生部、中国科协、全国妇联召开儿童早期发展高层论坛

• 改革亮点

加强和规范对民办学前教育机构的管理。教育部印发《关于加强民办学前教育机构管理工作的通知》，要求各级教育行政部门根据《民办教育促进法》及其实施条例和《幼儿园管理条例》的有关规定，对民办学前教育机构进行全面清理、整顿，支持、规范民办学前教育机构的发展。

0701 | **1月1日**

教育部印发《教育部2007年工作要点》。2007年教育部的工作要点包括：深入学习贯彻党的十六大和十六届三中、四中、五中、六中全会精神，推动教育持续协调健康发展；把社会主义核心价值体系融入国民教育全过程，进一步加强素质教育；把教师队伍建设放在更加突出的战略地位，提高师资特别是农村师资水平；深入推进教育改革开放，进一步提高教育管理水平；认真解决人民群众关心的教育问题，努力创建和谐校园等。

0702 | **2月7日**

教育部发布《中小学公共安全教育指导纲要》。《指导纲要》提出，学校要在教学中开展公共安全教育，使学生养成在日常生活中和突发事件中正确应对的习惯，最大限度地预防事故发生和减少安全事件对中小学生造成的伤害。

0703 | **3月5日**

十届全国人大五次会议在北京人民大会堂开幕，国务院总理温家宝作《政府工作报告》。《报告》首先回顾2006年工作，指出2006年是我国实施“十一五”规划并实现良好开局的一年，国民经济和社会发展取得重大成就，教育事业继续发展。关于2007年教育工作，《报告》提出，加快教育事业发展。教育是国家发展的基石，教育公平是重要的社会公平。要坚持把教育放在优先发展的战略地位，加快各级各类教育发展。支持和规范民办教育发展，发挥社会力量办学的积极性。

0704 | **5月7日**

人事部、教育部印发《关于中等职业学校、普通高中、幼儿园岗位设置管理的指导意见》，明确规定几类学校中岗位类别设置、岗位等级设置、专业技术岗位名称及岗位等级、岗位基本条件等事项。《指导意见》指出，幼儿园岗位分为管理岗位、专业技术岗位和工勤技能岗位三种类别。教师岗位是专业技术主体岗位。幼儿园教师岗位占幼儿园岗位总量的比例一般不低于 88%，其他岗位原则上不超过 12%。幼儿园教师岗位等级划分，参照普通小学岗位等级设置的规定执行。

0705 | **5 月 18 日**

国务院批转教育部《国家教育事业发展“十一五”规划纲要》。《规划纲要》指出，“十五”时期教育事业发展取得明显成就。到 2005 年，学前三年毛入园率达 41.4%，比 2000 年提高 3.7%。《规划纲要》提出，“十一五”时期要推进我国教育事业持续发展，教育体系更加完善。学前教育进一步发展，学前三年毛入园率达到 55% 以上。欠发达地区与全国教育平均水平的差距逐步缩小，在完成“两基”攻坚任务基础上，学前教育规模稳步扩大；中等发达地区教育发展水平明显提高，学前教育进一步发展；发达地区初步实现教育现代化，在高质量普及九年义务教育的基础上，基本普及学前教育，学前三年毛入园率达到 85% 以上。《规划纲要》强调，“十一五”时期，发展农村学前教育，重视发展儿童早期教育。

0706 | **6 月 1 日**

中共中央总书记、国家主席、中央军委主席胡锦涛到北京市大兴区庞各庄镇田园幼儿园和第二中心小学同孩子们一起欢度“六一”国际儿童节。胡锦涛代表中共中央，向全国广大少年儿童表示节日祝贺，向全国广大少年儿童工作者表示崇高敬意。

0707 | **8 月 23 日**

公安部、教育部印发《关于实施国家标准〈机动车运行安全技术条件〉（GB7258—2004）第 2 号修改单的通知》。通知指出，标准修改单对校车分类、核载、标识、车窗玻璃和座位布置等安全技术要求作出明确规定，是规范和加强校车管理的重要技术依据。各地公安机关、交通管理部门和教育行政部门要高度重视，认真组织学习；明确管理职责，做好工作部署；做好校车核定工作；做好校车外观标识和标牌管理工作；做好宣传工作。

0708 | **8月24日**

教育部、公安部、国家安监总局印发《关于加强农村中小学生幼儿上下学乘车安全工作的通知》。通知要求，依法做好农村学生上下学交通安全管理工作；强化政府责任，增进部门合作；继续做好校车排查和检验工作；深入开展道路交通安全宣传教育；切实落实农村学生上下学交通安全管理责任；严厉打击农村地区非法运营接送学生的车辆。

0709 | **8月31日**

全国优秀教师代表座谈会在中南海怀仁堂举行。中共中央总书记、国家主席、中央军委主席胡锦涛出席会议并发表重要讲话。胡锦涛对广大教师提出四点希望：一是希望广大教师爱岗敬业、关爱学生；二是希望广大教师刻苦钻研、严谨笃学；三是希望广大教师勇于创新、奋发进取；四是希望广大教师淡泊名利、志存高远。[①]

0710 | **9月20日**

教育部印发《关于加强民办学前教育机构管理工作的通知》。通知要求各地教育行政部门在当地人民政府领导下，会同有关部门，全面摸清本行政区域内所有民办幼儿园（招收3岁至6岁幼儿）、托儿所（招收3岁以下幼儿）的基本情况，按照《民办教育促进法》及其实施条例和《幼儿园管理条例》的有关规定，区分不同情况，认真清理整顿经县级以上教育行政部门审批的各类民办学前教育机构的举办资格。通知强调，各级教育行政部门要加强领导，落实责任，将学前教育纳入当地基础教育整体发展规划，加强对本行政区域内所有学前教育机构的管理、指导和服务。民办学前教育机构必须把保护幼儿生命安全和促进幼儿健康成长放在一切工作的首位，用非常的细心、非常的呵护，确保学前儿童的生命安全。要建立健全各项管理制度，全面落实覆盖学前教育机构管理各个环节的安全防范措施。教育督导部门要进一步加强对民办学前教育机构的督导检查工作。

① 参见《人民日报》，2007年9月1日。

0711 | **10月15日至21日**

党的十七大在北京人民大会堂开幕。大会的主题是：高举中国特色社会主义伟大旗帜，以邓小平理论和“三个代表”重要思想为指导，深入贯彻落实科学发展观，继续解放思想，坚持改革开放，推动科学发展，促进社会和谐，为夺取全面建设小康社会新胜利而奋斗。中共中央总书记胡锦涛作题为《高举中国特色社会主义伟大旗帜 为夺取全面建设小康社会新胜利而奋斗》的报告。胡锦涛指出，党的十六大以来的五年，各级各类教育迅速发展。“在新的发展阶段继续全面建设小康社会、发展中国特色社会主义，必须坚持以邓小平理论和“三个代表”重要思想为指导，深入贯彻落实科学发展观”。[1]胡锦涛强调：“优先发展教育，建设人力资源强国。教育是民族振兴的基石，教育公平是社会公平的重要基础。要全面贯彻党的教育方针，坚持育人为本、德育为先，实施素质教育，提高教育现代化水平，培养德智体美全面发展的社会主义建设者和接班人，办好人民满意的教育。优化教育结构，促进义务教育均衡发展，加快普及高中阶段教育，大力发展职业教育，提高高等教育质量。重视学前教育，关心特殊教育。更新教育观念，深化教学内容方式、考试招生制度、质量评价制度等改革，减轻中小学生课业负担，提高学生综合素质。坚持教育公益性质，加大财政对教育投入，规范教育收费，扶持贫困地区、民族地区教育，健全学生资助制度，保障经济困难家庭、进城务工人员子女平等接受义务教育。加强教师队伍建设，重点提高农村教师素质。鼓励和规范社会力量兴办教育。发展远程教育和继续教育，建设全民学习、终身学习的学习型社会。”[2]

0712 | **11月1日**

教育部办公厅印发《关于中小学学习贯彻党的十七大精神的通知》。通知要求，基础教育战线要站在培养中国特色社会主义建设者和接班人的

---

① 《胡锦涛文选》第二卷，人民出版社2016年版，第621—622页。
② 同上，第642页。

战略高度，抓住课堂教学、社会实践、校园文化和教师特别是班主任队伍的建设等关键环节，认真做好中小学学习贯彻党的十七大精神的工作。通知指出，要充分利用“形势教育大课堂”资源向学生宣讲党的十七大精神，要把根据党的十七大精神制作的“形势教育大课堂”作为面向中小学学生生动形象宣传党的十七大精神的重要教材。通知要求，德育课程教学要有机融入党的十七大精神的宣传教育。

0713 | **11 月 9 日**

教育部印发《关于做好 2007 年秋冬季中小学幼儿园安全工作的预警通知》。通知要求，加强寄宿制学校学生宿舍管理，加强中小学安全设施建设，加强对校外租房学生的管理，加强校车管理，加强对学生集体户外冰雪运动的组织与管理。

0714 | **11 月 30 日**

教育部基础教育质量监测中心揭牌仪式在北京师范大学举行。教育部部长周济出席仪式并讲话指出，要深刻认识当前基础教育面临的形势与任务；要建立健全基础教育质量保障体系；要扎实认真地开展基础教育质量监测工作。

0715 | **11 月**

全国政协教科文卫体委员会、国务院妇儿工委办公室、教育部、卫生部、中国科协、全国妇联在北京召开儿童早期发展高层论坛。论坛宗旨是贯彻落实党的十七大精神，分享和交流国内外关于儿童早期发展的最新研究成果、政策与实践举措，宣传科学的儿童发展知识和理念，呼吁全社会重视和关心儿童早期发展，推动各级人民政府和相关部门进一步研究制定相关的政策和行动，让每一个儿童拥有良好的人生开端。会上 10 多位国内外知名专家作了营养学、心理学、教育学、社会学、经济学等方面的报告，并发出《让每一个儿童拥有良好的人生开端》的倡议书。倡议书内容包括：制定和实施国家早期儿童发展行动计划；加大对儿童早期健康保育和教育的投入；建立跨部门合作的工作机制；加强儿童早期发展的科学研究，提高服务质量；加强幼儿园和妇幼保健机构的公共服务职能建设；提高儿童保健人员和幼儿园教师的专业水平；开展广泛的社会宣传动员。

0716 | **12月26日**

人事部、财政部印发《关于调整特级教师津贴标准的通知》。通知规定，从2008年1月1日起，特级教师津贴标准由每人每月80元调整为每人每月300元，公办学校发放特级教师津贴所需经费全额纳入财政预算。

0717 | **12月26日至27日**

教育部在北京召开2008年度教育工作会议。教育部部长周济在会上讲话指出，优先发展教育、建设人力资源强国，是党中央在新的历史阶段为进一步实施科教兴国战略和人才强国战略作出的重大战略决策。当前和今后一个时期，建设人力资源强国，要坚持教育优先发展；全面贯彻党的教育方针，全面实施素质教育；优化教育结构，提高教育质量；切实加强教师队伍建设；大力促进教育公平，办好人民满意的教育；坚持教育改革开放，构建中国特色社会主义现代化教育体系。周济强调，要重视学前教育。

2008 年

改革进行时

• 重要文件

中共中央《关于推进农村改革发展若干重大问题的决定》

教育部、中国教科文卫体工会全国委员会《中小学教师职业道德规范（2008 年修订）》

中央文明委《全国未成年人思想道德建设工作测评体系（试行）》

教育部办公厅、国家民委办公厅《学校民族团结教育指导纲要（试行）》

教育部、国务院台湾事务办公室《关于进一步做好台湾同胞子女在大陆中小学和幼儿园就读工作的若干意见》

• 重要政策

大力发展农村学前教育

启动制定《国家中长期教育改革和发展规划纲要（2010—2020 年）》

全力做好四川汶川地震灾区抗震救灾和灾后恢复重建对口支援工作

开展中小学、幼儿园校车交通安全集中整治

将“保护学生安全”列入《教师职业道德规范》

进一步做好台湾同胞子女在大陆幼儿园就读工作

推行意外伤害校方责任保险制度

• 重要会议

教育部召开全国基础教育工作会议

教育部召开教育系统地震灾后重建对口支援工作电视电话会议

• 改革亮点

大力发展农村学前教育。《中共中央关于推进农村改革发展若干重大问题的决定》指出，农业、农村、农民问题关系党和国家事业发展全局。要大力办好农村教育事业，发展农村学前教育。

“保护学生安全”被列入《教师职业道德规范》。在汶川大地震的过程中涌现出了很多为保护学生安全而不顾自身安危的优秀教师，中国教师的优秀师德得到充分体现。“保护学生安全”首次被写入文件并作为对中小学教师职业道德的刚性要求。

0801 | **1月30日**

教育部、国务院台湾事务办公室印发《关于进一步做好台湾同胞子女在大陆中小学和幼儿园就读工作的若干意见》。《意见》指出，对台胞子女在大陆中小学和幼儿园就读实行“欢迎就读、一视同仁、就近入学、适当照顾”的政策；经批准设立的公办和民办普通中小学、幼儿园和中等职业教育机构原则上都可以接收台胞子女就读；地方各级教育行政和对台工作部门要加强对此项工作的领导，建立工作机制，完善工作措施，健全管理制度。

0802 | **2月17日**

教育部发布《教育部2008年工作要点》。2008年教育部工作要点包括：认真学习贯彻党的十七大精神，推动教育事业科学发展；切实推进素质教育，进一步把立德树人的任务落到实处；以农村义务教育为重点，促进义务教育均衡发展；进一步加强教师队伍建设，重点提高农村教师素质；研究解决人民群众关心的教育问题，着力促进教育公平；深入推进教育改革开放，进一步提高教育管理水平。

0803 | **3月5日**

十一届全国人大一次会议在北京人民大会堂开幕，国务院总理温家宝作《政府工作报告》。《报告》回顾了十届全国人大一次会议以来的五年的教育工作成就。全国财政用于教育支出五年累计2.43万亿元，比前五年增长1.26倍。在实现教育公平上迈出了重大步伐。《报告》指出，2008年，坚持优先发展教育。办好各级各类教育，必须抓好三项工作：一要全面实施素质教育，推进教育改革创新。二要加强教师队伍特别是农村教师队伍建设，完善和落实教师工资、津贴补贴制度。三要加大教育事业投入。2008年中央财政用于教育的投入，将由2007年的1076亿元增加到1562亿元；地方财政也都要增加投入。进一步规范教育收费。鼓励和规范民办教育发展。没有全民教育的普及和提高，便没有国家现代化的未来。要让孩子们上好学，办好人民满意的教育，提高全民族的素质。

0804 | **3月12日**

上海市教委、市公安局印发《关于实施中小学、幼儿园安全技防设施完善工程的通知》。通知要求，到2008年底，上海市所有的全日制公办、民办中小学、幼儿园、中等职业学校及纳入本市民办学校管理的农民工子女学校，都将完成强制性要求的技防设施安装工作，并将设施投入使用。8月7日，上海市教委办公室、市公安局治安总队印发《关于做好中小学、幼儿园技防设施完善工程验收工作的通知》。通知提出，由公安机关牵头组织验收小组，负责工程竣工验收工作。

0805 | **4月3日**

教育部、财政部、中国保监会印发《关于推行校方责任保险完善校园伤害事故风险管理机制的通知》，决定在全国各中小学校中推行意外伤害校方责任保险制度，以建立和完善校园意外伤害事故风险管理机制。通知规定了推行校方责任保险制度的基本原则和共同推进校方责任保险制度建设的基本要求。

0806 | **4月14至15日**

教育部在浙江杭州召开全国基础教育工作会议。教育部副部长陈小娅在会上讲话指出，党的十七大对基础教育发展提出了明确要求，当前我国基础教育站在了一个新的历史起点上，既面临着难得的机遇，也面临严峻挑战，要以科学发展观为指导，推动基础教育尽快转移到注重内涵、提高质量上来，以改革创新精神推动基础教育快速发展。过去五年，我国以农村义务教育为重点的基础教育取得了重大成就。学前教育被摆到了更加重要的位置。陈小娅强调，各地教育行政部门要规范办学行为，更好地履行责任，加强管理，分类指导；各级各类学校要把课程改革放到更加重要的位置，大力推进素质教育；立足国情，立足改革创新，推动基础教育特别是义务教育均衡发展、科学发展。

0807 | **5月12日**

教育部印发《关于全力做好地震灾害预防和救助工作的紧急通知》。通知要求，各级教育行政部门和各级各类学校根据受灾情况，紧急启动应急预案。各受灾地区教育系统要迅速组织力量，首先做好本单位的抢险救灾及自救、互救，全力以赴抢救伤员，尤其是要把中小学校和幼儿园作为重点，采取有效措施，确保师生生命安全。各级教育行政部门和各级各类学校要迅速与当地政府救灾指挥部取得联系，确认灾害预报，协助有关部门对易于发生次生灾害的地区和设施采取紧急处置措施并加强监控，及时发布预防通知，宣传地震灾害预防和救助知识，防止衍生灾害的发生。

0808 | **5月13日**

教育部印发《关于全力做好抗震救灾工作的紧急通知》。通知指出，全国教育系统特别是灾区教育部门和各级各类学校要坚决贯彻落实中央要求，紧急行动起来，把抗震救灾作为当前的首要任务，不怕困难，顽强奋战，全力抢救伤员，切实保障灾区师生生命安全，尽最大努力把地震灾害造成的损失减少到最低程度。

0809 | **5月17日**

中国民办教育协会在北京正式成立。它是经国务院同意，由教育部和民政部正式批准成立的国家一级社团法人单位，是由全国各级各类民办教育机构和民办教育工作者自愿结成的、行业性、非营利社会组织。全国人大常委会副委员长陈至立给成立大会发来贺信，希望各级人民政府按照党的十七大关于“鼓励和规范社会力量兴办教育”的要求，抓紧完善政策和确定新的举措，大力促进、正确引导民办教育积极健康地发展。

0810 | **5月19日至23日**

教育部副部长袁贵仁率教育部工作组赴四川地震灾区，协助教育系统开展抗震救灾工作。这期间，教育部和四川省教育部门讨论制定《关于开展地震灾区中小学生心理援助工作的意见》《关于灾区孤儿救助工作的意见》《关于地震灾区学生资助的意见》《关于加强教育系统防震救灾宣传工作的意见》《关于进一步做好灾区学校安全防疫工作的意见》等文件。

0811 | **5月26日**

教育部发布《教育系统做好灾区师生安置和恢复重建准备工作的方案》。《方案》提出，要高度警惕和切实防范余震和次生灾害，始终把师生生命安全放在第一位；切实加强学校卫生防疫工作；积极创造条件帮助灾区学生恢复上课；积极开展灾区学生心理援助工作；认真做好灾区孤、残学生救助工作；妥善做好灾区学生升学考试工作；切实做好灾区学生资助和帮扶工作；积极做好灾区学校恢复重建准备工作；抓紧落实教育系统对口支援灾区工作；开展向抗震救灾英雄师生学习活动。

0812 | **5月29日**

教育部发布《关于表彰首批中小学抗震救灾优秀学生和先进集体的决定》。阿坝州汶川县映秀镇中心小学的林浩等11位同学、绵阳市北川县陈家坝学校等3所学校受到表彰。教育部要求各级教育行政部门和中小学要把抗震救灾优秀学生和先进集体的感人事迹作为生动教材，深入进行爱国主义教育，弘扬中华民族的伟大精神和美德。

0813 | **5月30日**

人社部、教育部发布《关于表彰教育系统抗震救灾英雄集体和抗震救灾英雄的决定》，授予四川省绵阳市北川中学优秀教师群体、四川省汶川县映秀镇小学优秀教师群体“教育系统抗震救灾英雄集体”荣誉称号；授予周汝兰、王敏同志“教育系统抗震救灾英雄”荣誉称号，追授谭千秋同志“教育系统抗震救灾英雄”荣誉称号。被授予“教育系统抗震救灾英雄”荣誉称号的人员，享受省部级劳动模范和先进工作者待遇。

0814 | **5月**

为落实党的十七大报告中关于“重视学前教育”的精神和贯彻国务院领导有关学前教育工作的批示，教育部成立调研组，在全国范围进行学前教育专项调研。

0815 | **6月4日**

国务院第十一次常务会议通过《汶川地震灾后恢复重建条例》。《条例》明确，对学校等人员密集的公共服务设施，应当按照高于当地房屋建筑的抗震设防要求进行设计，增强抗震设防能力。国家在安排建设资金时，应当优先考虑地震灾区的教育等公共服务设施建设。

0816 | **6月5日**

教育部印发《关于切实防范洪涝等自然灾害确保中小学生安全的紧急通知》。通知指出，各地教育行政部门和中小学校、幼儿园要切实防范洪涝等灾害对广大师生的危害；各地教育行政部门要立即对本行政区域内，尤其是农村地区和边远山区中小学校、幼儿园进行一次全面排查，要特别检查地处低凹地段的中小学校、幼儿园；各地中小学校要在放暑假前对全体师生集中开展一次安全教育。

0817 | **6月6日**

教育部召开教育系统地震灾后重建对口支援工作电视电话会议，贯彻落实党中央、国务院关于对口支援地震灾区重建工作的要求，部署教育系统对口支援地震工作。同日，教育部印发《关于做好教育系统灾后恢复重建对口支援工作的通知》。通知提出，教育系统对口支援灾后学校恢复重建工作，要做好以下几方面工作：帮助灾区做好学校重建规划，特别是帮助灾区做好学校合理布局和选址工作。要按照推进义务教育均衡发展、实施素质教育和促进各级各类教育协调发展的要求，建设符合标准的坚固安全的学校。帮助灾区9月1日前实现全面复学复课。选派优秀教师支教，帮助配备所需的活动板房、课桌凳、教学仪器设备等各类保障设施。统筹协调部分灾区学生的异地入学入托工作。帮助安排好灾区学生的暑期活动。帮助恢复和建设校舍与校园，选派管理人员和专家等支持学校重建工作，帮助灾区教育迅速恢复。对口支援双方协商的其他内容，如科技支持服务等。

0818 | **6月26日**

中央文明办、教育部、共青团中央、全国妇联表彰了林浩等20名“抗震救灾英雄少年”和马小凤等30名“抗震救灾优秀少年”，并印发《关于开展向“抗震救灾英雄少年”和“抗震救灾优秀少年”学习活动的通知》。通知提出，要引导未成年人学习“抗震救灾英雄少年”“抗震救灾优秀少年”的先进事迹和可贵精神，从身边小事做起，从一点一滴做起，树立远大志向，养成良好品德，努力成长为德智体美全面发展的中国特色社会主义事业的合格建设者和接班人。

0819 | **7月23日**

教育部印发《关于地震灾区中小学开展心理辅导与心理健康教育的通知》。通知要求，切实加强地震灾区中小学心理辅导与心理健康教育的组织管理和统筹协调；保证灾区学校正常有序地开展心理辅导与心理健康教育；发挥教育系统的优势，为灾区中小学心理辅导与心理健康教育提供专业支持。

0820 | **7月24日**

教育部与重庆市人民政府签署《建设国家统筹城乡教育综合改革试验区战略合作协议》。重庆市成为首个部市共建缩小城乡和区域差距的“试验田”。部市合作协议内容包括推进城乡基础教育改革，探索建立学前教育多元化的经费保障机制，推进农村幼儿园规范建设，促进城乡学前教育协调发展等。

0821 | **8月26日**

中央文明委发布《全国未成年人思想道德建设工作测评体系（试行）》。测评体系包括“基本指标”和“浮动指标”两个部分。“基本指标”包括6个测评项目、21个测评指标、75个测评内容。“浮动指标”包括2个测评指标。

0822 | **8月26日**

据《人民日报》报道，公安部交通管理局印发通知，要求全国公安交通管理部门从2008年9月1日起至10月31日，在全国范围内组织开展中小学、幼儿园校车交通安全集中整治。

0823 | **8月27日**

南京市教育局宣布从秋季开学起实行“幼儿助学券”制度，对各类经济困难家庭子女就读幼儿园进行政府资助。凡具有南京市户籍的城乡最低生活保障家庭、低收入纯农户家庭和特困职工家庭在园就读幼儿以及孤残幼儿、革命烈士或因公牺牲军人子女、少数民族家庭经济困难子女，都可享受这一政策。“幼儿助学券”制度实行按月对幼儿的保育教育费用进行资助的方式，实行标准为一般园保育教育费每月160元，全年按10个月计算，每个符合条件的幼儿每年可以享受1600元的“助学券”补助。

0824 | **8月29日**

中共中央政治局常委、国务院总理、国家科技教育领导小组组长温家宝主持召开国家科技教育领导小组第一次会议，听取教育部关于制定《国家中长期教育改革和发展规划纲要（2010—2020年）》工作情况的汇报，审议并原则通过《规划纲要》制定工作方案。会议强调，《规划纲要》应从我国现代化建设的总体战略出发，对未来十二年教育改革和发展作出全面规划和部署。一要在优先发展教育、促进教育公平、培养创新型人才、提高教育服务经济社会发展的能力等方面，提出符合国家战略和群众需求、反映教育规律和发展趋势的指导方针。二要贯彻科学发展观，体现面向未来、面向世界、面向现代化，立足国情，改革创新。三要以提高国民素质、建设人力资源强国为核心，科学确定到2020年我国教育改革与发展的战略目标、总体任务和重大部署，对教育规模、结构、质量以及分阶段和分地区的目标提出具体要求。四要综合考虑人口变化、学龄人口结构、经济结构、就业结构和社会发展的特点，对各级各类教育的改革与发展作出专题性规划。五要系统研究基础教育、职业教育、高等教育的体制改革和教学改革、教师培养、教育发展保障等重大问题，找准症结，提出思路，使《规划纲要》具有战略性、前瞻性、针对性、操作性。

0825 | **9月1日**

教育部、中国教科文卫体工会全国委员会重新修订和发布《中小学教师职业道德规范（2008年修订）》。《规范》主要内容包括爱国守法、爱岗敬业、关爱学生、教书育人、为人师表、终身学习。“保护学生安全”被首次加入其中。

0826 | **9月16日**

教育部、卫生部召开全国学校卫生工作电视电话会议。教育部部长周济讲话指出，要提高认识，进一步增强做好学校卫生工作的责任感和紧迫感；要明确任务，切实把加强学校卫生工作的各项要求落到实处；要加强领导、齐抓共管，努力开创学校卫生工作的新局面。

0827 | **9月8日**

国家发改委等七部门印发《关于开展全国教育收费专项检查的通知》，部署全国第六次教育收费专项检查工作，以进一步规范教育收费行为。

0828 | **10月9日至12日**

党的十七届三中全会在北京召开。全会审议通过《中共中央关于推进农村改革发展若干重大问题的决定》。《决定》提出，大力办好农村教育事业。培育有文化、懂技术、会经营的新型农民。巩固农村义务教育普及成果，提高义务教育质量，完善义务教育免费政策和经费保障机制，保障经济困难家庭儿童、留守儿童特别是女童平等就学、完成学业，改善农村学生营养状况，促进城乡义务教育均衡发展。保障和改善农村教师工资待遇和工作条件，健全农村教师培养培训制度，提高教师素质。健全城乡教师交流机制，继续选派城市教师下乡支教。发展农村学前教育、特殊教育、继续教育。加强远程教育，及时把优质教育资源送到农村。

0829 | **10月15日**

教育部办公厅、卫生部办公厅、国家食品药品监管局办公室印发《关于开展学校食品卫生安全专项整治行动的通知》。通知要求，各地要对各级各类学校食堂、校内食品小卖部等进行全面检查，要特别加强对农村寄宿制学校的重点检查。

0830 | **11月1日至2日**

全国未成年人思想道德建设工作经验交流会在浙江杭州召开。会议指出，进一步加强和改进未成年人思想道德建设，必须深入贯彻党的十七大精神，坚持以邓小平理论和“三个代表”重要思想为指导，贯彻落实科学发展观，以社会主义核心价值体系建设为根本，把树立正确的世界观、人生观、价值观作为重要任务。推动学校、家庭、社会“三结合”教育网络进一步健全。坚持以人为本，贴近未成年人群体，多办未成年人欢迎、作用大、影响大的好事实事。着力抓好社会文化环境净化、校外活动场所免费开放、特殊群体未成年人教育管理等工作任务的落实。

0831 | **11月5日**

国务院第三十四次常务会议修订通过《中华人民共和国营业税暂行条例》。《条例》自2009年1月1日起施行。《条例》规定，对托儿所、幼儿园、养老院、残疾人福利机构提供的育养服务项目免征营业税。

0832 | **11月26日**

教育部办公厅、国家民委办公厅发布《学校民族团结教育指导纲要（试行）》。《指导纲要》提出，开展学校民族团结教育工作，必须高举中国特色社会主义伟大旗帜，坚持以邓小平理论、“三个代表”重要思想和科学发展观为指导；全面贯彻党的教育方针和民族政策；坚持育人为本，把民族团结教育贯穿于学校教育工作的各个环节，牢固树立“增强民族团结、维护祖国统一、反对民族分裂”的意识。

0833 | **12月21日至22日**

教育部在北京召开2009年度教育工作会议。教育部部长周济在会上指出，2008年，重视学前教育，乡镇幼儿园建设得到加强，学前教育特别是农村学前教育事业有了较大发展。周济强调，2009年，要全面贯彻党的十七大和十七届三中全会精神，以邓小平理论和“三个代表”重要思想为指导，深入贯彻落实科学发展观，全面贯彻党的教育方针，继续解放思想，坚持改革开放，谋划发展，提高质量，促进公平，加强管理，办好人民满意的教育，努力建设人力资源强国。要切实推进素质教育，着力培养高素质人才；统筹城乡教育发展，着力办好农村义务教育；全面提高教师素质，着力加强农村教师队伍建设；坚持促进教育公平，着力落实教育惠民政策；深入推进改革开放，着力提高教育管理水平；加强教育系统党的建设，着力提高领导教育科学发展的能力。

0834 | **12月24日**

教育部、财政部印发《关于进一步加强中小学财务管理工作的意见》。《意见》强调，中小学校要严格加强预算内、外资金管理。所有预算外收入必须全额缴入财政专户，严格实行“收支两条线”管理。严禁私设“小金库”，严禁公款私存，严禁设立账外账，严禁坐收坐支。加强中小学资产管理和监督，定期组织资产清查工作，严防国有资产流失。中小学校要加强校办产业的管理，按照校办产业改制的要求，严格成本核算，明晰产权关系，及时完成改制工作。

0835 | **12月30日**

江苏省教育厅印发《关于进一步推进0—3岁婴幼儿早期教育工作的意见》。《意见》提出，到“十一五”期末，全省要基本建立起以农村乡镇和城市社区为依托、以优质园为骨干、灵活多样的早期教育服务网络，逐步形成政府主导、教育部门牵头、多方协同的0—3岁婴幼儿早期教育发展新格局。

2009年

改革进行时

• 重要文件

中宣部等部门《关于在学校开展民族团结教育的通知》

教育部《关于当前加强中小学管理规范办学行为的指导意见》

中共教育部党组《关于加强全国教育系统关心下一代工作委员会建设的意见》

• 重要政策

在学校开展民族团结教育活动

规范中小学和幼儿园教师培养

加强学校管理规范办学行为

• 重要会议

教育部召开全国基础教育课程改革经验交流会

• **改革亮点**

陕西省农村学前教育工作现场会召开。陕西省教育厅在西安市长安区召开全省农村学前教育现场会，探索了以县办幼儿园为龙头和示范，乡镇中心幼儿园为骨干，村级幼儿园为基础的“县—乡—村”三级农村学前教育网络体系，为促进农村学前教育发展提供了典型经验。

0901 | **1月7日**

教育部发布《教育部2009年工作要点》。2009年教育部工作要点包括：深入学习实践科学发展观，制定《国家中长期教育改革和发展规划纲要（2010—2020年）》；切实推进素质教育，着力培养学生创新精神和实践能力；重点加强农村教师队伍建设，全面提高教师素质；落实教育惠民政策，努力办好人民满意教育；深入推进改革开放，进一步提高教育管理水平；加强教育系统党的建设，提高领导教育事业科学发展的能力等。

0902 | **1月7日**

规划纲要工作小组办公室发出《关于就研究制定〈国家中长期教育改革和发展规划纲要（2010—2020年）〉公开征求意见的公告》，自即日起至2月底，向社会各界开展第一轮公开征求意见工作。

0903 | **2月18日**

教育部办公厅印发《关于中小学幼儿园安全工作2009年第1号预警通知》。通知提出，各地要把安全工作作为学校教育工作的重中之重，认真部署安排，确保学校安全稳定和学生、幼儿安全，并为2009年全国“两会”的召开营造良好的氛围。通知要求，一要开展中小学安全检查及整改工作； 二要高度重视大型集体活动的安全管理工作；三要深入开展安全教育和演练活动；四要切实加强“两会”期间的安全管理工作。

0904 | **3月5日**

十一届全国人大二次会议在北京人民大会堂开幕，国务院总理温家宝作《政府工作报告》。关于2009年教育工作重点任务，《报告》提出，坚持优先发展教育事业。今年要研究制定国家中长期教育改革和发展规划纲要，对2020年前我国教育改革发展作出全面部署。年内要重点抓好五个方面。一是促进教育公平。二是优化教育结构。三是加强教师队伍建设。对义务教育阶段教师实行绩效工资制度，提高1200万中小学教师待遇，中央财政为此将投入120亿元，地方财政也要增加投入。全面加强教师特别是农村教师培训，鼓励大学生、师范生到基层、农村任教。四是推进素质教育。各级各类教育都要着眼于促进人的全面发展。五是实施全国中小学校舍安全工程，推进农村中小学标准化建设。要把学校建成最安全、家长最放心的地方。

0905 | **3月31日至4月1日**

首届长三角教育联动发展研讨会在江苏南京召开。江苏、上海、浙江三地的教育行政部门负责人在会上签订“关于建立长三角地区教育协作发展会商机制协议书”。根据协议书，上海、浙江、江苏教育行政部门将明确各自的协调与办事机构，于每年3月轮流举办长三角教育协作发展论坛与研讨会，研究协商长三角地区教育改革与发展、合作与交流中的重大问题。

0906 | **4月1日**

国务院总理温家宝主持召开国务院常务会议。会议正式启动全国中小学校舍安全工程。会议指出，校舍安全直接关系广大师生的生命安全，关系社会和谐稳定。从2009年起，用三年时间，对地质灾害易发地区的各级各类城乡中小学存在安全隐患的校舍进行抗震加固、迁移避险，提高综合防灾能力，使学校校舍达到重点设防类抗震设防标准，并符合其他防灾避险安全要求；其他地区按抗震加固、综合防灾要求，集中重建整体出现险情的危房、改造加固局部出现险情的校舍，消除安全隐患。资金安排实行省级统筹，市县负责，中央财政补助。

0907 | **4月22日**

教育部印发《关于当前加强中小学管理规范办学行为的指导意见》。《指导意见》指出，为进一步全面贯彻党的教育方针，大力推进素质教育，切实加强中小学管理，一要强化责任，进一步明确和落实地方各级教育行政部门和学校的管理职责和工作任务。二要抓住重点，认真解决好当前一些违背教育规律、影响正常教育教学秩序的突出问题。三要加强领导，建立和完善加强中小学管理规范办学行为的工作机制。

0908 | **5月19日**

据《中国教育报》报道，中国学生营养与健康促进会发布《中国儿童少年营养与健康报告2009：关注儿童肥胖，远离慢性疾病》。《报告》指出，改革开放30年来，我国儿童少年营养和健康状况发生可喜的变化，生长发育水平稳步提高，贫血和营养不良率呈下降趋势。但是，由于膳食结构和生活方式的改变，我国儿童少年的健康状况也面临着营养不足和营养失衡的双重挑战。同时，肥胖给儿童少年健康带来心理上的负面影响，导致其学习能力下降，出现自卑、缺乏自信、抑郁、焦虑等异常心理。

0909 | **5月25日**

教育部办公厅印发《关于中小学幼儿园安全工作2009年第2号预警通知》。通知要求，重点预防溺水事故的发生，及时采取有效措施应对重大灾害，切实保障学生集体活动时的交通安全，严格防控校园伤害事件，持续深入开展安全教育。

0910 | **6月22日**

教育部、卫生部发布《学校甲型H1N1流感防控工作方案（试行）》。《方案》对学校未发现甲型H1N1流感疫情、学校出现非校内感染病例、学校出现校内感染病例分别作出了防控措施建议，并公布停课、放假的实施程序。

0911 | **7月10日**

中共教育部党组印发《关于加强全国教育系统关心下一代工作委员会建设的意见》。《意见》对全国各级教育行政部门和高校党委如何领导、支持关工委开展工作提出具体建议，为教育系统关心下一代工作持续健康发展提供了制度保障。

0912 | **8月18日**

中共中央政治局委员、国务委员刘延东在内蒙古调研时强调，教育是边疆民族地区推进现代化的根本大计，必须将其摆在优先发展的战略地位。广大教师和教育工作者要增强责任感、荣誉感和使命感，为国家和人民培养合格的建设者和接班人。

0913 | **8月20日**

中宣部、教育部、国家民委印发《关于在学校开展民族团结教育活动的通知》。通知要求各级各类学校要紧紧围绕活动主题，抓住课堂教学、社会实践、校园文化等重要环节，把教育活动开展到每一个班级、覆盖到每一个学生。要组织学习《民族团结教育通俗读本》。充分发挥课堂教学的主渠道作用，扎实推进民族团结教育进教材、进课堂、进学生头脑。切实加强民族团结教育教材建设和师资队伍建设。充分运用多种形式、途径和方法开展民族团结教育。各级各类学校要根据自身实际和学生思想情况，因时因地制宜，注意综合运用各种民族团结教育方法和途径，增强民族团结教育的针对性、实效性和吸引力、感染力。

0914 | **8月29日**

据《中国教育报》报道，重庆市成立教育评估院，旨在完善教育“管、办、评”三分离机制，将政府管理教育的模式由“行政控制模式”转向“监督与服务模式”。评估院负责教育评估的理论与政策研究和技术研究；负责开发并建设教育评估的指标体系和信息资源；负责拟定基础教育质量监测标准，实施基础教育质量监测工作；承担基础教育、职业教育与成人教育、高等教育的有关评估及服务工作。

0915 | **9月27日**

国务院新闻办公室发表《中国的民族政策与各民族共同繁荣发展》白皮书。白皮书指出，经过60年的努力，民族地区教育事业得到了长足发展。截至2008年底，全国各级各类学校少数民族在校学生总数为2199.6万人。

0916 | **10月30日至31日**

教育部在江苏南京召开全国基础教育课程改革经验交流会。会议全面总结八年来我国基础教育课程改革取得的成效和基本经验，部署下一阶段深化课程改革的重点任务。教育部副部长陈小娅出席会议并讲话指出，经过八年的努力，基础教育课程改革取得明显的成效，但仍面临着环境和观念转变、制度完善、教师提高、投入和条件保障等方面的问题和挑战。下一阶段教育部将主要开展以下几方面工作：一是成立由部长负责的课程改革领导机构和国家基础教育课程专家审议委员会，加强对课程改革工作的领导和对课程教材的审核把关。二是开展大规模教师培训，提高教师专业化水平。三是进一步完善综合素质评价的科学方法和基本程序，使综合素质评价成为学校常规管理制度的基本内容和教师的岗位职责。四是深化人才培养模式改革，着力培养学生的创新精神和实践能力。五是重点加强农村课程改革，提高农村基础教育质量，在经费分配、资源建设和专业指导等方面向农村倾斜。

0917 | **11 月 10 日**

教育部、国家统计局和财政部联合发布《2008 年全国教育经费执行情况统计公告》。《公告》显示，全国教育经费保持了较大幅度的增长，但国家财政性教育经费占 GDP 的比例仍没有实现 4% 的目标。我国教育经费投入总量仍然偏少，难以满足教育需求。建立和完善教育经费投入的保障机制，切实解决我国长期存在的教育经费短缺问题，使教育经费投入基本与教育需求保持相对平衡，仍然是摆在我们面前的一个重大课题。

0918 | **11 月**

陕西省教育厅在西安市长安区召开全省农村学前教育工作现场会。会议提出，要采取得力措施促进全省农村学前三年教育的发展，着力加强乡、村两级幼儿园建设，逐步形成以县办幼儿园为龙头和示范，乡镇中心幼儿园为骨干，村级办园为基础，公办民办共同发展的农村学前教育新格局。

0919 | **12 月 7 日**

部分省市幼儿园学习实践科学发展观活动座谈会在北京召开。会议充分肯定了各地幼儿园前一段开展学习实践活动取得的成效，并强调各地幼儿园要进一步认真学习，深刻认识学习实践活动的重大意义，坚持高标准严要求，处理好幼儿园日常工作与学习实践活动的关系，把工作做实做细做好，推动学前教育科学发展。

0920 | **12月17日**

福建省教育厅发布《中小学教师职业道德考核办法（试行）》。《办法》指出，考核对象是普通中小学、中职学校和幼儿园在职教师，考核结果分为优秀、合格、不合格三个等次。为让考核切实发挥作用，把师德考核结果作为教师绩效考核评价指标中“职业道德”部分的评价结果，按不低于教师绩效考核30%的权重计入。同时，考核结果作为教师资格认定、职务评审、岗位聘任、绩效工资发放、表彰奖励等的重要依据。

0920

2010年

改革进行时

• 重要文件

中共中央、国务院《国家中长期教育改革和发展规划纲要（2010—2020年）》

国务院办公厅《关于开展国家教育体制改革试点的通知》

国务院《关于当前发展学前教育的若干意见》

卫生部、教育部《托儿所幼儿园卫生保健管理办法》

教育部《关于深化基础教育课程改革进一步推进素质教育的意见》

教育部《关于推进中小学信息公开工作的意见》

全国中小学校舍安全工程领导小组办公室《关于进一步加强中小学校舍综合防灾能力建设的若干意见》

• 重要政策

开展国家教育体制改革试点

提出“基本普及学前教育”的发展目标

建立“广覆盖、保基本”的学前教育公共服务

启动实施中西部农村学前教育推进工程试点项目

• 重要会议

中共中央、国务院召开全国教育工作会议

国务院召开全国学前教育工作电视电话会议

• 改革亮点

发布并实施《国家中长期教育改革和发展规划纲要（2010—2020 年）》和《关于当前发展学前教育的若干意见》。《国家中长期教育改革和发展规划纲要（2010—2020 年）》提出“到 2020 年基本普及学前教育”，明确了学前教育事业十年的发展目标，这是国家在 2000 年基本普及义务教育之后，为实现更高水平的普及教育而作出的又一重大决策。国务院《关于当前发展学前教育的若干意见》提出建立“广覆盖、保基本”的学前教育公共服务，着力解决当前存在的“入园难”问题，以满足适龄儿童入园需求，对于积极发展学前教育，促进亿万儿童健康成长，保障和改善民生，具有重要的推动作用。

1001 | **1月7日**

青海省人民政府办公厅转发青海省教育厅《关于进一步促进学前教育发展的意见》。《意见》提出，大力发展多层次、灵活多样的学前教育。在城市逐步建立以公办示范性幼儿园为中心和示范，以社区幼儿园为基础，多种办园形式相结合的学前教育网络；在农村牧区，形成以县级标准幼儿园为骨干和示范，以乡镇中心幼儿园为主体，以小学附设学前班和村级办园为适当补充的发展格局。

1002 | **1月11日至2月6日**

国务院总理温家宝在中南海先后主持召开五次座谈会。会议就正在制定的《国家中长期教育改革和发展规划纲要（2010—2020年）》听取社会各界人士的意见和建议。1月11日召开的首次座谈会以高等教育改革和发展为主题，1月15日召开职业教育改革和发展座谈会，2月4日召开基础教育改革和发展座谈会，2月5日召开教育管理体制改革和发展座谈会，2月6日召开的座谈会首次把学生和家长代表请进了中南海。温家宝强调，制定《规划纲要》必须坚持以下几点：一是积极推进教育体制改革，二是落实和扩大学校的办学自主权，三是努力促进教育公平，四是大力倡导教育家办学。

1003 | **1月12日**

中华少年儿童慈善救助基金会在北京成立。这是继中国青少年发展基金会和中国儿童少年基金会之后，又一家以少年儿童为救助对象的全国性公募基金会。

1004 | **1月14日至15日**

教育部在北京召开2010年度教育工作会议。会议强调，要深入贯彻落实科学发展观，以提高质量、促进公平为重点，以解放思想、改革创新为动力，以服务社会、造福人民为使命，着力夯实基础，调整结构，优化布局，提升内涵，不断提高教育工作科学化水平。要准确把握我国教育的阶段性特征，要创新人才培养模式，要深化办学体制和管理体制改革，要扩大教育对外开放。2010年要以制定发布和启动实施教育规划纲要为契机，突出重点，攻坚克难，扎实做好各项工作。要把教育资源配置和工作重点集中到提高质量、特色发展和促进公平上来，促进各级各类教育协调发展，保障不同群体公平接受教育。要提高教师待遇，加强教师队伍管理，建设高素质专业化教师队伍。要加强思想政治教育和教育系统党建工作，深入开展民族团结教育，多为师生办实事好事，建立健全维护学校稳定的长效机制。教育部副部长陈小娅在会上讲话强调，要着力加快普及学前教育。坚持因地制宜、实事求是的原则。妥善处理好四个方面关系：一是“普及”与“义务”的关系；二是“基本均等”和“多种需求”的关系；三是“政府主导”与“多元发展”的关系；四是“尊重幼儿身心发展规律”和“做好幼小衔接”的关系。

1005 | **1月29日**

教育部发布《教育部2010年工作要点》。2010年教育部的工作要点包括：推动教育事业优先发展、科学发展；全面提高教育质量，进一步促进教育公平；深化教育体制改革，扩大教育对外开放；进一步转变职能，树立良好作风。

1006 | **2月10日**

贵州省物价局、省财政厅、省教育厅联合印发《关于完善幼儿教育收费管理的通知》。严禁幼儿园以开办实验班、特色班和兴趣班等为由，另外收取费用,更不得收取与幼儿入园挂钩的捐资助学费、赞助费、支教费等费用。

1007 | **2月26日**

教育部办公厅印发《关于中小学幼儿园安全工作2010年第1号预警通知》。通知要求，要切实加强安全教育。各校要在新学期开学初，充分利用班团队会、升旗仪式、专题讲座、墙报板报、校园网络等方式，采取多种途径和方法，对学生开展交通安全、食品卫生安全、防火、防盗、防拥挤踩踏等安全知识以及预防自然灾害的主题教育，尤其要及时强化防溺水教育；要积极落实极端天气安全防范措施；要深入开展疏散演练。

1008 | **2 月 28 日至 3 月 28 日**

《国家中长期教育改革和发展规划纲要（2010—2020 年）》第二轮向全社会公开征求意见。学前教育是社会各界关注的重点之一，各界对学前教育的发展目标和政府责任等提出许多意见建议。

1009 | **3 月 1 日**

国家教育规划纲要工作小组办公室召开首场新闻发布会，就提高基础教育水平、促进教育公平、努力解决义务教育择校和课业负担过重问题、保障进城务工人员子女平等接受义务教育、努力建设高素质专业化的教师队伍等五个方面问题进行介绍并答记者问。

1010 | **3 月 3 日**

教育部和上海市共建国家教育综合改革试验区战略合作协议签字仪式在北京举行。根据协议，双方将成立部市战略合作领导小组，建立部市战略合作协商会议制度。双方共建内容包括：探索教育公共管理新体制和新机制，提升教育公共管理水平；探索人才培养模式和招生考试制度改革，全面实施素质教育；探索教育支撑产业结构调整的机制与路径，增强教育服务能力；探索扩大教育对外开放的机制与模式，提升教育国际化水平；探索推动学习型社会建设的新机制，完善终身教育体系；建设教育发展战略性支持平台，增强教育基础研究的决策咨询与服务指导功能；增强上海教育辐射服务功能，探索建立教育区域合作联动发展的新格局。

1011 | **3 月 5 日**

十一届全国人大三次会议在北京人民大会堂开幕，国务院总理温家宝作《政府工作报告》。《报告》回顾 2009 年教育工作时强调，2009 年我国进一步促进教育公平。大幅度增加全国教育支出，其中中央财政支出 1981 亿元，比上年增长 23.6%。《报告》强调，教育、科技和人才，是国家强盛、民族振兴的基石，也是综合国力的核心。优先发展教育事业。强国必先强教。只有一流的教育，才能培养一流人才，建设一流国家。《报告》指出，要抓紧启动实施国家中长期教育改革和发展规划纲要，2010 年教育发展着重抓好五个方面：一是推进教育改革。二是促进义务教育均衡发展。加强学前教育和特殊教育学校建设。加大对少数民族和民族地区教育的支持。三是继续加强职业教育。四是推进高等学校管理体制和招生制度改革。五是加强教师队伍建设。

1012 | **3月11至12日**

教育部基础教育质量监测中心在北京召开全国部分省、自治区、直辖市基础教育质量试点监测结果通报与工作研讨会。教育部副部长陈小娅出席会议并讲话指出，开展基础教育质量监测工作既是促进教育公平、提高教育质量的需要，也是教育转向内涵发展、促进管理职能转变的需要。

1013 | **3月20日至24日**

教育部副部长陈小娅一行考察广东基础教育。陈小娅指出，学前教育对象特殊，有别于其他学校教育，要遵循教育规律和幼儿成长规律，保教结合，办好学前教育。要坚持学前教育的普惠性和公益性，建立起政府、社会、家庭共同分担的成本机制，政府要切实履行对学前教育发展的统筹规划、经费投入、监管引导的职责，努力增加普惠的公办学前教育资源。同时，研究制定相关政策，鼓励和调动各方面力量办园的积极性，扶持和引导民办幼儿园健康发展。

1014 | **4月15日**

中共中央政治局常委、国务院总理、国家科技教育领导小组组长温家宝主持召开国家科技教育领导小组会议。会议审议并原则通过《国家中长期教育改革和发展规划纲要（2010—2020年）》。

1015 | **4月21日**

教育部等七部门印发《关于2010年治理教育乱收费规范教育收费工作的实施意见》，要求各地进一步加强对教育经费投入和使用的管理及监督检查。

1016 | **4月22日**

全国治理教育乱收费部际联席会议第十次会议召开。会议强调，学前教育高收费比较普遍，群众反映强烈。要继续规范学校办学行为。这是一项必须抓紧抓好的基础性工作。要突出重点环节，做到精细管理；在调查研究的基础上，规范学前教育的收费标准。

1017 | **4月27日**

教育部印发《关于深化基础教育课程改革进一步推进素质教育的意见》。《意见》提出，要充分认识深化基础教育课程改革的重要性；要进一步明确深化基础教育课程改革的主要任务；要着力加强基础教育课程改革保障机制建设。

1018 | **5月4日**

中共教育部党组召开会议，学习贯彻中央领导同志关于学校安全的重要批示和5月3日全国综治维稳工作电视电话会议精神，研究部署教育系统安全稳定工作。会议强调，各级教育部门和学校、幼儿园要紧急行动起来，把维护校园安全作为当前和今后一个时期一项重大政治任务，抓紧抓实抓好，坚决防止校园恶性案件再次发生。

1019 | **5月5日**

国务院总理温家宝主持召开国务院常务会议，审议并通过《国家中长期教育改革和发展规划纲要（2010—2020年）》。会议指出，未来十年是我国实施现代化建设“三步走”战略的关键阶段。制定并实施《国家中长期教育改革和发展规划纲要（2010—2020年）》，在新的历史起点上加快推进教育改革和发展，对于建设人力资源强国、满足群众接受良好教育的需求、全面建成惠及十几亿人口的小康社会具有重大战略意义。今后十年，我国教育改革发展要贯彻优先发展、育人为本、改革创新、促进公平、提高质量的方针。第一，把教育摆在优先发展的战略地位，完善中国特色社会主义现代教育体系。第二，把育人为本作为教育工作的根本要求，尊重教育规律和学生身心发展规律。第三，把改革创新作为教育发展的强大动力，健全充满活力的教育体制。第四，把促进公平作为国家基本教育政策，保障公民依法享有平等受教育的机会。第五，把提高质量作为教育改革发展的核心任务，为国民提供更加丰富的优质教育。会议强调，为确保《国家中长期教育改革和发展规划纲要（2010—2020 年）》目标如期实现，要进一步强化教育改革发展的保障措施。特别是要继续增加教育投入，逐步提高国家财政性教育经费支出占国内生产总值比例，到 2012 年达到 4%。要完善体制和政策，不断扩大社会资源对教育的投入。健全教师管理制度，改善教师地位待遇，提高教师素质，倡导教育家办学，鼓励优秀人才长期从教、终身从教、到艰苦贫困地区从教，努力造就一支师德高尚、业务精湛、结构合理、充满活力的高素质专业化教师队伍。

1020 | 5 月 12 日

中央综治办、中央综治委学校及周边治安综合治理工作领导小组印发通知，要求各级综治办和学校及周边治安综合治理工作领导小组要深入贯彻落实全国综治维稳工作电视电话会议精神，认真总结经验和教训，采取更加坚决有力的措施，进一步健全完善学校及周边治安综合治理工作机制，切实维护学校及周边的安全稳定。

1021 | 5 月 12 日

公安部、教育部联合召开紧急视频会议，对进一步加强学校、幼儿园安全保卫工作进行再动员、再部署。会议强调，要把学校和幼儿园安全隐患排查整改措施进一步落实到位，把学校和幼儿园周边治安防控措施进一步落实到位，把学校和幼儿园安全责任进一步落实到位，切实维护学校、幼儿园安全稳定。

1022 | 5 月 14 日

教育部印发《关于组织申报国家教育体制改革试点的通知》。通知提出，试点工作的重点内容之一是明确政府发展学前教育职责。通知要求，有关单位提出申报国家教育体制改革试点的方案。教育部门从中优先选择改革目标明确、政策措施具体、支持力度大、示范性强的试点方案，综合形成国家总体方案。

1023 | **5月18日**

财政部印发《关于切实做好治理教育乱收费工作的通知》。通知提出，严格教育收费审批管理，切实规范教育收费行为；加大教育经费投入力度，确保各项教育惠民政策落到实处；拓宽财政性教育经费筹资渠道，努力提高教育资金投入水平；加强学校收费票据管理，规范学校收费票据使用行为；建立健全监督检查制度，加大查处教育收费违规行为的力度。

1024 | **5月20日**

中央文明办、教育部、共青团中央、全国妇联联合印发《关于在小学和幼儿园广泛开展优秀童谣传唱活动的通知》，决定以“六一”国际儿童节为契机，在全国小学和幼儿园中广泛开展优秀童谣传唱活动。活动内容包括：组织开展“传唱优秀童谣 做有道德的人”网上签名寄语活动；宣传展播优秀童谣；充分利用童谣读物组织阅读、学唱优秀童谣；开展校园传唱活动；组织暑期童谣传唱；进行优秀童谣节目展演。

1025 | **5月31日**

中共中央政治局委员、国务委员刘延东出席国家图书馆少年儿童图书馆暨少年儿童数字图书馆开馆仪式，并考察少儿馆馆区。刘延东强调，要不断推出适合少年儿童身心特点的读书服务项目，增强少年儿童的学习能力和创造能力，努力培养少年儿童崇高的思想道德品质。

1026 | **6月1日**

国家发改委印发《关于严禁向学生收取安全管理费等有关问题的紧急通知》。通知明确规定，严禁学校、幼儿园以加强安全保卫工作为由向学生收取任何费用。各地要对已出台的教育收费文件进行全面清理，凡不符合国家规定的一律废止，违规收取的费用要全额退还学生家长。

1027 | **6月12日至14日**

第二届中国幼儿园园长大会在福建厦门召开。会议指出，幼儿园园长是国家发展学前教育最基层、最关键的领导力量。幼儿园园长要加强幼儿教育理论修养；坚持科学的教育内容与方法；克服浮躁和急功近利的心态；避免和纠正“小学化”倾向；静心营造幼儿园的教育环境与氛围。

1028 | **6月21日**

中共中央总书记胡锦涛主持中共中央政治局会议。会议审议并通过《国家中长期教育改革和发展规划纲要（2010—2020年）》。会议指出，教育是民族振兴、社会进步的基石，是提高国民素质、促进人的全面发展的根本途径。强国必先强教。中国未来发展、中华民族伟大复兴，关键靠人才，基础在教育。制定并实施《规划纲要》，优先发展教育，加快提高教育现代化水平，对满足人民群众接受良好教育需求，对全面实现小康社会目标、建设富强民主文明和谐的社会主义现代化国家具有决定性意义。会议要求，各级党委和人民政府要切实加强对教育工作的领导，把落实教育优先发展、推动教育事业科学发展作为重要职责，把《规划纲要》各项任务措施落到实处，形成全党全社会重视、关心、支持教育发展的良好氛围。

1029 | **6月**

上海83家托幼机构试点“医生进校园”行动。上海市设立了学校卫生工作专家指导团队和社区卫生服务中心全科医生服务团队两支工作队伍。在指导专家和全科医生的指导协助下，学校卫生保健人员负责完成学校各项日常卫生工作。该行动旨在通过“医教结合”机制，为每一名学生的健康成长保驾护航。

1030 | **7月7日**

山东省教育厅印发《山东省幼儿园基本办园条件标准（试行）》。《标准》明令禁止使用公共资金超标准建设豪华幼儿园，要求所有幼儿园配备适量安保人员。

1031 | 7月8日

中共中央、国务院发布《国家中长期教育改革和发展规划纲要（2010—2020年）》，7月29日正式向社会公布。《规划纲要》明确了今后一个时期我国教育事业改革发展的工作方针是：优先发展，育人为本，改革创新，促进公平，提高质量。坚持把教育摆在优先发展的战略地位，把育人为本作为教育工作的根本要求，把改革创新作为教育发展的强大动力，把促进公平作为国家基本教育政策，把提高质量作为教育改革发展的核心任务。到2020年我国教育事业改革发展的战略目标是“两基本、一进入”，即基本实现教育现代化，基本建成学习型社会，进入人力资源强国行列。实现更高水平的普及教育、形成惠及全民的公平教育、提供更加丰富的优质教育、构建体系完备的终身教育、健全充满活力的教育体制。坚持以人为本、全面实施素质教育是教育改革发展的战略主题。核心是解决好培养什么人、怎样培养人的问题，目标是培养德智体美全面发展的社会主义建设者和接班人，重点是提高学生的社会责任感、创新精神和实践能力，推进思路是坚持德育为先、能力为重、全面发展。《规划纲要》提出，学前教育的三大发展任务是：基本普及学前教育、明确政府职责、重点发展农村学前教育。要积极发展学前教育，到2020年，普及学前一年教育，基本普及学前两年教育，有条件的地区普及学前三年教育；重视0岁至3岁婴幼儿教育；把发展学前教育纳入城镇、社会主义新农村建设规划；建立政府主导、社会参与、公办民办并举的办园体制。

1032 | 7月13日至14日

中共中央、国务院在北京召开全国教育工作会议。中共中央总书记、国家主席、中央军委主席胡锦涛在会议上发表重要讲话强调：“推动教育事业科学发展，必须高举中国特色社会主义伟大旗帜，以邓小平理论和‘三个代表’重要思想为指导，深入贯彻落实科学发展观，实施科教兴国战略和人才强国战略，优先发展教育，完善中国特色社会主义现代教育体系，办好人民满意的教育，建设人力资源强国。要全面贯彻党的教育方针，坚持教育为社会主义现代化建设服务，为人民服务，与生产劳动和社会实践相结合，培养德智体美全面发展的社会主义建设者和接班人。要全面推动教育事业科学发展，立足社会主义初级阶段基本国情，把握教育发展阶段性特征，坚持以人为本，遵循教育规律，面向社会需求，优化结构布局，提高教育现代化水平。”[①]“优先发展教育是党和国家长期坚持的一项重大方针。我国未来发展，中华民族伟大复兴，关键靠人才，基础在教育。在党和国家工作全局中，必须始终把教育摆在优先发展的战略地位。”[②]“要基本普及学前教育，重点发展农村学前教育，遵循幼儿身心发展规律，坚持科学保教方法，加强学前教育管理，保障幼儿快乐健康成长。”[③]中共中央政治局常委、国务院总理温家宝在讲话中阐述了中央制定《国家中长期教育改革和发展规划纲要》的主要考虑和确定的教育工作方针。温家宝特别指出，《规划纲要》提出到2012年实现教育财政性支出占国内生产总值4%的目标，表明了党和政府推动教育改革和发展的坚定决心。温家宝对组织实施《规划纲要》作了全面部署。

1033 | **7月21日**

据新华社报道，中共中央政治局委员、国务委员刘延东在贵州、浙江、北京考察幼儿园时强调，人生百年，立于幼学。各级党委、政府要把办好幼儿园作为办人民满意教育的组成部分，科学规划合理布局。要大力发展公办园，积极扶持民办园，重点发展农村学前教育，扩大学前教育资源，首先解决好“入园难”问题。要建立健全政府主导、社会参与、公办民办并举的办园体制，加大政府投入，完善成本合理分担机制，加强学前教育管理，保障幼儿园安全，大力构建学前教育公共服务体系。要探究并遵循学前教育规律，树立正确的儿童观和教育观，改进教育教学方法，健全幼师培养培训体系，依法落实幼师地位和权益，完善资格准入和质量监管，

---

① 《胡锦涛文选》第三卷，人民出版社2016年版，第418页。

②③ 同上，第419页。

全面提高学前教育的质量。刘延东要求教育部会同有关部门科学制定工作方案，尽快启动试点，加强统筹协调，形成工作合力，确保各项举措落到实处，确保人民群众得到实惠。

1034 | 8月25日

国家教育体制改革领导小组召开第一次会议。会议审议《教育规划纲要任务分工方案》《国家教育体制改革试点总体方案》《国家教育咨询委员会章程》，部署下一阶段的重点工作。会议指出，深化教育体制改革是党中央、国务院的重大部署，是落实全国教育工作会议和《国家中长期教育改革和发展规划纲要（2010—2020年）》的关键举措，是我国教育和人力资源由大变强的根本动力。要把教育改革摆在突出位置，科学设计、探索规律，全力以赴、狠抓落实，构建中国特色现代教育体系，扎实有序推进教育事业科学发展，为全面建设小康社会、建设创新型国家培养亿万适用合格、优质拔尖人才。会议强调，教育改革是一项系统工程，必须统筹谋划，整体设计，协同推进；教育改革是一个复杂艰巨的过程，必须试点先行，重点突破，有序开展；教育改革是一项重大的民生工程，必须通过扎实有效的工作，满足人民群众多样需求，给教育发展增添动力。为加强国家教育体制改革工作的组织领导，国务院决定成立国家教育体制改革领导小组，希望各成员单位以高度的政治责任感、强烈的历史使命感，积极主动做好各项工作，不负党中央、国务院重托，不负人民群众殷切期待。

1035 | 8月27日

国务院召开贯彻落实全国教育工作会议精神和《国家中长期教育改革和发展规划纲要（2010—2020年）》、部署实施国家教育体制改革试点工作电视电话会议。会议强调，教育体制改革是关系国家经济社会发展的基础工程，是关系亿万家庭切身利益的民生工程。各地区、各部门要加强对教育改革试点工作的领导，搞好方案设计，加强过程指导，及时督促检查，把握宣传导向，确保组织到位、责任到位、措施到位、保障到位。会议指出，要在管理体制改革上取得新突破，着力建立健全加快学前教育发展的体制机制。

1036-40

1036 | **8月**

为贯彻落实《国家中长期教育改革和发展规划纲要(2010—2020年)》，国家发改委、教育部投入5亿元，在中西部10个省启动实施中西部农村学前教育推进工程试点项目，规划建设幼儿园416所。

1037 | **9月6日**

卫生部、教育部发布《托儿所幼儿园卫生保健管理办法》。《管理办法》于2010年11月1日起施行。《管理办法》规定，儿童入托幼机构前应当经医疗卫生机构进行健康检查，合格后方可进入托幼机构。医疗卫生机构应当按照规定的体检项目开展健康检查，不得违反规定擅自改变。托幼机构应当根据规模、接收儿童数量等设立相应的卫生室或者保健室，具体负责卫生保健工作。

1038 | **9月11日**

中共教育部党组召开会议，学习贯彻胡锦涛总书记等中央领导同志教师节重要讲话精神。会议强调，教育战线广大干部师生要认真学习、深刻领会、坚决贯彻落实中央领导同志重要讲话精神，牢记使命，不负重托，在各自工作岗位上再接再厉、加倍努力，不断创造新业绩。要围绕人民群众关注的热点、难点问题扎实推进各项教育改革。积极发展学前教育，加快基本普及步伐。

1039 | **9月15日**

中国关工委和新华人寿保险股份有限公司在北京举行“全国中小学生交通安全意外伤害保险”项目签约仪式。该项目是国内首次在政府指导下，为全国中小学生引入交通安全保险的公益性保障项目。

1040 | **9月25日**

全国中小学校舍安全工程领导小组办公室印发《关于进一步加强中小学校舍综合防灾能力建设的若干意见》《关于当前进一步做实做细校舍安全工程有关工作的通知》，要求各地既要提高校舍抗震能力，也要提高校舍综合防灾能力；不仅要确保工程实施进度，而且要保证正常的教育教学秩序。

1041 | **9月27日至29日**

首届联合国教科文组织世界幼儿早期保育与教育大会在俄罗斯莫斯科举办。教育部副部长陈小娅率代表团出席大会，并作题为《为未来奠基：中国幼儿保育与教育发展政策与展望》的发言。

1042 | **10月15至18日**

党的十七届五中全会在北京召开。全会审议通过《中共中央关于制定国民经济和社会发展第十二个五年规划的建议》。《建议》提出，加快教育改革发展。全面贯彻党的教育方针，保障公民依法享有受教育的权利，办好人民满意的教育。按照优先发展、育人为本、改革创新、促进公平、提高质量的要求，深化教育教学改革，推动教育事业科学发展。全面推进素质教育，遵循教育规律和学生身心发展规律，坚持德育为先、能力为重，促进学生德智体美全面发展。积极发展学前教育。创新人才培养体制、教育管理体制、办学体制。促进教育公平，合理配置公共教育资源，重点向农村、边远贫困、民族地区倾斜，加快缩小教育差距。健全国家资助制度，扶助家庭经济困难学生完成学业。加强师德师风建设，提高教师业务水平，鼓励优秀人才终身从教。增加教育投入，鼓励引导社会力量兴办教育，以加强薄弱环节和关键领域为重点，实施重大教育改革和发展项目。10月19日，中共教育部党组召开扩大会议，传达学习党的十七届五中全会精神。中共教育部党组书记、部长袁贵仁在传达全会精神和部署贯彻落实工作时强调，要积极发展学前教育。

1043 | **10月22日**

由中央组织部、教育部、国家行政学院共同举办的省部级领导干部“教育改革与发展”专题研讨班结业式在国家行政学院举行。中共中央政治局委员、国务委员刘延东出席结业式并讲话强调，抓紧制定完善加快学前教育发展的政策措施。

1044 | **10月24日**

国务院办公厅印发《关于开展国家教育体制改革试点的通知》，决定在部分地区和学校开展国家教育体制改革试点。通知提出，学前教育的改革试点任务包括：明确政府职责，完善学前教育体制机制，构建学前教育公共服务体系；探索政府举办和鼓励社会力量办园的措施和制度，多种形式扩大学前教育资源；改革农村学前教育投入和管理体制，探索贫困地区发展学前教育途径，改进民族地区学前双语教育模式；加强幼儿教师培养培训。

1045 | **11月2日**

中共中央政治局常委、国务院总理温家宝到北京两所幼儿园就发展学前教育问题进行调研，并与教师和家长们座谈。温家宝强调，必须把发展学前教育摆到重要位置。

1046 | **11月3日**

国务院总理温家宝主持召开国务院常务会议，研究部署当前发展学前教育的政策措施。会议确定了当前发展学前教育的五条政策措施：扩大学前教育资源；加强幼儿教师队伍建设；加大学前教育投入；强化对幼儿园保育教育工作的指导；完善法律法规，规范学前教育管理。会议还要求，以县为单位编制学前教育三年行动计划。

1047 | **11月4日**

亚太地区儿童权利国际合作高级别会议在北京人民大会堂开幕。国家副主席习近平出席开幕式并发表讲话。习近平表示，人类的发展潜力取决于儿童，儿童的健康成长取决于各国政府和整个国际社会的关心和努力。中国愿同联合国和各国政府密切合作，为建设一个适合儿童成长的和平、安全、公正的世界不懈努力，为儿童发展创造更加美好的明天。[①]

---

① 参见《人民日报》，2010年11月5日。

1048 | **11 月 12 日**

据《中国教育报》报道，为认真贯彻落实中央新疆工作座谈会精神，教育部决定成立教育部新疆教育工作领导小组，以加强对新疆教育工作的统筹、指导和协调，推进新疆教育事业跨越式发展。

1049 | **11 月 21 日**

国务院印发《关于当前发展学前教育的若干意见》（简称“国十条”）。《意见》提出 10 条政策措施：把发展学前教育摆在更加重要的位置；多形式扩大学前教育资源；多途径加强幼儿教师队伍建设；多渠道加大学前教育投入；加强幼儿园准入管理；强化幼儿园安全监管；规范幼儿园收费管理；坚持科学保教，促进幼儿身心健康发展；完善工作机制，加强组织领导；统筹规划，实施学前三年行动计划。《意见》强调，发展学前教育，必须坚持公益性和普惠性，努力构建覆盖城乡、布局合理的学前教育公共服务体系，保障适龄儿童接受基本的、有质量的学前教育；必须坚持政府主导，社会参与，公办民办并举，落实各级人民政府责任，充分调动各方面积极性；必须坚持改革创新，着力破除制约学前教育科学发展的体制机制障碍；必须坚持因地制宜，从实际出发，为幼儿和家长提供方便就近、灵活多样、多种层次的学前教育服务；必须坚持科学育儿，遵循幼儿身心发展规律，促进幼儿健康快乐成长。就加大学前教育财政投入，《意见》还提出“预算有科目、新增有倾斜、支出有比例、拨款有标准、资助有制度”的“五有”要求。

1050 | **12 月 1 日**

国务院召开全国学前教育工作电视电话会议。会议对深入贯彻落实《国家中长期教育改革和发展规划纲要（2010—2020 年）》和国务院《关于当前发展学前教育的若干意见》进行了专门部署，对当前和今后一个时期学前教育的发展提出了明确的要求。中共中央政治局委员、国务委员刘延东在会上强调，要把解决“入园难”作为实施《规划纲要》的重点任务和突破口，加强领导，履职尽责，真抓实干，开创学前教育事业科学发展新局面。

1051 | **12月11日**

中国民办教育协会学前教育专业委员会、中国宋庆龄基金会事业发展中心、中国关心下一代教育研究院等单位在北京召开中国首届民办幼儿园园长大会。教育部部长助理吴德刚出席开幕式并讲话，充分肯定了民办幼儿园为扩大学前教育资源、增加学前教育服务的选择性、满足人民群众对学前教育新需求所作出的重要贡献。

1052 | **12月20日**

中国下一代教育基金会成立大会在北京举行。基金会主要通过社会倡导、募集资金、教育培训、救助资助、开发服务等方式，支持我国的学前教育、校外教育和家庭教育，配合政府推动我国下一代教育事业的科学发展，为构建终身教育体系、构建学习型社会作出贡献。

1053 | **12月25日**

教育部印发《关于推进中小学信息公开工作的意见》。《意见》提出，各地中小学要切实提高对信息公开重要意义的认识，牢固树立依法公开的观念，不断增强做好信息公开工作的责任感和紧迫感。要建立健全信息公开的制度机制，认真做好重要信息的主动公开工作，积极探索信息公开的有效形式，建立健全信息公开的管理体制，不断完善信息公开的保障措施，认真履行信息公开的监管职责。

2011年

改革进行时

• 重要文件

国务院《关于进一步加大财政教育投入的意见》

国家发改委、教育部、财政部《幼儿园收费管理暂行办法》

教育部《关于大力加强中小学教师培训工作的意见》

教育部《教师教育课程标准（试行）》

教育部《关于大力推进教师教育课程改革的意见》

教育部《学校教职工代表大会规定》

• 重要政策

启动实施学前教育三年行动计划

加大财政投入支持学前教育发展

实施幼儿教师国家级培训

大力推进教师教育课程改革

规范幼儿园保育教育工作，防止和纠正“小学化”现象

• 重要会议

教育部召开全国教育宣传工作会议

教育部召开全国教育人才工作会议

教育部召开学前教育工作座谈会

国家教育体制改革领导小组召开全国学前教育三年行动计划现场推进会

• 改革亮点

国家启动实施学前教育三年行动计划。为了贯彻落实《国家中长期教育改革和发展规划纲要（2010—2020 年）》和《关于当前发展学前教育的若干意见》，国家启动实施学前教育三年行动计划。中央财政通过设立学前教育发展专项资金，以中西部农村地区为重点，引导支持各地加大对学前教育的投入，极大地促进了学前教育事业的发展。

1101 | 1月1日

《天津市民办一类幼儿园设置标准（试行）》《天津市民办二类幼儿园设置标准（试行）》《天津市民办学前教育服务点设置标准（试行）》开始正式施行。民办园实行分类准入之后，天津市将向符合标准的民办一类园颁发教育部监制的办园许可证，向符合标准的二类园颁发天津市教委监制的办园许可证，向符合标准的民办学前教育服务点颁发区县教育局监制的注册证。对不符合标准的民办园将限期整改，达不到标准的将坚决予以撤销。

1102 | 1月4日

教育部印发《关于大力加强中小学教师培训工作的意见》。《意见》指出，新时期中小学教师培训的总体要求是：贯彻落实《国家中长期教育改革和发展规划纲要（2010—2020年）》，围绕教育改革发展的中心任务，紧扣培养造就高素质专业化教师队伍的战略目标，以提高教师师德素养和业务水平为核心，以提升培训质量为主线，以农村教师为重点，开展中小学教师全员培训，努力构建开放灵活的教师终身学习体系，加大教师培训支持力度，全面提高教师素质，为基本实现教育现代化，建设人力资源强国提供师资保障。《意见》强调，重视幼儿教师和特殊教育师资培训。

1103 | 1月6日

《中国教育报》报道河北省坚持“三为主”发展学前教育的经验。河北省积极探索农村学前教育发展模式，以农村学前三年教育为重点，合理配置教育资源，建立了坚持以政府和集体投入为主、坚持以公办教师为主、坚持以政府和集体办园为主的“三为主”学前教育模式。

1104 | 1月10日、17日

教育部分别在天津和南京召开学前教育工作座谈会。各省、自治区、直辖市教育行政部门的有关负责同志参加会议。会议认真交流了各地贯彻落实国务院《关于当前发展学前教育的若干意见》和全国学前教育工作电视电话会议精神、加快发展学前教育、编制学前教育三年行动计划的有关进展情况。

1105—08

1105 | **1月24日至25日**

教育部在北京召开2011年全国教育工作会议。会议强调，要以科学发展为主题，创新和完善中国特色教育发展道路，狠抓《国家中长期教育改革和发展规划纲要（2010—2020年）》的贯彻落实，努力开创教育事业科学发展新局面。中共教育部党组书记、教育部部长袁贵仁在会上强调，全面落实《规划纲要》是当前教育系统的紧迫任务。“落实”是2011年全国教育工作的关键词、核心词。

1106 | **1月26日**

教育部在北京召开全国教育宣传工作会议。会议要求，各地教育部门要高度重视宣传工作，善于运用教育宣传推动教育事业科学发展，努力开创教育宣传工作新局面。

1107 | **2月10日**

教育部发布《教育部2011年工作要点》。2011年教育部的工作要点包括：加强和改善对教育的宏观指导，推动教育事业科学发展；加强重点领域和关键环节建设，实施国家重大教育发展项目；深入推进教育体制改革，认真组织开展教育改革试点；切实转变工作职能，进一步加强和改进作风建设。

1108 | **2月21日**

中共中央政治局就“优先发展教育、建设人力资源强国”进行第二十六次集体学习。中共中央总书记胡锦涛发表讲话时强调，面向未来，我们一定要增强紧迫感和责任感，坚持把优先发展教育作为贯彻落实科学发展观的基本要求，推动教育事业科学发展，办好人民满意的教育，实现教育和经济社会协调发展，充分发挥教育在党和国家事业中的基础性、先导性、全局性地位和作用。胡锦涛就做好当前教育改革和发展工作提出四点意见：第一，着力提高人才培养水平，全面贯彻党的教育方针，坚持育人为本、德育为先，把促进学生健康成长作为学校一切工作的出发点和落脚点，坚持文化知识学习和思想品德修养的统一、理论学习和社会实践的统一、全面发展和个性发展的统一，强化能力培养，创新人才培养模式，注重培育学生的主动精神和创造性思维；第二，着力深化教育体制改革，加快形成与社会主义市场经济体制和全面建设小康社会目标相适应的教育体制机制；第三，着力推进教育内涵式发展，坚持走以促进公平和提高质量为重点的内涵式发展道路，建立健全覆盖城乡的基本公共教育服务体系，坚持公共教育资源向农村、中西部地区、贫困地区、边疆地区、民族地区倾斜，促进城乡、区域教育协调发展，满足人民群众多层次、多样化的教育需求；第四，着力建设高素质教师队伍，增强广大教师教书育人的责任感和使命感，加强教师职业理想和职业道德教育，提高教师综合素质和业务水平，在全社会倡导和形成尊师重教良好氛围。广大教师要学为人师、行为世范、教书育人，当好学生健康成长的指导者和引路人。①

1109 | **2月22日**

教育部就学前教育发展问题举行新闻通气会。教育部基础教育二司负责人介绍，近期教育部将重点围绕贯彻落实国务院《关于当前发展学前教育的若干意见》和全国学前教育工作电视电话会议精神，指导各地编制和实施好学前教育三年行动计划。

1110 | **2月23日**

国家教育咨询委员会专题工作会议召开。会上分组评议了学前教育、义务教育、普通高中教育、职业教育、高等教育、继续教育和民办教育等7个专题规划。

1111 | **2月24日**

中宣部、中央直属机关工委、中央国家机关工委、教育部、总政治部、中共北京市委等六部门联合举办热点问题形势报告会。教育部部长袁贵仁在报告中强调，教育系统要坚持优先发展、育人为本、改革创新、促进公

---

① 参见《人民日报》，2011年2月23日。

平、提高质量的工作方针，全面落实《国家中长期教育改革和发展规划纲要（2010—2020年）》，深入推进教育事业科学发展。

1112 | **3月1日至2日**

中国联合国教科文组织全国委员会、联合国教科文组织驻北京办事处、联合国儿童基金会驻华代表处在北京举办2011年全民教育全球监测报告发布会暨第六届全民教育国家论坛。教育部副部长刘利民、联合国教科文组织教育助理总干事唐虔出席会议，并共同发布联合国教科文组织《2011年全民教育全球监测报告》。

1113 | **3月5日**

十一届全国人大第四次会议在北京人民大会堂开幕，国务院总理温家宝作《政府工作报告》。《报告》指出，"十一五"时期是我国发展进程中极不平凡的五年。教育事业全面进步。五年全国财政教育支出累计4.45万亿元，年均增长22.4%。《报告》提出"十二五"时期教育事业的主要目标和任务是：坚持优先发展教育，稳步提升全民受教育程度。《报告》指出，科技、教育和人才是国家发展的基础和根本，必须始终放在重要的战略位置。2011年，推动教育事业科学发展，为人们提供更加多样、更加公平、更高质量的教育。2012年财政性教育经费支出占国内生产总值比重达到4%。加快发展学前教育。公办民办并举，增加学前教育资源，抓紧解决"入园难"问题。

1114 | **3月10日**

教育部召开教育信息化专家座谈会，并启动《教育信息化十年发展规划（2011—2020年）》编制工作。教育部副部长杜占元出席会议并就充分认识教育信息化的重要意义、编制《规划》的重要性、编制《规划》的指导思想和总体要求等作出重要指示。

1115 | **3月11日**

教育部和广东省人民政府在北京签署部省合作协议，共同推进广东教育体制综合改革。中共中央政治局委员、中共广东省委书记汪洋出席签署仪式。教育部部长袁贵仁与广东省省长黄华华签署协议。根据协议内容，教育部与广东省将共同推进广东教育体制综合改革，加快推进基础教育均衡协调发展，加快推进素质教育，加快推进职业教育发展壮大，加快推进高等教育内涵式发展，加快提升教育国际化水平，在全国率先基本实现教育现代化。双方将建立部省联席会议制度。广东省将加大教育投入，全面推进依法治教、依法治校，建立教育体制改革联席会议制度，设立广东省教育咨询委员会。

1116 | **3月16日**

国务院发布《中华人民共和国国民经济和社会发展第十二个五年规划纲要》。《规划纲要》指出，“十二五”时期是全面建设小康社会的关键时期， 1116
是深化改革开放、加快转变经济发展方式的攻坚时期。《规划纲要》强调，全面贯彻党的教育方针，保障公民依法享有受教育的权利，办好人民满意的教育。按照优先发展、育人为本、改革创新、促进公平、提高质量的要求，推动教育事业科学发展，提高教育现代化水平。一是统筹发展各级各类教育。积极发展学前教育，学前一年毛入园率提高到85%。二是大力促进教育公平。合理配置公共教育资源，重点向农村、边远、贫困、民族地区倾斜，加快缩小教育差距。实行县（市）域内城乡中小学教师编制和工资待遇同一标准，以及教师和校长交流制度。三是全面实施素质教育。遵循教育规律和学生身心发展规律，坚持德育为先、能力为重，改革教学内容、方法和评价制度，促进学生德智体美全面发展。严格教师资质，加强师德师风建设，提高校长和教师专业化水平，鼓励优秀人才终身从教。四是深化教育体制改革。加快建设现代学校制度，推进政校分开、管办分离。落实和扩大学校办学自主权。进一步明确中央和地方责任，加强省级人民政府教育统筹。鼓励引导社会力量兴办教育，落实民办学校与公办学校平等的法律地位，规范办学秩序。扩大教育开放，加强国际交流合作和引进优质教育资源。健全以政府投入为主、多渠道筹集教育经费的体制，2012年财政性教育经费支出占国内生产总值比例达到4%。

1117 | **3月20日至22日**

中共中央政治局委员、国务委员刘延东来到山西太原、左权、阳曲、忻州等地，深入各地中小学校、幼儿园，考察调研革命传统教育、农村教育和中小学校舍安全工程建设等情况。刘延东专程前往一所农村幼儿园——东沟移民新村幼儿园考察调研。

1118 | **4月1日**

教育部教学仪器研究所幼儿园教育装备研究中心在湖北武汉正式成立。该中心旨在通过对幼儿园装备国家标准和行业标准的研究，开发一整套幼儿园教育装备，推动幼儿园教育装备技术的整体改革和发展。

1119 | **4月22日**

环保部、中宣部、中央文明办、教育部、共青团中央、全国妇联等六单位发布《全国环境宣传教育行动纲要（2011—2015年）》。《纲要》提出，加强基础教育、高等教育阶段的环境教育和行业职业教育，推动将环境教育纳入国民素质教育的进程。

1120 | **4月28日至29日**

人社部、教育部在北京召开深化中小学教师职称制度改革试点工作总结会。中纪委驻教育部纪检组组长、中共教育部党组成员王立英出席会议并发表讲话。

1121 | **6月7日**

陕西省人民政府发布《陕西省学前一年免费教育实施方案》，决定从2011年秋季学期起，在全省实施学前一年免费教育。《实施方案》指出，免除学前一年幼儿（学前班、幼儿园大班）保教费。对在公办幼儿园就读的学前一年幼儿免收保教费，对在民办幼儿园就读的学前一年幼儿，按照同级同类公办幼儿园保教费标准予以减免。对家庭经济困难的学前一年幼儿补助生活费。

1122 | **6月29日**

国务院印发《关于进一步加大财政教育投入的意见》。《意见》要求，各地各部门采取有力措施，进一步加大财政教育投入，确保《国家中长期教育改革和发展规划纲要（2010—2020年）》提出的到2012年国家财政性教育经费支出占国内生产总值比例达到4%的目标按期实现。

1123 | **7月22日**

教育部在北京召开全国教育人才工作会议。中共教育部党组书记、教育部部长袁贵仁出席会议并强调，抓住薄弱环节，着力培养开发急需紧缺教育人才，尤其要加强学前教育人才队伍、农村学校人才队伍、民族教育人才队伍、特殊教育人才队伍建设。

1124 | **7月25日**

公安部、教育部等八部门发布《全民消防安全宣传教育纲要（2011—2015年）》。《纲要》提出，在家庭、社区、学校、农村、人员密集场所、单位要进行消防安全宣传教育。学校要落实相关学科课程中消防安全教育内容，利用“全国中小学生安全教育日”“防灾减灾日”“科技活动周”“119消防日”等集中开展消防宣传教育活动。

1125 | **8月31日**

国务院总理温家宝主持召开国务院常务会议。会议决定扩大中小学教师职称制度改革试点，增加财政投入支持发展学前教育。会议决定，在近两年山东省潍坊市、吉林省松原市、陕西省宝鸡市进行试点的基础上，再用一年左右时间，在全国部分地市开展深化中小学教师职称制度改革试点。改革的主要内容是：一是建立统一的中小学教师职称制度，并设置正高级职称。二是按照注重师德素养、教育教学工作实绩和一线实践经历的要求，完善教师专业技术水平评价标准条件。三是建立以同行专家评审为基础的业内评价机制，健全工作程序和评审规则，建立评审专家责任制，全面推行评价结果公示制度。四是实现与事业单位岗位聘用制度有效衔接。中小学教师职称评审在核定的岗位内进行，岗位出现空缺时教师可以跨校评聘。

新的职称制度适用于普通中小学、职业中学、幼儿园、特殊教育学校和工读学校等。为加快解决学前教育资源短缺、投入不足、城乡区域发展不平衡等问题，切实缓解入园难、入园贵的矛盾，会议决定，按照地方为主、中央奖补的原则，进一步增加学前教育财政投入。“十二五”期间，中央财政将安排500亿元，重点支持中西部地区和东部困难地区发展农村学前教育。

1126 | **9月4日**

据《中国教育报》报道，上海将资助政策体系向学前教育延伸，实现从学前教育到高中阶段教育的资助全覆盖。从新学期开始，凡在上海公办幼儿园或政府购买学位的民办幼儿园就读，具有上海户籍的城乡低保家庭和烈士家庭的适龄幼儿及适龄孤儿，将获得幼儿园管理费和伙食费的资助。

1127 | **9月5日**

财政部、教育部印发《关于加大财政投入支持学前教育发展的通知》。通知指出，从2011年起，中央财政通过设立学前教育发展专项资金，以中西部农村地区为重点，引导支持各地加大对学前教育的投入，努力调动地方人民政府、企事业单位和社会力量等各个方面的积极性，统筹城乡学前教育发展，多渠道扩大学前教育资源，加强幼儿师资队伍建设，逐步建立幼儿资助制度。当前中央财政重点支持四大类七个重点项目。校舍改建类项目：利用农村闲置校舍改建幼儿园；农村小学增设附属幼儿园；开展学前教育巡回支教试点。综合奖补类项目：积极扶持民办幼儿园发展；鼓励城市多渠道多形式办园和妥善解决进城务工人员随迁子女入园。幼师培训类项目：从2011年起，将中西部地区农村幼儿教师培训纳入“中小学教师国家级培训计划”，由中央财政安排专项资金予以支持。幼儿资助类项目：按照“地方先行、中央补助”的原则，从2011年秋季学期起，由地方结合实际先行建立学前教育资助制度，对家庭经济困难儿童、孤儿和残疾儿童入园给予资助。中央财政视地方工作情况给予奖补。

1128 | **9月5日**

教育部、财政部印发《关于实施幼儿教师国家级培训计划的通知》。通知指出，“幼儿教师国家级培训计划”的培训对象为中西部地区农村公办幼儿园（含部门、集体办幼儿园）和普惠性民办幼儿园园长、骨干教师、转岗教师。培训项目分为农村幼儿教师短期集中培训、农村幼儿园“转岗教师”培训、农村幼儿园骨干教师置换脱产研修三类。教育部、财政部负责“幼儿教师国家级培训计划”的总体规划和统筹管理，组织审核各省、自治区、直辖市培训计划，组织检查和评估各省项目工作。

1129 | **9月5日**

国家教育体制改革领导小组在陕西西安召开全国学前教育三年行动计划现场推进会。会议强调，要坚持公益性和普惠性原则，加大财政投入，科学规范，绩效管理，努力构建广覆盖、保基本、有质量的学前教育公共服务体系，促进学前教育发展水平整体提升，把好事办好。

1130 | **9月28日**

教育部召开新闻通气会，宣布各地学前教育三年行动计划的编制工作全部结束，已进入全面实施阶段。会上，财政部、教育部和国家发改委有关部门负责人，就中央财政支持学前教育发展重大项目的主要内容、实施原则以及如何贯彻落实等问题，作了详细介绍。

1131 | **10月8日**

教育部发布《教师教育课程标准（试行）》《关于大力推进教师教育课程改革的意见》。《标准》体现国家对教师教育机构设置教师教育课程的基本要求。《意见》分创新教师教育课程理念、优化教师教育课程结构、改革课程教学内容、开发优质课程资源、改进教学方法和手段、强化教育实践环节、加强教师养成教育、建设高水平师资队伍、建立课程管理和质量评估制度、加强组织领导和条件保障等十部分内容。

1132 | **10月15日至18日**

党的十七届六中全会在北京举行。中共中央总书记胡锦涛作重要讲话。全会审议通过《中共中央关于深化文化体制改革、推动社会主义文化大发展大繁荣若干重大问题的决定》。全会强调，坚持中国特色社会主义文化发展道路，深化文化体制改革，推动社会主义文化大发展大繁荣。要以科学发展为主题，以建设社会主义核心价值体系为根本任务，以满足人民精神文化需求为出发点和落脚点，以改革创新为动力，发展面向现代化、面向世界、面向未来的，民族的科学的大众的社会主义文化，培养高度的文化自觉和文化自信，提高全民族文明素质，增强国家文化软实力，弘扬中华文化，努力建设社会主义文化强国。

1133 | **11月4日**

中国教育发展战略学会在四川成都举办首次城市教育现代化论坛。会议的主题是“教育现代化进程中城乡教育一体化”。教育部副部长鲁昕出席论坛并指出，教育现代化是国家现代化的基石，要在城市，特别是中心城市率先推进教育现代化，充分发挥城市的引领作用，通过城市教育现代化带动农村教育的发展，实现农村教育发展的现代化。

1134 | **11月23日**

山东省财政厅、省教育厅印发《关于实施学前教育资助政策的通知》。通知指出，2011年秋季学期起，山东省设立学前教育政府助学金，资助家庭经济困难儿童、孤儿及残疾儿童接受学前教育。平均资助标准为每生每年1200元。平均资助面为普惠性幼儿园3岁至5岁在园幼儿的10%。

1135 | **12月8日**

教育部发布《学校教职工代表大会规定》。《规定》指出，教职工代表大会是教职工依法参与学校民主管理和监督的基本形式。学校应全面听取教职工代表大会提出的意见和建议，并合理吸收采纳；不能吸收采纳的，应当作出说明。学校工会为教职工代表大会的工作机构，学校应当为学校工会承担教职工代表大会工作机构的职责提供必要的工作条件和经费保障。

1136 | 12月8日至9日

教育部在北京召开全国中小学德育工作经验交流会。会议强调，要深入贯彻落实党的十七届六中全会精神，全面总结《中共中央、国务院关于进一步加强和改进未成年人思想道德建设的若干意见》印发以来中小学德育工作的经验，把社会主义核心价值体系融入中小学教育全过程，努力开创中小学德育工作新局面。

1137 | 12月28日

教育部印发《关于规范幼儿园保育教育工作，防止和纠正"小学化"现象的通知》。通知规定，严禁幼儿园提前教授小学教育内容。幼儿园不得以举办兴趣班、特长班和实验班为名进行各种提前学习和强化训练活动，不得给幼儿布置家庭作业。幼儿园要创设多种区域活动空间，配备丰富的玩具、游戏材料和幼儿读物，为幼儿自主游戏和学习探索提供机会和条件。

1138 | 12月31日

国家发改委、教育部、财政部联合发布《幼儿园收费管理暂行办法》，规范幼儿园收费行为，保障受教育者和幼儿园的合法权益。《暂行办法》规定，学前教育属于非义务教育，幼儿园可向入园幼儿收取保教费，对在幼儿园住宿的幼儿可以收取住宿费。公办幼儿园的保教费、住宿费收入纳入行政事业性收费管理，民办幼儿园的保教费、住宿费收入纳入经营服务性收费管理。幼儿园除收取保教费、住宿费及省级人民政府批准的服务性收费、代收费外，不得再向幼儿家长收取其他费用。公办幼儿园保教费标准根据年生均保育教育成本的一定比例确定。保育教育成本包括以下项目：教职工工资、津贴、补贴及福利、社会保障支出、公务费、业务费、修缮费等正常办园费用支出。不包括灾害损失、事故、经营性费用支出等非正常办园费用支出。公办幼儿园住宿费标准按照实际成本确定，不得以营利为目的。民办幼儿园保教费、住宿费标准，由幼儿园按照《民办教育促进法》及其实施条例规定，根据保育教育和住宿成本合理确定，报当地价格主管部门、教育行政部门备案后执行。享受政府财政补助(包括政府购买服务、减免租金和税收、以奖代补、派驻公办教师、安排专项奖补资金、优惠划拨土地等)的民办幼儿园，可由当地人民政府有关部门以合同约定等方式确定最高收费标准，由民办幼儿园在最高标准范围内制定具体收费标准，报当地价格、教育、财政部门备案后执行。

1138

2012年

改革进行时

• 重要文件

国务院《关于加强教师队伍建设的意见》

国务院《教育督导条例》

国务院《校车安全管理条例》

国务院办公厅《农村残疾人扶贫开发纲要（2011—2020年）》

教育部《国家教育事业发展第十二个五年规划》

教育部《幼儿园教师专业标准（试行）》

教育部《3—6岁儿童学习与发展指南》

教育部等部门《关于加强幼儿园教师队伍建设的意见》

教育部《学前教育督导评估暂行办法》

教育部《中小学心理健康教育指导纲要（2012年修订）》

教育部《全面推进依法治校实施纲要》

教育部《关于建立中小学幼儿园家长委员会的指导意见》

教育部《关于加强督学责任区建设的意见》

教育部《关于鼓励和引导民间资金进入教育领域促进民办教育健康发展的实施意见》

教育部《教育信息化十年发展规划（2011—2020年）》

• 重要政策

加强幼儿园教师队伍建设

开展0岁至3岁早期教育试点

发布《3—6岁儿童学习与发展指南》

启动实施支持中西部农村偏远地区开展学前教育巡回支教试点工作

全面推进依法治校

建立中小学幼儿园家长委员会

加强督学责任区建设

实施学前教育督导评估

实施专用校车安全国家标准

• 重要会议

教育部、财政部召开国家学前教育项目工作会议

教育部学前教育专家指导委员会召开成立大会暨第一次全体会议

教育部召开《学前教育法》立法座谈会

• 改革亮点

深化幼儿园保育教育改革。教育部发布《3—6岁儿童学习与发展指南》，以指导幼儿园和家庭实施科学的保育和教育，全面提高学前教育质量。

促进幼儿园教师专业发展。教育部印发《幼儿园教师专业标准（试行）》，对幼儿教师的专业理念与师德、专业知识和专业能力提出要求，确立了幼儿园教师的专业地位，有助于促进幼儿园教师专业发展，建设高素质幼儿园教师队伍。

1201 | **1月3日**

国务院办公厅发布《农村残疾人扶贫开发纲要(2011—2020年)》。《纲要》提出，到2015年，农村适龄残疾儿童少年普遍接受义务教育，入学率达到90%以上，并逐步提高巩固率。切实保障残疾儿童少年和贫困残疾人家庭子女顺利完成学业。积极发展残疾儿童学前康复教育、残疾人职业教育、普通高中教育和高等教育。减少农村残疾人青壮年文盲。到2020年，农村适龄残疾儿童少年和残疾人家庭子女受教育状况达到当地平均教育水平。

1202 | **1月6日至7日**

教育部在北京召开2012年全国教育工作会议。会议强调，要坚持德育为先，能力为重，把社会主义核心价值体系融入国民教育全过程，创新人才培养模式，强化实践育人、协同培养，完善教育质量评价制度，提高教师育人能力和师德素养，促进学生德智体美全面发展。

1203 | **2月2日**

教育部发布《教育部2012年工作要点》。2012年教育部工作要点包括:加强改进党的建设，着力维护教育系统和谐稳定；深化改革，完善教育事业科学发展的体制机制；转变教育发展方式，全面推进教育事业科学发展；全面提高教育质量，着力提升人才培养水平；促进教育公平，切实保障广大人民群众接受教育的权利。

1204 | **2月10日**

教育部发布《幼儿园教师专业标准（试行）》《小学教师专业标准（试行）》《中学教师专业标准（试行）》。这三个《标准》是教师实施教育教学行为的基本规范，是引领教师专业发展的基本准则，是教师培养、准入、培训、考核等工作的重要依据。

1205 | **2月12日**

教育部发布《学前教育督导评估暂行办法》。《暂行办法》规定，督导评估的重点是实施学前教育三年行动计划的情况。督导评估工作由国家教育督导团组织实施。督导评估对象为地方人民政府。督导评估主要内容有：落实政府责任和部门职责，完善管理体制，健全工作机制，建立督促检查、考核奖惩和问责机制等方面的情况；加大学前教育经费投入，落实各项财政支持政策，构建学前教育公共服务体系等方面的情况；多种形式扩大学前教育资源，大力发展公办幼儿园，积极扶持民办幼儿园，扩大普惠性学前教育资源等方面的情况；加强幼儿教师队伍建设，核定并保证公办幼儿园教职工编制，落实并提高幼儿教师待遇，加强幼儿教师培养培训等方面的情况；规范学前教育管理，有效解决“小学化”倾向和问题等方面的情况；提高学前教育发展水平，缓解“入园难”问题及社会公众对当地学前教育满意程度等方面的情况。

1206 | **2 月 17 日**

教育部印发《关于建立中小学幼儿园家长委员会的指导意见》，要求有条件的公办和民办中小学和幼儿园都应建立家长委员会。《指导意见》指出，家长委员会应在学校指导下履行参与学校管理、参与教育工作、沟通学校与家庭的职责。

1207 | **2 月 19 日**

据《中国教育报》报道，教育部在北京召开《学前教育法》立法座谈会，广泛听取社会各界对学前教育立法的意见。座谈会上，教育部基础教育二司有关负责人介绍了一年多来全国各地大力发展学前教育的宏观情况，主要包括四项重大举措：全面加强学前教育体制机制建设；全面实施学前教育三年行动计划；启动实施国家学前教育的重大项目；启动实施学前教育国家教育体制改革试点。与会人士就学前教育改革发展面临的主要矛盾和深层次制约进行了探讨，建议立法工作要在深度调研的基础上，结合考虑当前的突出问题与长远发展，明确学前教育的性质、地位，明确管理体制、投入体制、办园体制和教师队伍身份待遇等多方面问题，同时兼顾对弱势地区与弱势群体的扶助。

1208 | **2月23日**

教育部、财政部在河南郑州联合召开国家学前教育项目工作会议。会议旨在交流各地实施国家学前教育重大项目的进展情况，对项目下一步的申报和实施工作进行系统部署。教育部副部长刘利民出席会议并讲话。刘利民充分肯定了四大类七个学前教育重大项目实施几个月以来，以项目促改革取得的可喜成绩，要求进一步增强责任感、紧迫感，把项目各项工作做好，要抓住重点，解决好项目实施的关键性问题。

1209 | **3月5日**

十一届全国人大五次会议在北京人民大会堂开幕，国务院总理温家宝作《政府工作报告》。《报告》回顾2011年教育工作成就时指出，各级人民政府加大教育投入，扎实推进教育公平。深入贯彻落实教育改革和发展规划纲要。推动实施学前教育三年行动计划，提高幼儿入园率。《报告》提出2012年教育工作的主要任务是：深入实施科教兴国战略和人才强国战略。大力发展科技、教育事业，培养高素质的人才队伍，是国家强盛、民族复兴的必由之路。坚持优先发展教育。中央财政已按全国财政性教育经费支出占国内生产总值的4%编制预算，地方财政要相应安排，确保实现这一目标。教育经费要突出保障重点，加强薄弱环节，提高使用效益。深入推进教育体制改革，加强教师队伍建设，大力实施素质教育，逐步解决考试招生、教育教学等方面的突出问题。推进学校民主管理，逐步形成制度。继续花大气力推动解决择校、入园等人民群众关心的热点难点问题。加强校车和校园安全管理，确保孩子们的人身安全。加强学前教育。办好民族教育。大力发展民办教育，鼓励和引导社会资本进入各级各类教育领域。

1210 | **3月13日**

教育部发布《教育信息化十年发展规划（2011—2020年）》。《规划》提出，到2020年，基本实现所有地区和各级各类学校宽带网络的全面覆盖，实现“校校通宽带，人人可接入”。

1211 | **3月15日**

教育部发布《教育管理基础代码》《教育管理基础信息》《教育行政管理信息》《普通中小学校管理信息》《中职学校管理信息》《高等学校管理信息》《教育统计信息》共七个教育信息化行业标准。

1212 | **3月18日**

《中国教育报·学前教育周刊》创办，面向全国学前教育战线，宣传中央有关方针政策、工作部署，报道先进经验，提供信息服务。

1213 | **3月28日**

国务院总理温家宝主持召开国务院常务会议。会议审议并原则通过《校车安全管理条例（草案）》。4月5日，国务院公布《校车安全管理条例》。《条例》对学校和校车服务提供者、校车使用许可、校车驾驶人、校车通行安全、校车乘车安全、法律责任等作出具体规定。4月10日，国家质监总局、国家标准委批准发布《专用校车安全技术条件》《专用校车学生座椅系统及其车辆固定件的强度》两项强制性专用校车国家标准。

1214 | **4月17日**

教育部办公厅印发《关于开展0—3岁婴幼儿早期教育试点工作有关事项的通知》。通知对试点内容、申报条件、申报程序作出明确规定。通知指出，试点内容是以发展公益性婴幼儿早期教育服务为目标，重点在早期教育管理体制、管理制度、服务模式和服务内容等方面进行试点探索，总结经验。

1215 | **5月4日**

教育部印发《关于加强督学责任区建设的意见》，要求各地按照“因地制宜、分级负责、全面覆盖、推动工作”的原则，在省、市、县三级分别设立督学责任区。《意见》提出，一个责任区内的学校数一般应控制在20所以内，并覆盖所有中小学校，确保督导工作质量。

1216 | **5月15日**

教育部办公厅、财政部办公厅印发《关于启动实施支持中西部农村偏远地区开展学前教育巡回支教试点工作的通知》。通知指出，2012年，在辽宁、河南、湖南、贵州、陕西五省启动实施支持中西部农村偏远地区学前教育巡回支教试点工作。

1217 | **5月17日**

教育部办公厅、财政部办公厅印发《关于做好2012年“国培计划”实施工作的通知》。通知指出，“幼师国培”采取短期集中培训、转岗教师培训和置换脱产研修相结合的方式，对中西部农村幼儿园教师进行有针对性的专业培训。

1218 | **5月19日**

教育部在北京举行首届全国学前教育宣传月启动仪式。5月20日到6月20日，全国各地将开展各种丰富多彩、灵活多样的活动，加大对学前教育的宣传力度，推动学前教育发展，营造全社会共同关心支持学前教育的良好氛围，让孩子们快乐生活，健康成长。

1219 | **6月14日**

教育部发布《国家教育事业发展第十二个五年规划》。《规划》提出，到2020年要基本实现教育现代化，基本形成学习型社会，进入人力资源强国行列。《规划》在构建更加完善的教育体系、创新国家教育制度、调整人才培养与供给结构、扩大和保障公平受教育机会、提高人才培养质量、促进区域和城乡教育协调发展、实施教育对外开放战略、建设高素质专业化教师队伍、加强教育条件保障等方面都提出了具体要求。《规划》强调，加快发展学前教育。具体措施包括：落实各级人民政府发展学前教育责任；多种形式扩大学前教育资源；多种途径加强幼儿教师队伍建设；提高学前教育保教质量。

1220—24

1220 | **6月18日**

教育部印发《关于鼓励和引导民间资金进入教育领域促进民办教育健康发展的实施意见》。《实施意见》提出，充分发挥民间资金推动教育事业发展的作用，拓宽民间资金参与教育事业发展的渠道，制定完善促进民办教育发展的政策，引导民办教育健康发展，健全民办教育管理与服务体系。《实施意见》强调，要清理并纠正对民办学校的各类歧视政策、落实民办学校教师待遇、保障民办学校学生权益。

1221 | **7月5日**

教育部学前教育专家指导委员会在北京召开成立大会暨第一次全体会议。教育部副部长刘利民出席会议，向各位委员颁发聘书并发表讲话。会议通过了教育部学前教育专家指导委员会章程，审议了《3—6岁儿童学习与发展指南》。

1222 | **8月20日**

国务院印发《关于加强教师队伍建设的意见》。《意见》就加强教师队伍建设的指导思想、总体目标和重点任务；加强教师思想政治教育和师德建设，大力提高教师专业水化，建立健全教师管理机制；切实保障教师合法权益和待遇，确保教师队伍政策措施落到实处等问题作了说明。

1223 | **8月26日**

国务院办公厅印发《关于成立国务院教育督导委员会的通知》。通知指出，为进一步健全我国教育督导体制，国务院决定成立国务院教育督导委员会。办公室设在教育部，承担委员会日常工作。国务院教育督导委员会的主要职责是：研究制定国家教育督导的重大方针、政策；审议国家教育督导总体规划和重大事项；统筹指导全国教育督导工作；聘任国家督学；发布国家教育督导报告。

1224 | **8月29日**

国务院总理温家宝主持召开国务院常务会议。会议审议通过《教育督导条例（草案）》。

1225 | 9月9日

国务院发布《教育督导条例》。它是新中国第一部专门的教育督导法规。制定实施《条例》是国家推进教育管理改革、强化教育监督的重要举措，也是我国教育督导制度建设的里程碑，对于保证教育法律、法规、规章和国家教育方针、政策的贯彻执行，实施素质教育，提高教育质量，促进教育公平，推动教育事业科学发展，具有十分重要的意义。《条例》对督学、督导的实施、法律责任等内容作了详细说明。

1226 | 9月16日

据《中国教育报》报道，西藏从2012年秋季学期开始全面实现15年免费教育，学前教育正式被划入免费教育范围。

1227 | 9月20日

教育部、中央编办、财政部、人社部联合印发《关于加强幼儿园教师队伍建设的意见》。《意见》提出，各地要按照构建覆盖城乡、布局合理的学前教育公共服务体系的要求，结合本地实际，科学确定幼儿园教师队伍建设的目标。到2015年，幼儿园教师数量基本满足办园需要，专任教师达到国家学历标准要求，取得职务（职称）的教师比例明显提高。到2020年，形成一支热爱儿童、师德高尚、业务精良、结构合理的幼儿园教师队伍。《意见》要求，补足配齐幼儿园教师，国家出台幼儿园教师配备标准，满足正常教育教学需求。各地结合实际合理确定公办幼儿园教职工编制，具备条件的省（自治区、直辖市）可制定公办幼儿园教职工编制标准，严禁挤占、挪用幼儿园教职工编制。企事业单位办、集体办、民办幼儿园按照配备标准，配足配齐教师。采用派驻公办教师等方式对企事业单位办、集体办幼儿园和普惠性民办幼儿园进行扶持。各地根据学前教育事业发展和幼儿园实际工作需要，建立幼儿园教师长效补充机制。公办幼儿园教师实行公开招聘制度。《意见》还要求，完善幼儿园教师资格制度，建立幼儿园园长任职资格制度，完善幼儿园教师职务职称评聘制度，提高幼儿园教师培养培训质量，建立幼儿园教师待遇保障机制。

1228 | **10月9日**

教育部发布《3—6岁儿童学习与发展指南》。《指南》从健康、语言、社会、科学、艺术等五个领域，分别提出3岁至6岁各年龄段儿童学习与发展目标和相应的教育建议，帮助幼儿园教师和家长了解3岁至6岁幼儿学习与发展的基本规律和特点，建立对幼儿发展的合理期望，实施科学的保育和教育。《指南》的印发对于有效转变公众的教育观念，提高广大幼儿园教师的专业素质和家长的科学育儿能力，防止和克服"小学化"倾向，全面提高学前教育质量具有重要意义。

1229 | **10月11日**

国务院教育督导委员会在北京举行成立大会暨第九届国家督学聘任工作会议。会议强调，要全面贯彻落实《国家中长期教育改革和发展规划纲要（2010—2020年）》和《教育督导条例》，积极构建督政、督学、教育监测相结合的中国特色教育督导体系，推动教育督导工作迈上新台阶。

1230 | **10月26日**

十一届全国人大常务委员会第二十九次会议通过《全国人民代表大会常务委员会关于修改〈中华人民共和国未成年人保护法〉的决定》。本次修订将《未成年保护法》第五十六条第一款修改为：讯问、审判未成年犯罪嫌疑人、被告人，询问未成年证人、被害人，应当依照刑事诉讼法的规定通知其法定代理人或者其他人员到场。

1231 | **10月29日**

教育部设立学前教育办公室。教育部学前教育办公室的主要职责是：拟定学前教育的宏观政策和事业发展规划，组织制定幼儿园保育教育质量标准和工作基本要求，指导幼儿园保育教育工作，指导学前教育改革等。

1232 | **11月8日**

党的十八大在北京人民大会堂开幕。中共中央总书记胡锦涛代表第十七届中央委员会向大会作题为《坚定不移沿着中国特色社会主义道路前进，为全面建成小康社会而奋斗》的报告。大会的主题是：高举中国特色社会主义伟大旗帜，以邓小平理论、“三个代表”重要思想、科学发展观为指导，解放思想，改革开放，凝聚力量，攻坚克难，坚定不移沿着中国特色社会主义道路前进，为全面建成小康社会而奋斗。胡锦涛强调：“努力办好人民满意的教育。教育是民族振兴和社会进步的基石。要坚持教育优先发展，全面贯彻党的教育方针，坚持教育为社会主义现代化建设服务、为人民服务，把立德树人作为教育的根本任务，培养德智体美全面发展的社会主义建设者和接班人。全面实施素质教育，深化教育领域综合改革，着力提高教育质量，培养学生社会责任感、创新精神、实践能力。办好学前教育，均衡发展九年义务教育，基本普及高中阶段教育，加快发展现代职业教育，推动高等教育内涵式发展，积极发展继续教育，完善终身教育体系，建设学习型社会。大力促进教育公平，合理配置教育资源，重点向农村、边远、贫困、民族地区倾斜，支持特殊教育，提高家庭经济困难学生资助水平，积极推动农民工子女平等接受教育，让每个孩子都能成为有用之才。鼓励引导社会力量兴办教育。加强教师队伍建设，提高师德水平和业务能力，增强教师教书育人的荣誉感和责任感。”①

1233 | **11 月 22 日**

教育部发布《全面推进依法治校实施纲要》。《实施纲要》指出，要加强章程建设，健全学校依法办学自主管理的制度体系；健全科学决策、民主管理机制，完善学校治理结构；健全学校权利救济和纠纷解决机制，开展依法治校示范学校创建活动，推广典型经验。

1234 | **12 月 7 日**

教育部发布《中小学心理健康教育指导纲要（2012 年修订）》。《纲要》指出，心理健康教育的总目标是：提高全体学生的心理素质，培养他们积极乐观、健康向上的心理品质，充分开发他们的心理潜能，促进他们身心和谐可持续发展，为他们健康成长和幸福生活奠定基础。心理健康教育的

① 《胡锦涛文选》第三卷，人民出版社 2016 年版，第 641 页。

主要内容包括：普及心理健康知识、树立心理健康意识、了解心理调节方法、认识心理异常现象、掌握心理保健常识和技能。其重点是认识自我、学会学习、人际交往、情绪调适、升学择业以及生活和社会适应等方面的内容。

1235 | 12月21日

财政部、教育部发布新修订的《中小学校财务制度》。新《制度》共13章77条，于2013年1月1日起施行。各级人民政府和接受国家经常性资助的社会力量举办的幼儿园依照《制度》执行，其他社会力量举办的幼
1235 儿园可以参照《制度》执行。

2013 ㊀年

改革进行时

•重要文件

国务院办公厅转发教育部等七部门《关于实施教育扶贫工程的意见》

国务院办公厅转发教育部等十一部门《关于建立中小学校舍安全保障长效机制的意见》

中共教育部党组《关于在全国各级各类学校深入开展"爱学习、爱劳动、爱祖国"教育的意见》

教育部等四单位《关于做好预防少年儿童遭受性侵工作的意见》

教育部《幼儿园教职工配备标准（暂行）》

教育部《关于建立健全中小学师德建设长效机制的意见》

教育部《关于深化中小学教师培训模式改革 全面提升培训质量的指导意见》

•重要政策

明确幼儿园教职工配备标准

建立健全中小学师德建设长效机制

深化中小学教师培训模式改革

加强乡村教师生活补助经费管理

提升教师信息技术应用能力

进一步推进校车安全工作

• 重要会议

教育部、财政部、人社部召开全国教育管理信息化工作电视电话会议

教育部召开首届全国教育科研工作会议

世界学前教育组织（OMEP）中国委员会、中国学前教育研究会、华东师范大学共同承办世界学前教育组织第65届国际学术研讨会

• 改革亮点

明确幼儿园教职工配备标准。《幼儿园教职工配备标准（暂行）》的发布是对《关于加强幼儿园教师队伍建设的意见》的贯彻落实，《配备标准》提出幼儿园应当按照服务类型、教职工与幼儿以及保教人员与幼儿的一定比例配备教职工，满足保教工作的基本需要。这对于加强幼儿园教师队伍建设，进一步规范各类幼儿园用人行为，提高幼儿园保教质量具有重要意义。

1301 | 1月8日

教育部发布《幼儿园教职工配备标准（暂行）》。《标准》规定，幼儿园教职工包括专任教师、保育员、卫生保健人员、行政人员、教辅人员、工勤人员。幼儿园保教人员包括专任教师和保育员。幼儿园应当按照服务类型、教职工与幼儿以及保教人员与幼儿的一定比例配备教职工，满足保教工作的基本需要。全日制幼儿园，全园教职工与幼儿比为1∶5—1∶7，全园保教人员与幼儿比为1∶7—1∶9；半日制幼儿园，全园教职工与幼儿比为1∶8—1∶10，全园保教人员与幼儿比为1∶11—1∶13。《标准》规定，全日制幼儿园每班配备2名专任教师和1名保育员，或配备3名专任教师；半日制幼儿园每班配备2名专任教师，有条件的可配备1名保育员。寄宿制幼儿园至少应在全日制幼儿园基础上每班增配1名专任教师和1名保育员。单班学前教育机构，如村学前教育教学点、幼儿班等，一般应配备2名专任教师，有条件的可配备1名保育员。对所辖社区或村级幼儿园（班）负有管理和指导职责的中心幼儿园，应根据实际工作任务和需要增配巡回指导教师。招收特殊需要儿童的幼儿园应根据特殊需要儿童的数量、类型及残疾程度，配备相应的特殊教育教师，并增加保教人员的配备数量。

1302 | 1月8日

据《中国教育报》报道，教育部办公厅印发通知决定在上海市、北京市海淀区等14个地区开展0岁至3岁婴幼儿早期教育试点。通知对试点任务、内容和有关工作提出了明确要求。

1303 | 1月9日至10日

教育部在北京召开2013年全国教育工作会议。教育部部长袁贵仁指出，2013年度教育事业将重点做好七项工作：一是发挥教育系统优势，把学习研究宣传贯彻党的十八大精神引向深入。二是坚持立德树人，促进学生德智体美全面发展。三是创新工作方式，推动教育发展走上不断提升质量的良性轨道。四是加强薄弱环节，着力缩小教育差距。五是突出工作重点，推进各级各类教育协调发展。六是切实提高保障能力，为教育事业科学发展提供有力支撑。七是深化教育领域综合改革，确保重点领域和关键环节取得实质性突破。袁贵仁指出，党的十八大要求办好学前教育，意味着学前教育既要积极发展，提高普及程度，又要科学保教，办出水平，促进儿童快乐生活、健康成长。

1304 | **1月22日**

教育部发布《教育部2013年工作要点》。2013年教育部工作要点包括：深入学习贯彻党的十八大精神，全面加强教育系统党的建设；深化教育领域综合改革，推动重点领域和关键环节取得实质性突破；加快转变教育发展方式，推进各级各类教育协调发展；把立德树人作为教育工作的根本任务，着力提高教育质量；大力促进教育公平，让每个孩子都能成为有用之才；切实改进工作作风，全面保障教育事业持续健康发展。

1305 | **1月26日**

教育部印发《关于2013年深化教育领域综合改革的意见》。《意见》指出，要充分认识深化教育领域综合改革的紧迫性；准确把握深化教育领域综合改革的总要求；进一步聚焦深化教育领域综合改革突破口，在重点领域和关键环节取得重要进展；进一步完善推进机制，形成推进教育领域综合改革的整体合力。

1306 | **1月31日**

教育部在北京召开首届全国教育科研工作会议。教育部部长袁贵仁出席会议并讲话强调，教育科研要在办好人民满意教育过程中发挥创新理论、服务决策、指导实践、引导舆论的功能，全面提升创新能力和服务水平。要突出教育科研工作的主攻方向，深入研究中国特色社会主义教育发展规律，为教育事业科学发展提供智力支持，服务地方、学校教育改革发展，宣传先进理念，回应群众关切，为教育持续健康发展营造良好氛围；要不断增强教育科研能力和服务水平，增强大局意识，坚持理论联系实际，大力推进协同创新，高度重视成果转化；要营造有利于教育科研事业发展的良好环境，把教育科研作为教育改革发展重要的基础工作来抓，着力建设一支充满活力的高素质专业化教育科研队伍。教育科研工作者要努力成为探索教育规律、创新教育理论的“思想库”，成为提出政策建议、服务教育决策的“智囊团”，成为开发教育策略、服务教育实践的“设计师”，成为引导教育舆论、更新教育观念的“宣传队”，努力开创教育科学研究新局面。

1307 | **2月22日**

中共教育部党组印发《关于在全国各级各类学校深入开展“我的中国梦”主题教育活动的通知》。通知提出，要通过丰富多彩、生动活泼的形式，教育引导广大学生深刻领会实现中华民族伟大复兴是中华民族近代以来最伟大的梦想；深刻领会每个人的前途命运都与国家和民族的前途命运紧密相连；深刻领会空谈误国，实干兴邦，“中国梦”的实现需要广大学生坚定理想信念，励志刻苦学习，积极投身实践，为把我们的国家建设好、发展好而努力奋斗。

1308 | **2月26日**

教育部印发《关于勤俭节约办教育建设节约型校园的通知》。通知要求，各级教育行政部门和各级各类学校要高度重视，认真部署勤俭节约办教育，建设节约型校园工作；要把执行情况纳入教职员工管理和考核，对浪费现象进行批评处罚，对违反规定的开支不予报销，对违反规定的单位和个人进行严肃处理。

1309 | **2月26日**

校车安全管理部际联席会议办公室发布《校车安全管理责任书（范本）》。《责任书》详细约定校车使用方和提供方责任，指导解决校车使用中产生的问题。

1310 | **3月5日**

十二届全国人大一次会议在北京人民大会堂开幕，国务院总理温家宝作《政府工作报告》。《报告》指出，过去五年，教育方面，坚持实施科教兴国战略，增强经济社会发展的核心支撑能力。加快实施国家中长期科学和技术发展规划纲要，制定实施国家中长期教育改革和发展规划纲要、国家中长期人才发展规划纲要和国家知识产权战略，推动科技、教育、文化事业全面发展，为国家长远发展奠定了坚实基础。优先发展教育事业。国家财政性教育经费支出五年累计7.79万亿元，年均增长21.58%，2012年占国内生产总值比例达到4%。教育资源重点向农村、边远、民族、贫困地区倾斜，教育公平取得明显进步。国家助学制度不断完善，建立了家庭经济困难学生资助体系，实现从学前教育到研究生教育各个阶段全覆盖，每年资助金额近1000亿元，资助学生近8000万人次。《报告》指出，2013年是全面贯彻落实党的十八大精神的开局之年，是实施“十二五”规划承前启后的关键一年，是为全面建成小康社会奠定坚实基础的重要一年。教育在现代化建设中具有基础性、先导性、全局性作用，必须放在更加重要的战略位置。2013年，继续推进教育优先发展。目前我国年度财政性教育经费支出总额已经超过2万亿元，今后还要继续增加，必须把这些钱用好，让人民满意。要进一步深化教育综合改革，切实解决社会普遍关注的重大问题。着力推动义务教育均衡发展，加快发展现代职业教育，提高各级各类教育质量，进一步促进教育公平，为国家发展提供强大的人力资源支撑。

1311 | **3月18日**

教育部办公厅、公安部办公厅、交通运输部办公厅联合印发《关于做好校车信息采集工作的通知》，要求各地做好校车信息采集工作。通知指出，信息采集的对象是所有为义务教育学生和幼儿园幼儿服务的校车，包括专用校车和非专用校车、学校及幼儿园自备校车和校车服务提供者提供的校车。变化的信息应及时更新。省级和市级教育行政部门要加强对所辖县的督促检查，建立健全信息报送和督办机制，做到县不漏校（园），校（园）不漏车，车不漏人。

1312 | **4月15日**

教育部印发《关于开展“教育经费管理年”活动进一步用好管好教育经费的通知》。通知提出，2013年为“教育经费管理年”，各地在安排使用教育经费时要落实“四个倾斜”，即向农村、边远、贫困和民族地区倾斜，向农村义务教育、职业教育和学前教育倾斜，向资助家庭经济困难学生倾斜，向建设高素质教师队伍倾斜。

1313 | **4月19日**

2013年长江中游城市群暨长沙、合肥、南昌、武汉教育合作推进会在长沙举行。四个城市签署《长江中游城市群暨长沙、合肥、南昌、武汉教育合作协议》和实施方案，决定建立教育局长联席会议制度，研究协调教育合作交流的重大事宜，推进教育合作交流平台建设。

1314 | **5月6日**

全国中小学校舍安全工程领导小组办公室印发《关于在校安工程项目中进一步加强应急避难场所建设的通知》。通知要求各地在校安工程项目中进一步加强应急避难场所建设，争取地震、国土、建设等专业部门的支持，加强对应急避难场所建设的技术指导，同时加强相关演练和培训工作，保证关键时候能管用。

1315 | **5月6日**

教育部印发《关于深化中小学教师培训模式改革 全面提升培训质量的指导意见》。《指导意见》指出，国家将制定培训质量标准，定期开展培训质量评估，发布年度监测报告，将教师培训作为对各地教育督导的重要内容。中小学按照年度公用经费预算总额的5%安排培训经费，保障经费投入。

1316 | **5月20日**

教育部和重庆市人民政府在重庆市江津区几江幼儿园举行2013年全国学前教育宣传月启动仪式。2013年宣传月的主题是“学习指南，了解孩子”。教育部副部长刘利民出席启动仪式并讲话强调，要通过一段集中的学习与宣传活动，将《3—6岁儿童学习与发展指南》的贯彻落实在全国范围内进一步普及开来，并引向深入。

1317 | **5月24日**

教育装备研究与发展中心组织的“学前教育装备爱心园援建工程”捐赠仪式在云南昆明举行。教育部副部长刘利民出席捐赠仪式并讲话。部分省市教育装备部门负责同志、云南省受援幼儿园代表、参与捐赠爱心企业代表、“爱心园援建工程”部分工作人员参加了捐赠仪式。

1318 | **6月5日**

教育部办公厅、财政部办公厅印发《关于做好2013年中西部农村偏远地区学前教育巡回支教试点工作的通知》。通知指出，2013年试点工作实施范围新增河北、内蒙古、福建、江西、广西、云南、甘肃、青海8个省份。各省份试点工作所需经费由中央财政和地方财政共同承担。中央财政对巡回支教志愿者在岗期间的工作生活补贴以及参加社会保险等费用给予补助。其中，西部地区每人每年补助1.5万元，中部地区每人每年补助1万元，东部地区每人每年补助0.5万元。对新设立的巡回支教点一次性补助1.5万元。

1319 | **6月28日至29日**

教育部在北京召开党的群众路线教育实践活动督导培训工作会议。中共教育部党组书记、部长袁贵仁出席会议并讲话指出，要深刻认识开展党的群众路线教育实践活动的重大意义和现实紧迫性，高度重视对活动的督促检查和指导。

1320 | **7月11日至13日**

世界学前教育组织（OMEP）第65届国际学术研讨会在上海召开。本届研讨会由世界学前教育组织中国委员会、中国学前教育研究会和华东师范大学共同承办，主题是“促进学前教育发展：机会与质量”。

1321 | **7月15日**

广东省人民政府办公厅转发省教育厅《关于促进民办教育规范特色发展的意见》。《意见》从管理机制、扶持力度、保障措施等方面提出23条建议。《意见》提出，到2018年基本建成民办教育强省，充分发挥民办学校机制灵活的优势，促进广东省教育的整体发展。

1322 | **7月24日**

教育部等五部门联合印发《关于2013年规范教育收费治理教育乱收费工作的实施意见》。《实施意见》要求，各地要认真执行国家发改委等三部门《幼儿园收费管理暂行办法》，加强对与入园挂钩的捐资助学费和以开办实验班、课后培训班、亲子班等特色教育为名的幼儿园高收费乱收费行为的治理。

1323 | **7月26日**

国务院教育督导委员会举行第一次全体会议。会议要求，认真做好督政工作，强化政府发展教育的责任主体意识；认真做好督学工作，确保党和国家的教育方针政策在学校得到全面落实；认真做好教育质量监测工作，科学有效实施督导。

1324 | **7月29日**

国务院办公厅转发教育部等七部门《关于实施教育扶贫工程的意见》，强调要充分发挥教育在扶贫开发中的重要作用，培养经济社会发展需要的各级各类人才，促进连片特困地区从根本上摆脱贫困。《意见》提出，提高学前教育的普及程度。到2015年，学前三年毛入园率达到55%以上，少数民族双语地区基本普及学前一至两年双语教育；到2020年，基本普及学前教育。加快发展学前教育。根据片区自然环境、适龄人口分布等情况，做好当地学前教育规划。按照"政府主导、社会参与、公办民办并举"的原则，充分利用中小学布局调整的富余资源及其他资源发展学前教育。在乡镇和人口较集中的行政村建设普惠性幼儿园，在人口分散的边远地区设立支教点、配备专职巡回指导教师，形成县、乡、村学前教育网络。

1325 | **7月31日**

教育部、财政部、人社部联合召开全国教育管理信息化工作电视电话会议，系统部署当前和今后一个时期教育管理信息化工作，加快推进教育管理公共服务平台建设，确保2013年取得突破性进展。

1326 | **8月1日**

国务院印发《"宽带中国"战略及实施方案的通知》。通知提出，到2015年，学校、图书馆、医院等公益机构基本实现宽带接入。

1327 | **8月15日**

教育部印发《关于扩大中小学教师资格考试与定期注册制度改革试点的通知》，决定在河北、上海等6个省份试点的基础上，从2013年下半年开始，新增山西、安徽、山东、贵州4个省为中小学教师资格考试试点省。

1328 | **8月26日**

教育部教育督导办公室、语言文字应用管理司印发《关于开展中小学校语言文字工作督导评估的通知》，决定开展中小学校语言文字工作督导评估。

1329 | **8月31日**

中共教育部党组印发《关于在全国各级各类学校深入开展"爱学习、爱劳动、爱祖国"教育的意见》。《意见》指出，开展"三爱"教育对于培育和践行社会主义核心价值观，深化"中国梦"宣传教育，帮助学生树立正确的世界观、人生观、价值观具有重要意义。《意见》要求，各地各学校要将"三爱"教育纳入课堂教学中，贯穿国民教育全过程。10月，教育部在天津召开"三爱"教育座谈交流会，围绕推进"三爱"教育，进一步研讨工作思路，交流工作经验。

1330 | **9月2日**

教育部印发《关于建立健全中小学师德建设长效机制的意见》。《意见》指出，创新师德教育，引导教师树立远大职业理想。加强师德宣传，营造尊师重教社会氛围。严格师德考核，促进教师自觉加强师德修养。突出师德激励，促进形成重德养德良好风气。强化师德监督，有效防止失德行为。规范师德惩处，坚决遏制失德行为蔓延。注重师德保障，将师德建设工作落到实处。建立健全教育、宣传、考核、监督与奖惩相结合的中小学师德建设长效机制。

1331 | 9月3日

教育部、公安部、共青团中央、全国妇联等四单位印发《关于做好预防少年儿童遭受性侵工作的意见》。《意见》提出，要通过课堂教学、讲座、班队会、主题活动、编发手册等多种形式开展性知识教育、预防性侵犯教育，提高师生、家长对性侵害犯罪的认识。

1332 | 9月9日

教师节前夕，中共中央总书记、国家主席、中央军委主席习近平向全国广大教师致慰问信，“希望广大教师牢固树立中国特色社会主义理想信念，带头践行社会主义核心价值观，自觉增强立德树人、教书育人的荣誉感和责任感，学为人师，行为世范，做学生健康成长的指导者和引路人；牢固树立终身学习理念，加强学习，拓宽视野，更新知识，不断提高业务能力和教育教学质量，努力成为业务精湛、学生喜爱的高素质教师；牢固树立改革创新意识，踊跃投身教育创新实践，为发展具有中国特色、世界水平的现代教育作出贡献。”①

1333 | 9月10日

中共教育部党组印发《关于教育系统学习贯彻习近平总书记教师节前夕致全国广大教师慰问信精神的通知》。通知强调，要提高认识，切实增强办好人民满意教育的使命感和紧迫感；要牢记使命，深刻领会总书记慰问信对广大教师提出的新要求；要狠抓落实，努力造就德才兼备的高素质教师队伍；要加强领导，把学习宣传贯彻总书记慰问信精神落到实处。

1334 | 9月23日

国家网信办召开视频会议，部署开展绿色网络行动。绿色网络行动由国家网信办、教育部、共青团中央、全国妇联等四单位联合组织开展，旨在集中清理网上不良信息，大力净化网络环境，使网上面貌进一步改观，

---

① 《人民日报》，2013年9月10日。

为青少年提供绿色健康、积极向上的网络空间，维护青少年合法权益，促进青少年健康成长。

1335 | **9月26日**

教育部办公厅印发《关于全面加强教师法制教育工作的通知》。通知提出，要重点加强中小学教师的法制教育，突出未成年人权益保护法律法规的学习宣传，切实增强教师尊重学生、爱护学生、平等对待学生的意识，提高依法维护学生权益和抵制侵害学生行为的能力。要在各级各类学校教师中深入开展宪法的宣传教育，使教师深入了解宪法的基本精神、原则和制度，维护宪法权威，进一步增强公民意识和责任意识，树立权利义务相统一的观念。要在广大教师中系统、深入地宣传《教育法》《义务教育法》《教师法》等教育法律法规的基本制度、重要规定和行为规范，有针对性地宣传民商法、行政法、社会法、刑法、诉讼与非诉讼程序法等方面的法律原则与一般规则。培养一批青少年法制教育教师，使他们系统掌握中国特色社会主义法律体系主要法律制度和法律规范，具备一定的处理法律事务的能力，成为青少年法制教育的骨干和依法维护学校、师生合法权益的法律工作者。

1336 | **9月27日**

教育部印发《关于深入开展节粮节水节电活动的通知》。通知提出，从2013年秋季开学起，在全国各级各类学校和幼儿园深入开展“三节”（节粮、节水、节电）活动。通知要求各地各学校充分发挥课堂主渠道作用，将“三节”教育贯穿于国民教育全过程。

1337 | **9月27日**

教育部教育装备工作领导小组在北京召开第一次工作会议。会议指出，要建立完善领导、技术与决策支持“三位一体”教育装备工作新格局；要统筹规划，系统推进教育装备工作，切实提高保障能力，为全面加强教育装备工作提供有力支撑。会议讨论通过《教育部教育装备工作领导小组工作规则》。

1338 | **10月25日**

教育部印发《关于实施全国中小学教师信息技术应用能力提升工程的意见》。《意见》指出，到2017年底完成全国1000多万中小学(含幼儿园)教师新一轮提升培训，提升教师信息技术应用能力、学科教学能力和专业自主发展能力；开展信息技术应用能力测评，以评促学，激发教师持续学习动力；建立教师主动应用机制，推动每个教师在课堂教学和日常工作中有效应用信息技术，促进信息技术与教育教学融合取得新突破。

1339 | **11月7日**

国务院办公厅转发教育部、国家发改委、公安部、监察部、财政部、国土资源部、住建部、水利部、审计署等十一部门《关于建立中小学校舍安全保障长效机制的意见》。《意见》提出，明确和落实各级人民政府及其相关部门责任，综合考虑城镇化发展、人口变化等因素，紧密结合教育事业发展、防灾减灾、校园建设等规划和各类教育建设专项工程，统筹实施校舍安全保障长效机制。坚持建管并重，逐步使所有校舍满足国家规定的建设标准、重点设防类抗震设防标准和国家综合防灾要求，同时加强对校舍的日常管理和定期维护。加强对中小学（含幼儿园）校舍规划布局、安全排查、施工建设、使用维护、信息公告、责任追究等各环节的管理，建立健全符合国情的中小学校舍安全保障制度体系。

1340 | **11月9日至12日**

党的十八届三中全会在北京举行。全会审议通过《中共中央关于全面深化改革若干重大问题的决定》。《决定》提出，深化教育领域综合改革。全面贯彻党的教育方针，坚持立德树人，加强社会主义核心价值体系教育，完善中华优秀传统文化教育，形成爱学习、爱劳动、爱祖国活动的有效形式和长效机制，增强学生社会责任感、创新精神、实践能力。强化体育课和课外锻炼，促进青少年身心健康、体魄强健。改进美育教学，提高学生审美和人文素养。大力促进教育公平，健全家庭经济困难学生资助体系，构建利用信息化手段扩大优质教育资源覆盖面的有效机制，逐步缩小区域、城乡、校际差距。推进学前教育、特殊教育、继续教育改革发展。《决定》指出，深入推进管办评分离，扩大省级人民政府教育统筹权和学校办学自主权，完善学校内部治理结构。强化国家教育督导，委托社会组织开展教育评估监测。健全政府补贴、政府购买服务、助学贷款、基金奖励、捐资激励等制度，鼓励社会力量兴办教育。

1341 | **11 月 20 日**

由中国发展研究基金会和美国布鲁金斯学会联合举办的首次中美儿童早期发展战略对话会在美国华盛顿举行。国务院副总理刘延东出席开幕式并致辞表示，中国政府始终高度重视儿童发展事业，将把儿童发展置于优先的战略位置，努力切断贫困代际传递，让每一个孩子都有机会实现个人梦想。

1342 | **12 月 29 日**

《中国教育报》刊登文章《“安吉游戏”玩出乡村里的幸福童年》，介绍近年来浙江省安吉县积极探索以幼儿游戏活动促进幼儿身心全面发展的改革情况。实施学前教育三年行动计划以来，安吉县投入 2 个多亿建设和装备幼儿园，使全县幼儿园的游戏区建设和玩具材料配备能够充分满足孩子游戏的需求。

1343 | **12 月 30 日**

教育部印发《关于加强乡村教师生活补助经费管理有关工作的通知》。通知要求，切实加强组织领导；实行实名制管理，严格“以岗定补”；坚持阳光操作；加强全过程监督；完善配套措施；按时报告实施情况和工作计划。

2014年

改革进行时

• 重要文件

国务院办公厅《国家贫困地区儿童发展规划（2014—2020年）》

国务院办公厅转发教育部、民政部等七部门《特殊教育提升计划（2014—2016年）》

国务院教育督导委员会办公室《深化教育督导改革转变教育管理方式的意见》

教育部、国家发改委、财政部《关于实施第二期学前教育三年行动计划的意见》

教育部、财政部、国家发改委、工信部、中国人民银行《构建利用信息化手段扩大优质教育资源覆盖面有效机制的实施方案》

国家教育体制改革领导小组办公室《关于进一步扩大省级政府教育统筹权的意见》

教育部《完善中华优秀传统文化教育指导纲要》

教育部《关于推进学校艺术教育发展的若干意见》

教育部《关于实施卓越教师培养计划的意见》

• 重要政策

实施第二期学前教育三年行动计划

健全农村留守儿童关爱服务体系

“幼师国培”项目实现对中西部农村幼儿园未参训教师的全覆盖

实施卓越教师培养计划

推进学校艺术教育发展

教育部设立高等学校幼儿园教师培养教学指导委员会

• 重要会议

教育部召开部分省、自治区、直辖市第二期学前教育三年行动计划座谈会

• 改革亮点

实施第二期学前教育三年行动计划。为进一步解决入园难问题，推进学前教育的可持续发展，我国开始实施第二期学前教育三年行动计划，要求坚持公益普惠的方向，完成四项重点任务，即“扩大总量”“调整结构”“健全机制”“提升质量”。第二期学前教育三年行动计划的实施，有助于巩固第一期行动计划的成果，继续推动学前教育加快发展。

1401 | **1月8日**

国务院办公厅转发教育部、民政部等七部门《特殊教育提升计划（2014—2016年）》，明确要求全面推进全纳教育，使每一个残疾孩子都能接受合适的教育。《计划》提出，积极发展残疾儿童学前教育。各地要将残疾儿童学前教育纳入当地学前教育发展规划，列入国家学前教育重大项目。支持普通幼儿园创造条件接收残疾儿童。支持特殊教育学校和有条件的儿童福利机构增设附属幼儿园（学前教育部）。

1402 | **1月10日**

教育部印发《关于推进学校艺术教育发展的若干意见》。《意见》指出，学校艺术教育是实施美育的最主要的途径和内容。艺术教育能够培养学生感受美、表现美、鉴赏美、创造美的能力，引领学生树立正确的审美观念，陶冶高尚的道德情操，培养深厚的民族情感，激发想象力和创新意识，促进学生的全面发展和健康成长。落实立德树人的根本任务，实现改进美育教学，提高学生审美和人文素养的目标，学校艺术教育承担着重要的使命和责任，必须充分发挥自身应有的作用和功能。

1403 | **1月11日**

教育部发布《中小学教师违反职业道德行为处理办法》。《办法》规定，对10种教师违反职业道德行为，可以给予警告、记过、降低专业技术职务等级、撤销专业技术职务或者行政职务、开除等处分。

1404 | **1月15日至16日**

教育部在北京召开2014年全国教育工作会议。教育部部长袁贵仁讲话指出，全面落实中央决策部署、适应教育形势变化、破解热点难点问题，必须加快推进教育治理体系和治理能力现代化。根据教育发展的自身规律和教育现代化的基本要求，以构建政府、学校、社会新型关系为核心，以推进管办评分离为基本要求，以转变政府职能为突破口，建立系统完备、科学规范、运行有效的制度体系，形成政府宏观管理、学校自主办学、社会广泛参与，职能边界清晰、多元主体“共治”的格局，更好地调动中央和地方两个积极性，更好地激发学校的活力，更好地发挥社会的作用。袁贵仁强调，加快推进教育治理体系和治理能力现代化，要把握七方面重点任务，任务之一是支持发展农村学前教育，健全农村留守儿童关爱服务体系。

1405 | 1月22日

教育部发布《教育部2014年工作要点》。2014年教育部工作要点包括：深化教育领域综合改革，加快推进教育治理能力现代化；改革人才培养方式，把立德树人的根本任务贯彻始终；改革资源配置方式，大力促进教育公平；改革教育发展方式，促进各级各类教育协调发展；加强和改进作风建设，切实维护教育系统和谐稳定。

1406 | 2月7日

国务院教育督导委员会办公室印发《深化教育督导改革转变教育管理方式的意见》。《意见》明确了深化教育督导改革的总体思路、主要任务、具体措施和工作要求，对全面加强督政、督学和评估监测工作作出部署安排。同日，国务院教育督导委员会办公室发布《教育重大突发事件专项督导暂行办法》，建立教育重大突发事件专项督导制度，建立督导问责机制。

1407 | 3月5日

十二届全国人大二次会议在北京人民大会堂开幕，国务院总理李克强作《政府工作报告》。《报告》回顾2013年教育工作时指出，2013年，教育领域取得新进步。推进教育发展和改革。启动教育扶贫工程。《报告》确定了2014年教育领域重点工作是：加强教育建设。促进教育事业优先发展、公平发展。继续加大教育资源向中西部和农村倾斜，促进义务教育均衡发展。加强农村特别是边远贫困地区教师队伍建设，扩大优质教育资源覆盖面，改善贫困地区农村儿童营养状况。发展学前教育。实施特殊教育提升计划。继续增加中央财政教育投入，提高使用效率并强化监督。

1408 | 3月17日

教育部印发《关于成立教育部高等学校幼儿园教师培养等教学指导委员会的通知》，决定成立高等学校幼儿园教师培养教学指导委员会、小学教师培养教学指导委员会、中学教师培养教学指导委员会等五个教师培养教学指导委员会。教师培养教学指导委员会接受教育部的委托，开展教师培养的研究、咨询、指导、服务等工作。委员会的主要任务是：组织和开展幼儿园、小学、中学、中等职业学校和特殊教育教师培养中教学领域的理论与实践研究；就高等学校师范教育类学科专业建设、课程资源建设、教育教学改革等工作向教育部提出咨询意见和建议；研究制定师范教育类教学质量标准；承担师范教育类专业评估及专业设置的咨询工作；组织和开展教学研讨和信息交流等工作；承担教育部委托的其他任务。

1409 | **3 月 26 日**

教育部发布《完善中华优秀传统文化教育指导纲要》，旨在贯彻落实党的十八届三中全会关于完善中华优秀传统文化教育的精神，落实立德树人根本任务，进一步加强新形势下中华优秀传统文化教育。

1410 | **4 月 1 日**

教育部办公厅、财政部办公厅印发《关于做好 2014 年中小学幼儿园教师国家级培训计划实施工作的通知》。通知提出，2014 年，“中西部项目”和“幼师国培”项目要加大送教培训力度，切实扩大培训受益面；要重点关注未参训农村教师，特别是针对边远、贫困和民族地区，切实扩大培训受益面，实现对中西部农村义务教育学校和幼儿园的全覆盖。

1411 | **4 月 3 日**

教育部办公厅、财政部办公厅联合印发《关于做好 2014 年中西部农村偏远地区学前教育巡回支教试点工作的通知》。通知指出，本次试点工作实施范围为河北、内蒙古、辽宁、黑龙江、福建、江西、河南、湖南、广西、云南、陕西、甘肃、青海、宁夏 14 个省份。

1412 | **4 月 15 日**

《中国教育报·学前教育周刊》编委会与中国民办教育协会学前教育专业委员会联合召开座谈会，围绕“规范管理，提高质量，促进民办幼儿园健康发展”主题，邀请部分专家学者和民办学前教育机构负责人发表意见。

与会代表就民办幼儿园的监管、自律、外部支持等，围绕如何加强民办幼儿园的管理和规范、民办幼儿园规范管理提高质量存在的困难和瓶颈、民办幼儿园怎样处理好合理回报和公益性的关系、民办幼儿园怎样加强教师队伍建设、怎样真正以幼儿为本确保幼儿安全等话题，进行了深入的交流和讨论。

1413 | **5月9日**

教育部发布《教育部职能转变方案》及《落实〈教育部职能转变方案〉任务分工》。《方案》提出，取消22项职责，下放省级教育行政部门、高校和直属单位13项职责，转移、委托直属事业单位和社团组织承担50项职责，精简规范23项评审项目，理顺基础教育管理等9个方面的职责关系，加强和改善教育督导等3个方面的宏观管理，精简议事协调机构。

1414 | **5月20日**

教育部和贵州省人民政府在贵州省遵义市习水县温水镇中心幼儿园举行2014年全国学前教育宣传月启动仪式。2014年宣传月主题是"《3—6岁儿童学习与发展指南》——让科学育儿知识进入千家万户"。教育部副部长刘利民出席启动仪式并讲话，强调要坚持以幼儿为本，继续围绕《指南》，加大宣传力度，让科学育儿理念和知识家喻户晓、深入人心，努力为所有孩子创造一个良好的人生开端。

1415 | **5月30日**

中共中央总书记、国家主席、中央军委主席习近平到北京市海淀区民族小学参加庆祝"六一"国际儿童节活动，并发表《从小积极培育和践行社会主义核心价值观》重要讲话。习近平指出，少年儿童培养社会主义核心价值观，要做到记住要求、心有榜样、从小做起、接受帮助。记住要求，就是要把社会主义核心价值观的基本内容熟记熟背，让它们融化在心灵里、铭刻在脑子中。心有榜样，就是要学习英雄人物、先进人物、美好事物，在学习中养成好的思想品德追求。从小做起，就是要从自己做起、从身边做起、从小事做起，一点一滴积累，养成好思想、好品德。接受帮助，就是要听得进意见，受得了批评，在知错就改、越改越好的氛围中健康成长。习近平强调，让社会主义核心价值观在少年儿童中培育起来，家庭、学校、少先队组织和全社会都有责任。家长要时时处处给孩子做榜样，用正确行动、正确思想、正确方法教育引导孩子。要善于从点滴小事中教会孩子欣赏真善美、远离假丑恶。要注意观察孩子的思想动态和行为变化，随时做好教育引导工作。学校要把德育放在更加重要的位置，全面加强校风、师德建设，坚持教书育人，根据少年儿童特点和成长规律，循循善诱，春风化雨，努力做到每一堂课不仅传播知识、而且传授美德，每一次活动不仅健康身心、而且陶冶性情，让同学们都得到倾心关爱和真诚帮助，让社会主义核心价值观的种子在学生们心中生根发芽。少先队要坚持开展组织教育、自主教育、实践活动，更好为少年儿童培育和践行社会主义核心价值观服务，把广大少年儿童团结好、教育好、带领好。全社会都要了解少年儿童、尊重少年儿童、关心少年儿童、服务少年儿童，为少年儿童提供良好社会环境。对损害少年儿童权益、破坏少年儿童身心健康的言行，要坚决防止和依法打击。①

1416 | **7月8日**

国家教育体制改革领导小组办公室印发《关于进一步扩大省级政府教育统筹权的意见》。《意见》明确扩大省级人民政府教育统筹权的主要内容，明确省级人民政府七个方面的教育统筹职责。《意见》强调，由省级人民政府管理更方便有效的教育事项，一律下放省级人民政府管理。这是首次以文件形式对扩大省级人民政府教育统筹权作出全面部署，要求进一步理顺中央与地方教育管理权限和职责范围，充分发挥地方的积极性、主动性、创造性，加快推进教育现代化。

1417 | **7月8日**

教育部发布《严禁教师违规收受学生及家长礼品礼金等行为的规定》。《规定》明确六条“红线”：严禁以任何方式索要或接受学生及家长赠送的礼品礼金、有价证券和支付凭证等财物；严禁参加由学生及家长安排的

① 参见《人民日报》，2014年5月31日。

可能影响考试、考核评价的宴请；严禁参加由学生及家长安排支付费用的旅游、健身休闲等娱乐活动；严禁让学生及家长支付或报销应由教师个人或亲属承担的费用；严禁通过向学生推销图书、报刊、生活用品、社会保险等商业服务获取回扣；严禁利用职务之便谋取不正当利益的其他行为。对违规违纪的，发现一起、查处一起，对典型案件要点名道姓公开通报曝光。

1418 | **7月9日**

共青团中央、教育部、全国少工委联合印发通知，要求各级团组织、教育部门和少工委深入贯彻落实习近平总书记在北京市海淀区民族小学参加少先队主题队日活动时的讲话精神。通知指出，要按照习近平总书记“记住要求、心有榜样、从小做起、接受帮助”的16字要求，开展社会主义核心价值观教育。多渠道宣传解读社会主义核心价值观，集中持续宣传社会主义核心价值观24字要求和习近平总书记关于少年儿童培育和践行社会主义核心价值观16字要求。

1419 | **7月24日**

国务院印发《关于进一步推进户籍制度改革的意见》。《意见》提出，进一步调整户口迁移政策，统一城乡户口登记制度，全面实施居住证制度，加快建设和共享国家人口基础信息库，稳步推进义务教育、就业服务、基本养老、基本医疗卫生、住房保障等城镇基本公共服务覆盖全部常住人口。保障农业转移人口及其他常住人口随迁子女平等享有受教育权利；将随迁子女义务教育纳入各级人民政府教育发展规划和财政保障范畴；逐步完善并落实随迁子女在流入地接受中等职业教育免学费和普惠性学前教育的政策以及接受义务教育后参加升学考试的实施办法。

1420 | **8月11日**

教育部等七部门印发《关于推进学习型城市建设的意见》，对学习型城市建设工作提出要求、作出部署。《意见》首次提出我国学习型城市建设的阶段性目标：推动全国各类城市广泛开展学习型城市创建工作，形成一大批终身教育体系基本完善、各级各类教育协调发展、学习机会开放多样、学习资源丰富共享的学习型城市，由此促进我国的学习型社会建设。到2020年，东中西部地区市(地)级以上城市开展创建学习型城市工作覆盖率分别达到90%、80%和70%；各区域都要有一大批县级城市开展创建工作。

1421 | **8月18日**

教育部印发《关于实施卓越教师培养计划的意见》。《意见》提出，分类推进卓越教师培养模式改革。适应学前教育改革发展要求，构建厚基础、强能力、重融合的培养体系，培养一批热爱学前教育事业、综合素质全面、保教能力突出的卓越幼儿园教师。

1422 | **9月4日**

教育部发布《关于批准2014年国家级教学成果奖获奖项目的决定》。2014年，国家级教学成果奖首次实现基础教育、职业教育、高等教育全覆盖。基础教育类国家级教学成果奖获奖项目为417项，其中特等奖2项，一等奖48项，二等奖367项。

1423 | **9月9日**

在第三十个教师节前夕，中共中央总书记、国家主席、中央军委主席习近平到北京师范大学同师生代表进行座谈，发表题为《做党和人民满意的好老师》的重要讲话。习近平指出，每个人心目中都有自己好老师的形象。做好老师，是每一个老师应该认真思考和探索的问题，也是每一个老师的理想和追求。我想，好老师没有统一的模式，可以各有千秋、各显身手，但有一些共同的、必不可少的特质。第一，做好老师，要有理想信念。第二，做好老师，要有道德情操。第三，做好老师，要有扎实学识。第四，做好老师，要有仁爱之心。习近平强调，百年大计，教育为本。教育大计，教师为本。努力培养造就一大批一流教师，不断提高教师队伍整体素质，是当前和今后一段时间我国教育事业发展的紧迫任务。各级党委和人民政府要从战略高度来认识教师工作的极端重要性，把加强教师队伍建设作为基础工作来抓，满腔热情关心教师，改善教师待遇，关心教师健康，维护教师权益，充分信任、紧紧依靠广大教师，支持优秀人才长期从教、终身从教，使教师成为最受社会尊重的职业。要制定切实可行的政策措施，鼓励有志青年到农村、到边远地区为国家教育事业建功立业。要加强教师教育体系建设，加大对师范院校的支持力度，找准教师教育中存在的主要问题，寻求深化教师教育改革的突破口和着力点，不断提高教师培养培训的质量。要让全社会广泛了解教师工作的重要性和特殊性，让尊师重教蔚然成风。[①]

10 日，教育部党组召开党组扩大会，强调认真学习贯彻习近平重要讲话精神，采取切实有力措施不断完善体制机制，努力建设高素质一流教师队伍，营造优秀教师不断涌现的良好教育生态。要引导支持广大教师带头践行社会主义核心价值观，争做党和人民满意的好教师，做中华民族“梦之队”的筑梦人。11 日，中共教育部党组印发《关于教育系统学习贯彻习近平总书记教师节重要讲话精神的通知》。

1424 | **9 月 12 日**

国务院印发《关于进一步做好为农民工服务工作的意见》，部署进一步做好新形势下为农民工服务工作，切实解决农民工面临的突出问题，有序推进农民工市民化。《意见》指出，要保障农民工随迁子女平等接受教育的权利。输入地人民政府要将符合规定条件的农民工随迁子女教育纳入教育发展规划，合理规划学校布局，科学核定公办学校教师编制，加大公办学校教育经费投入，保障农民工随迁子女平等接受义务教育权利。积极创造条件着力满足农民工随迁子女接受普惠性学前教育的需求。对在公益性民办学校、普惠性民办幼儿园接受义务教育、学前教育的，采取政府购买服务等方式落实支持经费，指导和帮助学校、幼儿园提高教育质量。

1425 | **10 月 17 日**

中共教育部党组、共青团中央联合印发《关于在各级各类学校推动培育和践行社会主义核心价值观长效机制建设的意见》，旨在推动社会主义核心价值观融入教育教学、融入社会实践、融入文化育人、融入制度建设。

---

① 参见《人民日报》，2014 年 9 月 10 日。

1426 | **11 月 3 日**

教育部、国家发改委、财政部印发《关于实施第二期学前教育三年行动计划的意见》,启动实施2014—2016年第二期学前教育三年行动计划。《意见》提出，到2016年，全国学前三年毛入园率达到75%左右。城镇和经济发达地区的农村全面普及学前三年教育，其他农村地区特别是集中连片特困地区学前三年毛入园率有较大增长。初步建成以公办园和普惠性民办园为主体的学前教育服务网络。逐步建立起以公共财政投入为主的农村学前教育成本分担机制。幼儿园办园水平和保教质量显著提高。重点任务是：扩大总量，调整结构，健全机制，提升质量。主要措施包括：加快发展公办幼儿园，积极扶持普惠性民办幼儿园，进一步加大学前教育投入，加强幼儿园教师队伍建设，健全幼儿园监管体系，加强幼儿园保育教育指导。《意见》指出，各地要按照构建学前教育公共服务体系的总体要求，健全学前教育管理体制，省级和地市级人民政府加强统筹，县级人民政府落实主体责任。理顺办园体制，鼓励各地积极推进机关、企事业单位、集体办幼儿园的办园体制改革，提高各类公办学前教育资源面向社会提供公共服务的能力。深化幼儿园人事制度改革，增强幼儿园教师职业吸引力。

1427 | **11 月 16 日**

教育部、财政部、国家发改委、工信部、中国人民银行发布《构建利用信息化手段扩大优质教育资源覆盖面有效机制的实施方案》。《实施方案》明确细化以“三通两平台”为核心的重点任务，并提出推进机制、政策环境、经费投入、管理体系、环境氛围五个方面的保障措施。

1428 | **12 月 17 日**

北京师范大学中国基础教育质量监测协同创新中心启动“中国好老师”行动计划。该计划以全国师范院校为依托，联合社会各界力量，面向全国中小学和幼儿园，提升千万教师的综合素质尤其是师德素养。

1429 | **12 月 18 日**

最高人民法院、最高人民检察院、公安部、民政部印发《关于依法处理监护人侵害未成年人权益行为若干问题的意见》。《意见》规定，有性侵害、出卖、遗弃、虐待、暴力伤害未成年人、严重损害未成年人身心健康；将未成年人置于无人监管和照看的状态，导致未成年人面临死亡或严重伤害危险，经教育不改等七种情形的，人民法院可以判决撤销其监护人资格。

1430 | **12 月 24 日**

教育部在北京召开部分省、自治区、直辖市第二期学前教育三年行动计划座谈会。教育部副部长刘利民出席会议并讲话指出，第一期学前教育行动计划实施三年来，学前教育改革发展取得了前所未有的历史性成就，学前三年毛入园率快速增长，财政投入大幅增加，幼儿教师队伍建设不断加强，办园条件显著改善，保教质量稳步提高，探索了一条符合中国国情的学前教育普及之路。

1431 | **12 月 25 日**

国务院办公厅发布《国家贫困地区儿童发展规划（2014—2020 年）》。《规划》提出，对涉及 680 个县的集中连片特殊困难地区从出生开始到义务教育阶段结束的农村儿童的健康和教育，实施全过程的保障和干预，编织保障贫困地区儿童成长的安全网，实现到 2020 年贫困地区儿童发展整体水平基本达到或接近全国平均水平的目标。重点围绕健康和教育两个儿童发展的核心领域，兼顾儿童福利和安全，实施好新生儿出生健康、儿童营养改善、儿童医疗卫生保健、儿童教育保障、特殊困难儿童教育和关爱等五方面任务，加快形成对贫困地区儿童发展的全过程关注、全领域参与和全方面服务的政策体系。《规划》提出，扩大贫困地区困难家庭婴幼儿营养改善试点范围；扩大实施中西部农村偏远地区学前教育巡回支教试点，在人口分散的山区、牧区设立支教点；逐步提高特殊教育学校生均公用经费标准等。

2015年

改革进行时

• 重要文件

中共中央、国务院《关于打赢脱贫攻坚战的决定》

国务院办公厅《乡村教师支持计划（2015—2020年）》

国务院办公厅《关于全面加强和改进学校美育工作的意见》

教育部《关于深入推进教育管办评分离 促进政府职能转变的若干意见》

人社部、教育部《关于深化中小学教师职称制度改革的指导意见》

教育部《幼儿园园长专业标准》

教育部、公安部《关于加强中小学幼儿园消防安全管理工作的意见》

教育部《关于加强家庭教育工作的指导意见》

• 重要政策

深入推进教育管办评分离

健全学前教育资助制度

实施幼儿园园长专业标准

实施乡村教师支持计划

深化中小学教师职称制度改革

加强中小学幼儿园消防安全管理

全面加强和改进学校美育工作

加强家庭教育工作

• 重要会议

教育部召开全国学校艺术教育工作会议

教育部召开全国学校安全工作电视电话会议

教育部、联合国教科文组织举办国际教育信息化大会

• 改革亮点

发布《幼儿园园长专业标准》。《幼儿园园长专业标准》是对合格幼儿园园长专业素质的基本要求，是制定幼儿园园长任职资格标准、培训课程标准、考核评价标准的重要依据。《标准》的出台是对园长专业性的认可，对于推进园长专业化和幼儿园师资队伍建设，并进而提升学前教育保育教育质量具有重要意义。

1501 | **1月10日**

教育部发布《幼儿园园长专业标准》。《标准》规定，园长是履行幼儿园领导与管理工作职责的专业人员。《标准》从规划幼儿园发展、营造育人文化、领导保育教育、引领教师成长、优化内部管理、调适外部环境等六项专业职责方面，对园长的专业理解与认识、专业知识与方法、专业能力与行为进行了具体规定。《标准》是对合格幼儿园园长专业素质的基本要求，是引领幼儿园园长专业发展的基本准则，是制定幼儿园园长任职资格标准、培训课程标准、考核评价标准的重要依据。

1502 | **1月22日至23日**

教育部在北京召开2015年全国教育工作会议。会议强调，要全面贯彻党的十八大和十八届三中、四中全会精神，深入学习贯彻习近平总书记系列重要讲话精神，坚持稳中求进工作总基调，主动适应经济发展新常态，全面深化综合改革，全面推进依法治教，全面加强教育系统党的建设，着力促进教育公平、着力调整教育结构、着力提高教育质量，坚定不移沿着中国特色社会主义教育道路前进，为基本实现教育现代化而奋斗。

1503 | **2月12日**

教育部发布《教育部2015年工作要点》。2015年教育部工作要点包括：深入学习宣传习近平总书记系列重要讲话精神，切实加强党的建设；全面深化教育综合改革，推动基本实现教育现代化；全面推进依法治教，引领、保障教育事业改革发展；全面提高教育质量，促进各级各类教育内涵式发展；大力促进教育公平，逐步缩小区域、城乡、校际差距。

1504 | **3月2日**

教育部在天津召开全国学校艺术教育工作会议。会议强调，推动学校美育工作，要积极构建科学的美育课程体系；创新活动内容与形式，确保每个学生都能参与美育活动；加强区域内统筹力度，多渠道解决美育师资短缺问题；整合各类教育教学资源，形成推进学校美育改革发展的合力；建立评价制度，促进学校美育科学发展。

1505 | **3月5日**

十二届全国人大三次会议在北京人民大会堂开幕，国务院总理李克强作《政府工作报告》。《报告》总结回顾了2014年的教育工作成就。2014年，继续促进教育公平。全国财政性教育经费支出占国内生产总值比例超过4%。《报告》提出，2015年，要继续推进教育领域改革。促进教育公平发展和质量提升。教育是今天的事业、明天的希望。要坚持立德树人，增强学生的社会责任感、创新精神、实践能力，培养中国特色社会主义建设者和接班人。加强特殊教育、学前教育、继续教育和民族地区各类教育。促进民办教育健康发展。加强教师队伍建设。为切实把教育事业办好，保证投入，花好每一分钱。畅通农村和贫困地区学子纵向流动的渠道，让每个人都有机会通过教育改变自身命运。

1506 | **3月6日**

教育部发布《2014年教育督导报告》。《报告》披露，截至2014年底，21个省（自治区、直辖市）相继成立人民政府教育督导委员会，全国共有专兼职督学8万多名。

1507 | **3月26日**

教育部在北京召开全国学校安全工作电视电话会议。会议强调，要牢固树立安全意识，强化底线思维，完善学校安全综合防控体系，坚决排除校园安全隐患，织密织牢学生安全网，努力为孩子们平安、健康、幸福成长创造良好环境。教育部部长袁贵仁出席会议并讲话强调，学校安全是最让人牵挂的公共安全，要以高度的责任感和求真务实的作风，全力以赴把学校安全工作抓紧抓实、抓出成效。

1508 | **4月5日**

《中国教育报》以《771所山村幼儿园温暖贫困儿童》为题，报道了中国发展研究基金会于2009年9月启动的儿童早期发展项目。该项目包括婴幼儿营养改善和3—5岁幼儿学前教育两部分内容。2012年，学前教育部分更名为"山村幼儿园"计划。截至2015年1月，"山村幼儿园"

计划已建立771所山村幼儿园，覆盖8省（自治区）10个县，每年1.7万余名幼儿从中受益。

1509 | **4月24日**

十二届全国人大常委会第十四次会议表决通过新修订的《中华人民共和国广告法》。新《广告法》自2015年9月1日起施行。新《广告法》第十条规定："广告不得损害未成年人和残疾人的身心健康。" 第三十八条第二款规定："不得利用不满十周岁的未成年人作为广告代言人。"第三十九条规定："不得在中小学校、幼儿园内开展广告活动，不得利用中小学生和幼儿的教材、教辅材料、练习册、文具、教具、校服、校车等发布或者变相发布广告，但公益广告除外。"

1510 | **5月4日**

教育部印发《关于深入推进教育管办评分离 促进政府职能转变的若干意见》。《意见》提出，到2020年，基本形成政府依法管理、学校依法自主办学、社会各界依法参与和监督的教育公共治理新格局，为基本实现教育现代化提供重要制度保障。

1511 | **5月22日**

教育部和江苏省人民政府在江苏南京共同举行2015年全国学前教育宣传月启动仪式。2015年宣传月的主题是"给孩子适宜的爱"。教育部副部长刘利民出席启动仪式并讲话强调，要发挥好各类专业力量的优势，组织开展多种形式的宣传服务活动，帮助广大家长树立科学的儿童观、教育观。

1512 | **5月23日至25日**

由教育部和联合国教科文组织合作举办的国际教育信息化大会在山东青岛召开。国家主席习近平专门向大会发来贺信。习近平在贺信中强调，因应信息技术的发展，推动教育变革和创新，构建网络化、数字化、个性化、终身化的教育体系，建设"人人皆学、处处能学、时时可学"的学习型社会，培养大批创新人才，是人类共同面临的重大课题。习近平指出，当今世界，科技进步日新月异，互联网、云计算、大数据等现代信息技术深刻改变着人类的思维、生产、生活、学习方式，深刻展示了世界发展的前景。习近平表示，中国坚持不懈推进教育信息化，努力以信息化为手段扩大优质教育资源覆盖面。我们将通过教育信息化，逐步缩小区域、城乡数字差距，大力促进教育公平，让亿万孩子同在蓝天下共享优质教育、通过知识改变命运。习近平强调，人才决定未来，教育成就梦想。中国愿同世界各国一道，开拓更加广阔的国际交流合作平台，积极推动信息技术与教育融合创新发展，共同探索教育可持续发展之路，共同开创人类更加美好的未来！[①]国务院副总理刘延东在开幕式上宣读了习近平的贺信并致辞，倡议要更加重视教育信息化在突破时空限制、促进教育公平方面的作用和地位，加强信息技术与教育教学深度融合，促进优质数字教育资源开发和共建共享，推动不同文明交流互鉴。

1513 | **6月1日**

国务院办公厅发布《乡村教师支持计划（2015—2020年）》。《计划》提出，到2017年，力争使乡村学校优质教师来源得到多渠道扩充，乡村教师资源配置得到改善，教育教学能力水平稳步提升，各方面合理待遇依法得到较好保障，职业吸引力明显增强，逐步形成“下得去、留得住、教得好”的局面。建立乡村教师荣誉制度，对在乡村学校从教30年以上的教师按照有关规定发布荣誉证书。

1514 | **6月3日**

教育部、国家发改委、财政部、审计署、国家新闻出版广电总局联合印发《关于2015年规范教育收费治理教育乱收费工作的实施意见》。《实施意见》强调，要坚决严明各项纪律和规矩，全面落实治理工作责任，切实解决补课乱收费、择校乱收费、违规招生转学、收受礼品礼金等突出问题，坚决遏制乱办学、乱招生、乱收费现象。

---

① 参见《人民日报》，2015年5月24日。

1515 | **8月18日**

教育部、公安部联合印发《关于加强中小学幼儿园消防安全管理工作的意见》。《意见》从落实责任、组织检查与巡查、加强管理、规范标识、加强培训与演练、严格追责等方面对学校消防安全管理工作作出部署。

1516 | **8月28日**

人社部、教育部印发《关于深化中小学教师职称制度改革的指导意见》。《指导意见》指出，建立统一的中小学教师职称（职务）制度，统一职称（职务）等级和名称，确立中小学教师专业技术水平评价的基本标准条件，建立以同行专家评审为基础的业内评价机制。正高级教师数量国家实行总量控制。《指导意见》适用于幼儿园教师。

1517 | **9月8日**

中共中央政治局常委、国务院总理李克强在北京会见全国教书育人楷模及优秀乡村教师代表并作重要讲话。李克强强调指出，教育承载民族的希望和未来，教师是国家大厦的基石。强国必先重教，重教必须尊师。李克强希望广大教师，一要坚守教书育人的神圣职责，二要播撒创新的火种，三要促进社会公平。①

1518 | **9月9日**

中共中央总书记、国家主席、中央军委主席习近平给"国培计划（2014）"北京师范大学贵州研修班全体参训教师回信，对他们提出殷切希望，并向全国广大教师致以节日的祝贺和诚挚的祝福。习近平强调："发展教育事业，广大教师责任重大、使命光荣。希望你们（参训教师）牢记使命、不忘初衷，扎根西部、服务学生，努力做教育改革的奋进者、教育扶贫的先行者、学生成长的引导者，为贫困地区教育事业发展、为祖国下一代健康成长继续作出自己的贡献。"②

---

① 参见《人民日报》，2015年9月9日。

② 《人民日报》，2015年9月10日。

1519 | **9月15日**

国务院办公厅印发《关于全面加强和改进学校美育工作的意见》。《意见》分总体要求、构建科学的美育课程体系、大力改进美育教育教学、统筹整合学校与社会美育资源、保障学校美育健康发展等5部分内容，共21条。《意见》提出学校美育工作的总体目标是：2015年起全面加强和改进学校美育工作。到2018年，取得突破性进展，美育资源配置逐步优化，管理机制进一步完善，各级各类学校开齐开足美育课程。到2020年，初步形成大中小幼美育相互衔接、课堂教学和课外活动相互结合、普及教育与专业教育相互促进、学校美育和社会家庭美育相互联系的具有中国特色的现代化美育体系。《意见》指出，学校美育课程主要包括音乐、美术、舞蹈、戏剧、戏曲、影视等。各级各类学校要按照课程设置方案和课程标准、教学指导纲要，逐步开齐开足上好美育课程。

1520 | **10月10日**

全国中小学社会主义核心价值观教育经验交流暨德育工作会议在北京召开。中共教育部党组书记、教育部部长袁贵仁出席会议并讲话。袁贵仁强调，要深刻领会习近平总书记关于培育和践行社会主义核心价值观的重要论述，全面贯彻党的教育方针，落实立德树人根本任务，教育引导中小学生扣好人生的第一粒扣子，德智体美全面发展，努力成为中国特色社会主义事业合格建设者和可靠接班人。

1521 | **10月11日**

教育部印发《关于加强家庭教育工作的指导意见》。《指导意见》要求，充分认识加强家庭教育工作的重要意义，进一步明确家长在家庭教育中的主体责任，充分发挥学校在家庭教育中的重要作用，加快形成家庭教育社会支持网络，完善家庭教育工作保障措施。《指导意见》强调，学龄前儿童家长要为孩子提供健康、丰富的生活和活动环境，培养孩子健康体魄、良好生活习惯和品德行为，让他们在快乐的童年生活中获得有益于身心发展的经验。

1522 | 11月24日

教育部发布《国家中长期教育改革和发展规划纲要（2010—2020年）》中期评估学前教育专题评估报告。报告指出，规范学前教育管理是确保学前教育健康、科学发展的重要保障条件。五年来，从中央到地方，各级人民政府加强幼儿园准入、收费、卫生等方面管理制度的建设，密集出台了一系列法律、法规与政策、条例，制定出台各种类型幼儿园的办园标准、收费标准，实行分类管理；完善和落实幼儿园年检制度，对幼儿园实行动态监管；学前教育被纳入教育督导工作范围；对无证办园进行专项分类治理。报告强调，幼儿园教育“小学化”违背学前儿童身心发展和学习的规律，影响幼儿园教育质量的提高。教育部印发《关于规范幼儿园保育教育工作，防止和纠正“小学化”现象的通知》，发布《3—6岁儿童学习与发展指南》，加强专业指导；各地教育行政部门也都注意纠正幼儿园教育“小学化”倾向，倡导以游戏为基本活动，引导幼儿园将《3—6岁儿童学习与发展指南》精神与要求落实到幼儿园教育实践之中。

1523 | 11月29日

中共中央、国务院发布《关于打赢脱贫攻坚战的决定》。《决定》指出，加快实施教育扶贫工程，让贫困家庭子女都能接受公平有质量的教育，阻断贫困代际传递。国家教育经费向贫困地区、基础教育倾斜。健全学前教育资助制度，帮助农村贫困家庭幼儿接受学前教育。加大对乡村教师队伍建设的支持力度，“特岗计划”“国培计划”向贫困地区基层倾斜，为贫困地区乡村学校定向培养留得下、稳得住的一专多能教师，制定符合基层实际的教师招聘引进办法，建立省级统筹乡村教师补充机制，推动城乡教师合理流动和对口支援。全面落实连片特困地区乡村教师生活补助政策，建立乡村教师荣誉制度。合理布局贫困地区农村中小学校，改善基本办学条件，加快标准化建设，加强寄宿制学校建设。

1524 | **12月27日**

十二届全国人大常委会第十八次会议通过并发布《全国人民代表大会常务委员会关于修改〈中华人民共和国教育法〉的决定》。新《教育法》第十八条规定："国家制定学前教育标准，加快普及学前教育，构建覆盖城乡，特别是农村的学前教育公共服务体系。各级人民政府应当采取措施，为适龄儿童接受学前教育提供条件和支持。"

1525 | **12月30日**

中共中央政治局就中华民族爱国主义精神的历史形成和发展进行第二十九次集体学习。中共中央总书记习近平在主持学习时强调，伟大的事业需要伟大的精神。实现中华民族伟大复兴的中国梦，是当代中国爱国主义的鲜明主题。要大力弘扬伟大爱国主义精神，大力弘扬以改革创新为核心的时代精神，为实现中华民族伟大复兴的中国梦提供共同精神支柱和强大精神动力。习近平指出，爱国主义是中华民族精神的核心。爱国主义精神深深植根于中华民族心中，是中华民族的精神基因，维系着华夏大地上各个民族的团结统一，激励着一代又一代中华儿女为祖国发展繁荣而不懈奋斗。弘扬爱国主义精神，必须把爱国主义教育作为永恒主题，必须坚持爱国主义和社会主义相统一，必须维护祖国统一和民族团结，必须尊重和传承中华民族历史和文化，必须坚持立足民族又面向世界。①

① 参见《人民日报》，2015年12月31日。

2016 年

改革进行时

• 重要文件

国务院《关于加强农村留守儿童关爱保护工作的意见》

国务院《关于加强困境儿童保障工作的意见》

国务院《关于鼓励社会力量兴办教育促进民办教育健康发展的若干意见》

国务院办公厅《关于加快中西部教育发展的指导意见》

国务院办公厅《关于强化学校体育促进学生身心健康全面发展的意见》

教育部《幼儿园工作规程》

教育部等六部门《教育脱贫攻坚“十三五”规划》

中组部、中共教育部党组《关于加强中小学校党的建设工作的意见》

教育部《全国教育系统开展法治宣传教育的第七个五年规划（2016—2020 年）》

教育部等九单位《关于防治中小学生欺凌和暴力的指导意见》

国务院教育督导委员会办公室《中小学（幼儿园）安全工作专项督导暂行办法》

教育部《督学管理暂行办法》

住建部《托儿所、幼儿园建筑设计规范》

教育部《教育信息化“十三五”规划》

全国妇联、教育部等九单位《关于指导推进家庭教育的五年规划（2016—2020年）》

• 重要政策

制定出台“十三五”教育脱贫攻坚计划

加快中西部教育发展

加强困境儿童保障工作

发布实施新修订的《幼儿园工作规程》

民办学校实行非营利性和营利性分类管理

实施《托儿所、幼儿园建筑设计规范》

开展中小学、幼儿园安全工作专项督导

开展校园欺凌专项治理

• 重要会议

教育部召开中小学爱国主义教育座谈会

中国应急管理学会举办首届应急教育和校园安全论坛

• 改革亮点

修订并发布《幼儿园工作规程》。新《规程》对坚持立德树人、强化安全管理、注重与现行法律法规和有关政策的衔接、完善幼儿园内部管理机制等方面作了修订，更有助于加强幼儿园的科学管理，规范办园行为，提高保育和教育质量，促进幼儿身心健康。

1601 | **1月4日**

国务院教育督导委员会第三次会议在北京召开。会议强调，要认真贯彻党中央、国务院决策部署，落实《教育督导条例》，突出督导工作重点，抓住关键，完善机制，为全面深化教育综合改革、加快推进教育现代化提供坚强保障。

1602 | **1月5日**

教育部发布新修订的《幼儿园工作规程》。新《规程》于3月1日开始实施，在1996年的《幼儿园工作规程》的基础上主要对坚持立德树人、强化安全管理、规范办园行为、注重与法律法规和有关政策的衔接、完善幼儿园内部管理机制等方面作出修订。新《规程》为幼儿园管理者指引了方向，是幼儿园保教活动的政策依据。

1603 | **1月6日**

教育部办公厅印发《关于进一步做好中小学冬季防寒取暖工作，确保学生安全温暖过冬的通知》。通知要求坚决防止取暖安全事故，切实保障校舍内部温度，持续改善防寒取暖条件。

1604 | **1月11日**

教育部在北京召开中小学爱国主义教育座谈会，学习贯彻习近平总书记在中共中央政治局第二十九次集体学习时重要讲话精神。教育部有关负责同志强调，习近平总书记的重要讲话，紧密结合爱国主义的历史形成和发展历程，深刻阐述其核心要义和时代内涵，明确提出大力弘扬爱国主义精神的“五个必须”，为唱响爱国主义主旋律厘清了思想认识、明确了方向任务。各地要围绕弘扬和践行社会主义核心价值观、落实立德树人根本任务，在广大中小学校开展深入、持久、生动的爱国主义宣传教育，培养青少年学生爱国之情，砥砺强国之志，实践报国之行，让爱国主义精神代代相传、发扬光大。

1605 | **1月15日**

教育部在北京召开2016年全国教育工作会议。教育部部长袁贵仁作工作报告。袁贵仁指出，教育系统要在国家总体战略和宏伟蓝图指引下，牢牢把握提高教育质量的重点任务。一是落实立德树人的根本任务。要坚定不移加强理想信念教育，千方百计促进学生身心健康，多种形式提高学生实践能力。二是加快教育结构调整。要发展普惠性学前教育。学前教育普惠性资源还相对短缺，特别是农村地区学前教育基础还很薄弱，投入机制还不健全。要以完善普惠性幼儿园发展与投入机制为着力点，扎实推进第二期学前教育三年行动计划。在新型城镇化和新农村建设中，必须配套建设小区幼儿园，加大对企事业单位、集体办园和普惠性民办园的扶持力度。要创新管理体制，充分发挥公办幼儿园、乡镇中心园辐射带动作用，让每一个在园儿童享受有质量保障的学前教育。研究制订第三期学前教育三年行动计划，进一步扩大普惠性资源覆盖面，提高学前教育普及率，解决好学前教育这个短板。三是下大功夫抓好教育公平。要精准帮扶困难群体，加快改造薄弱学校，全面提升中西部教育。四是提升办学要素水平。要提升教师队伍整体素质，加快推进教育信息化，依法保证教育投入稳定增长。

1606 | **2月4日**

教育部发布《教育部2016年工作要点》。2016年教育部工作要点包括：切实加强党的建设，全面维护教育系统和谐稳定；始终贯彻落实立德树人根本任务，着力提高教育质量；坚持改革创新，不断为教育事业发展注入动力活力；坚持协调发展，不断优化教育结构；坚持共享发展，切实保障广大人民群众接受教育的权利。

1607 | **2月4日**

国务院印发《关于加强农村留守儿童关爱保护工作的意见》。《意见》提出，加强农村留守儿童关爱保护工作、维护未成年人合法权益，是各级人民政府的重要职责，也是家庭和全社会的共同责任。要以促进未成年人健康成长为出发点和落脚点，不断健全法律法规和制度机制，强化家庭监护主体责任，加大关爱保护力度，逐步减少儿童留守现象，确保农村留守儿童安全、健康、受教育等权益得到有效保障。

1608 | **2 月 24 日**

教育部举行新闻发布会，介绍甘肃省开展教育扶贫工作的有关情况。甘肃省教育厅厅长王嘉毅透露，甘肃省构建了“7+1”教育精准扶贫政策体系，打出教育扶贫“组合拳”，出台实施学前教育等七个方面的专项支持计划和《支持革命老区教育跨越式发展行动计划（2015—2020 年）》。

1609 | **3 月 5 日**

十二届全国人大四次会议在北京人民大会堂开幕，国务院总理李克强作《政府工作报告》。《报告》强调，2016 年教育方面的重点工作是：发展更高质量更加公平的教育。教育承载着国家的未来、人民的期盼。公共教育投入要加大向中西部和边远、贫困地区倾斜力度。鼓励普惠性幼儿园发展。办好特殊教育。落实提高乡村教师待遇政策。加快推进远程教育，扩大优质教育资源覆盖面。支持和规范民办教育发展。从家庭到学校、从政府到社会，都要为孩子们的安全健康、成长成才担起责任，共同托起明天的希望。

1610 | **3 月 16 日**

十二届全国人大四次会议表决通过《中华人民共和国国民经济和社会发展第十三个五年规划纲要》。《规划纲要》提出，要把提升人的发展能力放在突出重要位置，全面提高教育、医疗卫生水平，着力增强人民科学文化和健康素质，加快建设人力资本强国。全面贯彻党的教育方针，坚持教育优先发展，加快完善现代教育体系，全面提高教育质量，促进教育公平，培养德智体美全面发展的社会主义建设者和接班人。加快基本公共教育均衡发展。鼓励普惠性幼儿园发展，加强农村普惠性学前教育，实施学前教育三年行动计划，学前三年毛入园率提高到 85%。

1611 | **4 月 20 日**

住建部发布《托儿所、幼儿园建筑设计规范》。《规范》自 2016 年 11 月 1 日起实施，主要技术内容包括总则、术语、基地和总平面、建筑设计、室内环境、建筑设备等六部分。制定《规范》的主要目的在于保证托儿所、幼儿园建筑设计质量，使建筑设计满足适用、安全、卫生、经济、美观等方面的基本要求。

1612 | **4月21日**

国务院办公厅印发《关于强化学校体育促进学生身心健康全面发展的意见》。《意见》要求，到2020年，学校体育办学条件总体达到国家标准，体育课时和锻炼时间切实保证，教学、训练与竞赛体系基本完备，体育教学质量明显提高；学生体育锻炼习惯基本养成，运动技能和体质健康水平明显提升，规则意识、合作精神和意志品质显著增强；政府主导、部门协作、社会参与的学校体育推进机制进一步完善，基本形成体系健全、制度完善、充满活力、注重实效的中国特色学校体育发展格局。切实保证学生每天一小时校园体育活动落到实处。幼儿园要遵循幼儿年龄特点和身心发展规律，开展丰富多彩的体育活动。

1613 | **4月28日**

国务院教育督导委员会办公室印发《关于开展校园欺凌专项治理的通知》。通知要求，各地各中小学校针对发生在学生之间蓄意或恶意通过肢体、语言及网络等手段，实施欺负、侮辱造成伤害的校园欺凌进行专项治理。此次专项治理覆盖全国中小学校（包括中等职业学校），分为两个阶段进行，第一阶段为4月至7月，各校开展治理；第二阶段为9月至12月，开展专项督查。

1614 | **5月11日**

国务院办公厅印发《关于加快中西部教育发展的指导意见》。《指导意见》指出，积极发展农村学前教育。以扩充资源为核心、加强师资为重点、健全管理为支撑，通过举办托儿所、幼儿园等，构建农村学前教育体系，逐步提高农村入园率，基本普及学前教育。国家继续支持学前教育发展，重点向中西部革命老区、民族地区、边疆地区、贫困地区农村倾斜，因地制宜加强园舍建设、师资培训和玩教具配备，加快推进农村学前教育发展。到2020年，中西部地区农村学前三年毛入园率达到70%。具体措施有：

扩充公办幼儿园资源；支持普惠性民办幼儿园发展；补充学前教育师资队伍；改革学前教育管理体制。

1615 | **5 月 20 日**

教育部和山东省人民政府在山东青岛共同举行 2016 年全国学前教育宣传月启动仪式。2016 年宣传月的主题是“幼小协同、科学衔接”。教育部副部长刘利民出席启动仪式并讲话强调，要通过多种形式的宣传，引导全社会尊重儿童的成长规律，幼儿园、小学协同努力，广大家长支持配合，形成良好的社会氛围，促进幼小科学衔接。

1616 | **5 月 21 日**

中国应急管理学会成立校园安全专业委员会，并发布《中国应急教育与校园安全发展报告 2016》，同时举办首届应急教育和校园安全论坛。

1617 | **6 月 7 日**

教育部发布《教育信息化“十三五”规划》。《规划》提出，到 2020 年，基本建成“人人皆学、处处能学、时时可学”，与国家教育现代化发展目标相适应的教育信息化体系；基本实现教育信息化对学生全面发展的促进作用、对深化教育领域综合改革的支撑作用和对教育创新发展、均衡发展、优质发展的提升作用；基本形成具有国际先进水平、信息技术与教育融合创新发展的中国特色教育信息化发展路径。

1618 | **6 月 13 日**

国务院印发《关于加强困境儿童保障工作的意见》。《意见》规定，困境儿童包括因家庭贫困导致生活、就医、就学等困难的儿童，因自身残疾导致康复、照料、护理和社会融入等困难的儿童，以及因家庭监护缺失或监护不当遭受虐待、遗弃、意外伤害、不法侵害等导致人身安全受到威胁或侵害的儿童。《意见》提出，针对困境儿童生存发展面临的突出问题和困难，强化教育保障。支持特殊教育学校、取得办园许可的残疾儿童康复机构和有条件的儿童福利机构开展学前教育。支持儿童福利机构特教班在做好机构内残疾儿童特殊教育的同时，为社会残疾儿童提供特殊教育。

1619 | **6月29日**

中组部、中共教育部党组印发《关于加强中小学校党的建设工作的意见》。《意见》要求，充分发挥中小学党组织政治核心作用，健全完善中小学党建工作管理体制，全面提升中小学校党组织建设水平，把抓好德育和思想政治工作作为中小学校党组织重要任务，切实加强对中小学校党建工作的领导。《意见》适用于公办中小学校（含中等职业学校），公办幼儿园参照执行。

1620 | **7月21日**

教育部发布《全国教育系统开展法治宣传教育的第七个五年规划（2016—2020年）》。《规划》提出要贯彻落实国家“七五”普法规划任务要求，全面提升教育系统法治观念和法律素养；切实将法治教育纳入国民教育体系，形成学校、家庭、社会“三位一体”的青少年法治教育格局；坚持普法与法治实践相结合，不断提高教育系统依法治理水平。

1621 | **7月25日**

广西壮族自治区教育厅印发《关于切实做好中小学（幼儿园）结对帮扶工作的通知》，要求所有公办幼儿园、小学、初中、普通高中、特殊教育学校全部参与。通知要求，各县（市、区）统筹安排县城（城区）公办幼儿园、优质民办幼儿园对口帮扶乡镇中心幼儿园，乡镇中心幼儿园对口帮扶所在乡镇村级幼儿园，在县域内建立“县—乡”和“乡—村”两级结对帮扶。幼儿园帮扶重点是提高保教质量，帮扶形式包括组织开展专题讲座、巡回指导、现场诊断、案例研磨、名园对话、送教下乡等。

1622 | **7月29日**

教育部发布《督学管理暂行办法》。《暂行办法》从聘任、责权、监管、培训、考核等方面，强化国家教育督导，加强督学队伍建设，促进督学管理科学化、规范化、专业化，提高教育督导工作质量和水平，保障教育事业科学发展。督学可行使五项权力：一是就督导事项有关问题进入相关部门和学校开展调查。二是查阅、复制与督导事项有关的文件、材料。三是要求被督导单位就督导事项有关问题作出说明。四是采取约谈有关负责人等方式督促问题整改落实。五是对被督导单位的整改情况进行监督、检查。

1623 | **8月5日**

山东省人民政府办公厅印发《关于贯彻国办发〔2015〕71号文件全面加强和改进学校美育工作的实施意见》，要求到2018年，按国家部署要求开齐开足开好美育课程，以学区为单位，配齐音乐、美术等美育课程专职教师。《实施意见》指出，到2020年初步建立起大中小幼美育相互衔接，课堂教学、课外活动、校园文化、艺术展演四位一体的美育实施体系。学前教育阶段要开展丰富多样的艺术活动，引导幼儿用自己的方式去感受美、表现美、创造美，使幼儿快乐生活、健康成长。

1624 | **8月25日**

教育部发布《2015年中国学生资助发展报告》。2015年，我国学生资助资金首次突破1500亿元，增长近10%，全国累计资助学生（幼儿）逾8400万人次，免费教科书、营养膳食补助等资金达到450亿元。

1625 | **8月29日**

教育部与北京、上海、江苏、福建、山东、重庆、四川、甘肃等八省（直辖市）签署学校美育改革发展备忘录，旨在推动中央部门和地方人民政府构建上下联动、统筹整合、协同推进的学校美育改革发展工作机制。

1626 | **10月25日**

中共中央、国务院印发《“健康中国2030”规划纲要》。《规划纲要》提出，建立健全健康促进与教育体系，提高健康教育服务能力，从小抓起，普及健康科学知识。加大学校健康教育力度，将健康教育纳入国民教育体系，把健康教育作为所有教育阶段素质教育的重要内容。以中小学为重点，建立学校健康教育推进机制。构建相关学科教学与教育活动相结合、课堂教育与课外实践相结合、经常性宣传教育与集中式宣传教育相结合的健康教育模式。培养健康教育师资，将健康教育纳入体育教师职前教育和职后培训内容。

1627 | 11月1日

教育部、中央综治办、最高人民法院等九单位联合印发《关于防治中小学生欺凌和暴力的指导意见》。《指导意见》强调，要积极有效预防学生欺凌和暴力，依法依规处置学生欺凌和暴力事件，切实形成防治学生欺凌和暴力的工作合力。

1628 | 11月2日

全国妇联、教育部、中央文明办、民政部、文化部、国家卫计委、国家新闻出版广电总局、中国科协、中国关工委发布《关于指导推进家庭教育的五年规划（2016—2020年）》。《规划》提出，到2020年，基本建成适应城乡发展、满足家长和儿童需求的家庭教育指导服务体系。《规划》指出，建立健全家庭教育公共服务网络。依托城乡社区公共服务设施、城乡社区教育机构、儿童之家、青少年宫、儿童活动中心等活动阵地，普遍建立家长学校或家庭教育指导服务站点，城市社区覆盖率达到90%，农村社区(村)覆盖率达到80%。在中小学、幼儿园、中等职业学校建立家长学校，城市学校建校率达到90%，农村学校建校率达到80%。

1629 | 11月7日

十二届全国人大常委会第二十四次会议审议通过《关于修改〈中华人民共和国民办教育促进法〉的决定》。对民办学校实行分类管理是修改《民办教育促进法》的一项核心内容。新《民办教育促进法》规定，民办学校的举办者可以自主选择设立非营利性或者营利性民办学校。但是，不得设立实施义务教育的营利性民办学校。

1630 | 11月30日

国务院教育督导委员会办公室发布《中小学（幼儿园）安全工作专项督导暂行办法》。《暂行办法》规定，中小学（幼儿园）安全工作专项督导由国务院教育督导委员会办公室负责组织实施，主要检查各级地方人民政府、相关职能部门和学校安全工作治理体制、机制和治理能力、措施的建设、落实等情况。

1631 | **12 月 7 日**

国家食药监总局、教育部印发《关于进一步加强中小学校和幼儿园食品安全监督管理工作的通知》。通知要求，严把中小学和幼儿园食堂食品经营许可准入关，进一步加强中小学和幼儿园食品安全监管工作。

1632 | **12 月 15 日**

国务院发布《“十三五”国家信息化规划》。《规划》提出，实施在线教育普惠行动，到 2020 年，基本建成数字教育资源公共服务体系，形成覆盖全国、多级分布、互联互通的数字教育资源云服务体系。

1633 | **12 月 16 日**

教育部、国家发改委、民政部、财政部、人社部、国务院扶贫办等六部门发布《教育脱贫攻坚“十三五”规划》。《规划》指出，“十三五”时期教育脱贫攻坚的主要目标包括：发展学前教育，巩固提高义务教育，普及高中阶段教育，到 2020 年，贫困地区教育总体发展水平显著提升，实现贫困人口教育基本公共服务全覆盖。保障各教育阶段从入学到毕业的全程全部资助，保障贫困家庭孩子都可以上学，不让一个学生因家庭困难而失学。对建档立卡学龄前儿童，确保其都有机会接受学前教育。《规划》提出，要发展学前教育，以夯实教育脱贫根基。省级统筹学前教育资金向贫困县倾斜。以县为单位编制学前教育规划，通过举办托儿所、幼儿园等，构建学前教育体系，重点保障留守儿童。贫困地区每个乡镇至少办好一所公办中心幼儿园，在有条件的大行政村独立建园或设分园，小行政村联合办园，逐步形成贫困地区农村学前教育服务网络。采取多种方式鼓励普惠性民办幼儿园招收建档立卡等贫困家庭子女。健全学前教育资助制度，帮助农村贫困家庭幼儿接受学前教育。加强民族地区幼儿园建设。

1634 | **12 月 26 日**

江西省教育厅、省发改委、省财政厅联合印发《江西省普惠性民办幼儿园认定及扶持办法（试行）》。《办法》规定，每年认定一批普惠性民办幼儿园，有效期为三年。普惠性民办幼儿园实行政府指导性收费，在办学用地、税收优惠、费用减免、教师培训、职称评定、评先评优、幼儿资助等方面与公办幼儿园享受同等待遇。

1635

1635 | **12月29日**

国务院印发《关于鼓励社会力量兴办教育促进民办教育健康发展的若干意见》。《意见》指出，对民办学校实行非营利性和营利性分类管理以及差别化扶持，在财政、税费、用地、收费等方面对非营利性民办学校给予更大扶持。

2017年

改革进行时

·重要文件

国务院《国家教育事业发展“十三五”规划》

中共中央办公厅、国务院办公厅《关于深化教育体制机制改革的意见》

中共中央办公厅、国务院办公厅《关于实施中华优秀传统文化传承发展工程的意见》

国务院办公厅《关于加强中小学幼儿园安全风险防控体系建设的意见》

教育部、国家发改委等单位《第二期特殊教育提升计划（2017—2020年）》

教育部等部门《关于实施第三期学前教育行动计划的意见》

教育部《幼儿园办园行为督导评估办法》

教育部《中小学幼儿园教师培训课程指导标准》

教育部《关于全面推进教师管理信息化的意见》

• 重要政策

深化教育体制机制改革

健全国务院领导、省市统筹、以县为主的学前教育管理体制

在加快发展基础上提升学前教育普惠水平

启动第三期学前教育行动计划

以区县为单位实施学前教育行动计划及后续行动

加强学校安全风险防控体系建设

未取得办园资质幼儿园纳入学前教育督导评估范围

全面推进教师管理信息化

• 重要会议

教育部召开第三期学前教育行动计划部署会

• 改革亮点

深化教育体制机制改革。为了全面贯彻党的教育方针，坚持社会主义办学方向，全面落实立德树人根本任务，中共中央办公厅、国务院办公厅印发《关于深化教育体制机制改革的意见》。《意见》明确了我国深化教育体制机制改革的指导思想、基本原则和主要目标等，有助于破除当前教育事业发展中的各种体制机制障碍。

督导评估幼儿园办园行为。《幼儿园办园行为督导评估办法》提出对幼儿园的办园条件、安全卫生、保育教育、教职工队伍和内部管理等五个方面进行评估，有助于规范办园行为，加强幼儿园质量监管。

1701 | 1月10日

国务院发布《国家教育事业发展“十三五”规划》。《规划》提出，到2020年，学前三年毛入园率达到85%。要加快发展学前教育。一是继续扩大普惠性学前教育资源，基本解决“入园难”问题。以区县为单位实施学前教育行动计划及后续行动。支持企事业单位和集体办园，扩大公办学前教育资源。完善普惠性民办幼儿园扶持政策，鼓励地方通过政府购买服务、补贴租金、培训教师等方式，加快民办普惠性幼儿园发展。发展0岁至3岁婴幼儿早期教育，探索建立以幼儿园和妇幼保健机构为依托，面向社区、指导家长的公益性婴幼儿早期教育服务模式。二是提高幼儿园保育教育质量。健全学前教育管理体制，强化省级人民政府的统筹责任，落实县级人民政府发展学前教育和幼儿园监管的主体责任。加大对贫困地区、民族地区学前教育薄弱环节的扶持力度。建立学前教育质量评估监管体系，落实《幼儿园工作规程》，加强对各类幼儿园准入、安全、师资等方面的日常指导和监管，落实信息公示制度，强化社会监督。着力提升学前教育教师、保育员素质。

1702 | 1月13日至14日

教育部在北京召开2017年全国教育工作会议。会议强调，要深入学习贯彻习近平总书记系列重要讲话精神和治国理政新理念新思想新战略，坚定不移沿着中国特色社会主义教育道路前进，加快推进教育现代化，以优异的成绩迎接党的十九大胜利召开。会议指出，要在加快发展基础上提升学前教育普惠水平。

1703 | 1月13日

为加强和改进中小学校领导人员管理，根据《事业单位领导人员管理暂行办法》，中共中央组织部、教育部联合印发《中小学校领导人员管理暂行办法》。《暂行办法》适用于公办中小学校和幼儿园的领导班子成员，对领导人员的任职条件和资格、选拔任用、任期和任期目标责任、考核评价、职业发展和激励保障、监督约束、退出等作出规定。

1704 | **1月22日**

教育部印发《教育部2017年工作要点》。2017年教育部工作要点包括:全面贯彻落实高校思想政治工作会议精神，切实加强教育系统党的建设;全面深化体制机制改革，不断激发教育发展活动;加快优化结构，促进各级各类教育协调发展;始终贯彻立德树人根本任务，着力提高教育质量;大力促进教育公平，切实缩小城乡、区域、校际、群体差距;全面提升教育保障水平，维护教育系统和谐稳定。

1705 | **1月25日**

中共中央办公厅、国务院办公厅印发《关于实施中华优秀传统文化传承发展工程的意见》。《意见》要求，以幼儿、小学、中学教材为重点，构建中华文化课程和教材体系。编写中华文化幼儿读物，开展“少年传承中华传统美德”系列教育活动，创作系列绘本、童谣、儿歌、动画等。

1706 | **2月7日**

浙江省教育厅、省财政厅发布《政府向社会力量购买学前教育服务实施方案》。《实施方案》指出，通过政府购买服务，完善学前教育生均经费补助机制，优化学前教育资源供给，健全学前教育公共服务体系。建立完善幼儿基本信息台账制度、内部监督管理制度、综合性评审机制等，争取用三年左右时间在浙江省建成以普惠性幼儿园为主体的学前教育发展格局。

1707 | **2月16日**

全国政协在北京召开第六十二次双周协商座谈会，围绕“办好学前教育”建言献策。委员们建议：一是要重视学前教育；二是要多措并举扩大普惠性资源供给；三是要注重质量提升；四是要重点支持边疆民族地区和贫困地区的学前教育；五是要加快学前教育法的立法步伐。委员们还就教师待遇、公办幼儿园生均经费标准和生均财政拨款标准、编制管理、企事业单位幼儿园属地管理等问题提出意见建议。

1708 | **2月23日**

甘肃省教育厅、省发改委、省财政厅、省国土资源厅、省住建厅等五部门印发《关于加强城镇住宅小区配套幼儿园规划建设和管理使用工作的指导意见》。《指导意见》要求，1000户以上的新建住宅小区要建设一所规模至少为6个班的幼儿园。各地要将住宅小区配套幼儿园纳入城镇发展总体规划，确保幼儿园的规模、数量与城市发展和人口增长相适应。配套幼儿园属于公共教育资源，未经批准，任何部门和单位不得擅自拆改或闲置，严禁以出租、出售、转让、抵押等方式改变用途。

1709 | **3月5日**

十二届全国人大五次会议在北京人民大会堂开幕，国务院总理李克强作《政府工作报告》。《报告》在回顾2016年教育工作时指出，财政性教育经费支出占国内生产总值比例继续超过4%。全年资助各类学校家庭困难学生8400多万人次。关于2017年重点工作任务，《报告》强调，要办好公平优质教育。加强民族教育，办好特殊教育、继续教育、学前教育和老年教育。支持和规范民办教育发展。加强教师队伍建设。制定实施《中国教育现代化2030》。要发展人民满意的教育，以教育现代化支撑国家现代化，使更多孩子成就梦想、更多家庭实现希望。

1710 | **3月15日**

教育部办公厅印发《关于做好学校食品安全与传染病防控工作的通知》，要求各地加强学校和幼儿园食品安全管理和传染病防控工作。通知指出，鼓励中小学校和幼儿园在厨房、配餐间等安装监控摄像装置，实现食品制作实时监控，公开食品加工制作过程，自觉接受学生及家长监督。

1711 | **3月31日**

教育部印发《关于全面推进教师管理信息化的意见》。《意见》提出，要高效采集、有效整合教师系统及相关教育管理服务平台生成的教师信息，形成教师队伍大数据，作为教师工作决策的基础支撑和重要依据。

1712 | **4 月 11 日**

教育部与内蒙古、吉林、黑龙江、陕西、青海等五省（自治区）及山东省青岛市在北京签署开展“一带一路”教育行动国际合作备忘录。中共教育部党组书记、教育部部长陈宝生向有关负责同志表示，党中央、国务院领导高度重视“一带一路”人文交流机制建设工作，教育部也将继续支持各地，全面搭建省部共建合作推进平台。

1713 | **4 月 18 日**

教育部发布《幼儿园办园行为督导评估办法》。《办法》规定，督导评估内容包括办园条件、安全卫生、保育教育、教职工队伍和内部管理等五个方面。办园条件和安全卫生是常规性督导评估重点。《办法》突出对办园行为和规范管理的整改督促。未取得办园资质幼儿园首次被纳入督导评估范围。《办法》突出的是底线标准，是一所幼儿园是否具备资质的最基本要求。

1714 | **4 月 21 日**

重庆市教委、市财政局、市人社局联合印发《重庆市公费男幼师培养工作实施方案》，启动公费男幼师培养工作。《实施方案》指出，2017 年计划招收应届初中毕业生 77 人补充男幼师师资，由重庆文化艺术职业学院承担培养工作，培养学制为 5 年。根据政策，公费男幼师在校学习期间的学费、住宿费全免，并补助生活费，所需经费由重庆市财政承担。公费男幼师毕业后，通过公开择优考核招聘到签订协议区县（自治县）人民政府举办的幼儿园工作，最低任教服务期限为 6 年。

1715 | **4 月 25 日**

国务院办公厅印发《关于加强中小学幼儿园安全风险防控体系建设的意见》。《意见》指出，要完善学校安全风险预防体系，健全学校安全风险管控机制，完善学校安全事故和风险化解机制，强化领导责任和保障机制。各地要高度重视学校安全风险防控工作，将学校安全作为经济社会发展的重要指标和社会治理的重要内容，建立党委领导、政府主导、相关部门和单位参加的学校安全风险防控体系建设协调机制，切实为学校正常开展教育教学活动和课外实践活动提供支持和保障。

1716 | **5月16日**

教育部、国家发改委、财政部、人社部联合印发《关于实施第三期学前教育行动计划的意见》，启动实施2017—2020年第三期学前教育行动计划。《意见》提出第三期学前教育行动计划的主要目标是：到2020年，基本建成广覆盖、保基本、有质量的学前教育公共服务体系。《意见》要求，以注重科学规划、坚持公益普惠、强化机制建设为基本原则，通过发展普惠性幼儿园、理顺学前教育管理体制和办园体制、健全学前教育成本分担机制、构建幼儿园教师队伍建设支持体系、加强幼儿园质量监管和业务指导等政策措施，完成增加普惠性资源供给、深化体制机制改革、提升保育教育质量等重点任务。

1717 | **5月23日**

教育部和浙江省人民政府在浙江安吉共同举行2017年全国学前教育宣传月启动仪式。2017年宣传月的主题是“游戏——点亮快乐童年”。中共教育部党组成员郑富芝要求，各地要把宣传月作为传播科学理念、普及育儿知识、凝聚社会共识的重要交流平台，紧紧围绕主题，精心组织好宣传月活动。一要强化游戏价值，推进科学保教；二要整合专业力量，加强业务指导；三要创新宣传方式，确保宣传实效。

1718 | **5月23日**

教育部在浙江安吉召开第三期学前教育行动计划部署会。会议总结交流实施前两期学前教育三年行动计划的经验，对组织实施好第三期行动计划作出全面部署。中共教育部党组成员郑富芝出席会议并讲话强调，第三期学前教育行动计划以普及为主题，普惠为主线，确定了到2020年全国学前三年毛入园率达到85%、普惠性幼儿园覆盖率达到80%左右的“双普”规划目标。各地要聚焦第三期行动计划的主要目标任务，抓住重点难点，集中解决好一些长期制约学前教育发展的瓶颈问题。

1719 | **5月26日**

浙江省十二届人大常委会第四十一次会议审议通过《浙江省学前教育条例》。《条例》于9月1日起施行。《条例》明确规定，学前教育实行省、设区的市人民政府统筹协调，县(市、区)人民政府为主，乡(镇)人民政府、街道办事处参与的管理体制。《条例》规定，新建、改建和扩建居民住宅区，应当根据规划要求配套建设幼儿园。已建成的居民住宅区没有配套幼儿园的，县(市、区)人民政府应当在国家和省规定的期限内，采取置换、购置、改造、租赁等方式予以解决。

1720 | **6月2日**

据《中国教育报》报道，河北省教育厅决定进一步加强全省幼儿教育类专业办学机构管理，规范教育教学行为，促进幼儿教育类专业健康发展。河北省教育厅明确提出，按照“控制布局总量，扩大办学规模；规范专业管理，提高教育质量”原则，省内各地教育行政部门要做好本区域中等学历层次幼儿教育类专业发展规划，避免盲目性和随意性，保证高质量办学。

1721 | **6月16日**

教育部办公厅印发《关于加强中小学（幼儿园）周边安全风险防控工作的紧急通知》，要求各地加强学校周边安全风险防控工作，确保广大师生生命安全。通知指出，各地教育部门和学校要会同综治、公安、工商、食药监、文化、城市管理等部门，全面开展一次安全隐患大排查，及时化解涉校涉生矛盾纠纷，消除各类安全隐患，确保学校周边环境安全、稳定、有序。

1722 | **6月22日至23日**

中国教科院在北京举办首届全国学前教育科研工作论坛。来自全国27个省（自治区、直辖市）的教科研院所的领导和科研人员代表120余人参加了会议。中国教科院基础教育研究所发起并成立“全国学前教育科研工作联盟”。

1723 | **7月8日**

中共中央政治局委员、国务院副总理刘延东出席全国打赢教育脱贫攻坚战现场会时强调，要深入贯彻习近平总书记关于脱贫攻坚一系列重要指示精神，齐心协力、攻坚克难，推动教育扶贫政策措施落地见效，让贫困地区学生接受良好教育，为确保如期实现脱贫攻坚目标作出贡献。

1724 | **7月12日**

教育部通报北京、天津、黑龙江等15个省份出台公办幼儿园教职工编制标准的经验做法。通报指出，多数地方对教职工编制按照教职工与幼儿的一定比例核定。天津、广东等地规定专任教师和保育员应占到幼儿园教职工总数的80%以上；山东要求专任教师不低于教职工总数的91%。教育部要求，各地要认真学习借鉴典型经验做法，出台公办幼儿园教职工编制标准，核定公办园教职工编制，确保达到《幼儿园教职工配备标准（暂行）》的要求。严格规范管理，对公办园编制外用人依法签订合同。

1725 | **7月17日**

教育部、国家发改委、民政部、财政部、人社部、中国残联等单位发布《第二期特殊教育提升计划（2017—2020年）》。《计划》指出，到2020年，残疾儿童少年义务教育入学率达到95%以上，非义务教育阶段特殊教育规模显著扩大，各级各类特殊教育普及水平全面提高。特殊教育学校、普通学校随班就读和送教上门的运行保障能力全面增强。教育质量全面提升，建立一支数量充足、结构合理、素质优良、富有爱心的特教教师队伍，特殊教育学校国家课程教材体系基本建成。《计划》提出，加大力度发展残疾儿童学前教育。支持普通幼儿园接收残疾儿童。在特殊教育学校和有条件的儿童福利机构、残疾儿童康复机构普遍增加学前部或附设幼儿园。在有条件的地区设置专门招收残疾孩子的特殊幼儿园。鼓励各地整合资源，为残疾儿童提供半日制、小时制、亲子同训等多种形式的早期康复教育服务。为学前教育机构中符合条件的残疾儿童提供功能评估、训练、康复辅助器具等基本康复服务。

1726 | **7月20日**

教育部印发《乡村校园长“三段式”培训指南》《乡村校园长“送培进校”诊断式培训指南》《乡村校园长工作坊研修指南》《乡村校园长培训团队研修指南》等四个文件，要求在“国培计划”和乡村校园长全员培训组织实施工作中参照执行。

1727 | **8月26日**

国资委、中央编办、教育部、财政部、人社部和国家卫计委等六部门联合印发《关于国有企业办教育医疗机构深化改革的指导意见》。《指导意见》提出，对国有企业办教育机构、医疗机构施行分类处理，分类施策，深化改革，2018年底前基本完成企业办教育机构、医疗机构集中管理、改制或移交工作。《指导意见》明确，此项改革坚持分类处理。区分国有企业办职业教育和普通教育机构推进改革，国有企业举办的普通学校（普通中小学、学前教育机构、普通高校等）移交地方管理。

1728 | **8月31日**

国家工商总局、教育部印发《关于营利性民办学校名称登记管理有关工作的通知》，对营利性民办学校的命名规则和名称核准流程进行规范。通知规定，营利性民办学校不得以个人姓名作字号，法律、法规和国务院决定另有规定的从其规定。营利性民办学校名称不得冠以“中国”“中华”“全国”“国际”“世界”“全球”等字样。其他企业未经法律、法规规定具有行政审批权限的审批机关审批并获得相应行政许可，名称中不得含有“大学”“学院”“学校”“高中”“幼儿园”“进修”“专修”等可能对公众造成误解或者引发歧义的内容和文字，但从事相关行业、作行业限定语等使用的除外。

1729 | **9月7日**

中共中央政治局委员、国务院副总理刘延东出席全国教书育人楷模及优秀教师代表座谈会，向全国广大教师和教育工作者致以节日祝贺。刘延东强调，要学习贯彻习近平总书记关于教育事业和教师队伍建设的重要思想和重要论述，提升教师队伍整体素质，办好中国特色、世界水平的现代化教育，为实现中华民族伟大复兴中国梦提供人才支撑。

1730 | **9月24日**

中共中央办公厅、国务院办公厅印发《关于深化教育体制机制改革的意见》。深化教育体制机制改革的基本原则是：坚持扎根中国与融通中外相结合，坚持目标导向与问题导向相结合，坚持放管服相结合，坚持顶层设计与基层探索相结合。深化教育体制机制改革的主要目标是：到2020年，教育基础性制度体系基本建立，形成充满活力、富有效率、更加开放、有利于科学发展的教育体制机制，人民群众关心的教育热点难点问题进一步缓解，政府依法宏观管理、学校依法自主办学、社会有序参与、各方合力推进的格局更加完善，为发展具有中国特色、世界水平的现代教育提供制度支撑。在学前教育方面，《意见》提出，要创新学前教育普惠健康发展的体制机制。鼓励多种形式办园，有效推进解决入园难、入园贵问题。理顺学前教育管理体制和办园体制，建立健全国务院领导、省市统筹、以县为主的学前教育管理体制。省市两级人民政府要加强统筹，加大对贫困地区的支持力度。落实县级人民政府主体责任，充分发挥乡镇人民政府的作用。以县域为单位制定幼儿园总体布局规划，新建、改扩建一批普惠性幼儿园。鼓励社会力量举办幼儿园，支持民办幼儿园提供面向大众、收费合理、质量合格的普惠性服务。要加强科学保教，坚决纠正“小学化”倾向。遵循幼儿身心发展规律，坚持以游戏为基本活动，合理安排幼儿生活作息。加强幼儿园质量监管，规范办园行为。

1731 | **10月18日至24日**

党的十九大在北京召开。中共中央总书记习近平代表第十八届中央委员会向大会作题为《决胜全面建成小康社会 夺取新时代中国特色社会主义伟大胜利》的报告。习近平指出：“经过长期努力，中国特色社会主义进入了新时代，这是我国发展新的历史方位。”[①] 在谈到教育工作时，习近平强调：“优先发展教育事业。建设教育强国是中华民族伟大复兴的基础工程，必须把教育事业放在优先位置，深化教育改革，加快教育现代化，办好人民满意的教育。要全面贯彻党的教育方针，落实立德树人根本任务，发展素质教育，推进教育公平，培养德智体美全面发展的社会主义建设者和接班人。推动城乡义务教育一体化发展，高度重视农村义务教育，办好学前教育、特殊教育和网络教育，普及高中阶段教育，努力让每个孩子都能享有公平而有质量的教育。完善职业教育和培训体系，深化产教融合、校企合作。加快一流大学和一流学科建设，实现高等教育内涵式发展。健全学生资助制度，使绝大多数城乡新增劳动力接受高中阶段教育、更多接受高等教育。支持和规范社会力量兴办教育。加强师德师风建设，培养高素质教师队伍，倡导全社会尊师重教。办好继续教育，加快建设学习型社会，大力提高国民素质。”[②]

1732 | **10 月 19 日**

党的十九大中央国家机关代表团会议讨论向中外记者开放。十九大代表、教育部部长陈宝生在发言时介绍了教育战线五年来取得的辉煌成就：一是教育总体水平已经进入世界中上行列；二是教育的质量明显提高；三是教育发展的条件有了历史性的改变；四是教育的国际影响力明显增强，中国成为亚洲最大、世界第三的留学生目的国；五是教育改革全面深化。教育体制“四梁八柱”的改革方案基本建立，教育改革进入“全面施工内部装修”阶段。

1733 | **11 月 6 日**

浙江省教育厅发布《关于全面推进幼儿园课程改革的指导意见》。《指导意见》提出，全面推进幼儿园课程改革，其途径是通过园本化课程方案

① 《决胜全国建成小康社会 夺取新时代中国特色社会主义伟大胜利》，人民出版社 2017 年版，第 10 页。
② 同上，第 45—46 页。

的开发、实施与评价，全面提升幼儿园教育质量，努力保障每一位幼儿从“有园上”迈向“上好园”。《指导意见》强调，幼儿园要确立儿童发展为本的课程定位，应根据自己的实际情况，对选用的课程进行园本化研究和改造，整体设计园本化课程方案。要发挥教师在课程资源建设中的主体作用，教师应灵活实施课程方案，恰当处理预设与生成的关系。

1734 | **11 月 9 日**

北京市教委印发《北京市学前教育社区办园点安全管理工作基本要求（试行）》，拟设立一批由教育部门负主要管理责任的社区办园点，接收一批 3 岁至 6 岁儿童接受保育和教育，以缓解“全面二孩”政策所带来的学前儿童“入园难”问题。

1735 | **11 月 15 日**

教育部印发《中小学幼儿园教师培训课程指导标准》。《指导标准》涵盖义务教育阶段教师的师德修养、班级管理、学习与发展、学科教学等 15 个学科领域 18 项标准，以及学前教育阶段教师的幼儿研究与支持、幼儿保育与教育等 4 个学科领域 4 项标准，共计 22 项标准。

1736 | **11 月 20 日**

中共中央总书记、国家主席、中央军委主席、中央全面深化改革领导小组组长习近平主持召开十九届中央全面深化改革领导小组第一次会议。会议指出，全面深化新时代教师队伍建设改革，要全面贯彻党的教育方针，坚持社会主义办学方向，遵循教育规律和教师成长发展规律，全面提升教师素质能力，深入推进教师管理体制机制改革，形成优秀人才争相从教、教师人人尽展其才、好老师不断涌现的良好局面。要重视建好建强乡村教师队伍。会议审议通过《全面深化新时代教师队伍建设改革的意见》。

1737 | **11 月 24 日**

国务院教育督导委员会办公室印发《关于开展幼儿园规范办园行为专项督导检查的紧急通知》。通知要求，各地要组织开展一次全省范围的幼儿园办园行为专项督导检查；坚决防止幼儿园伤害幼儿事件的发生，切实保障幼儿安全健康。

1738 | **11 月 30 日**

国新办举行新闻发布会。教育部副部长田学军表示，教育部将采取五方面措施，落实党的十九大关于办好学前教育的要求，力争在“幼有所育”上能够取得新进展。一是坚持发展与质量并重，扎实推进各地实施第三期学前教育行动计划。二是进一步制定强有力的监管措施，压实监管责任，加大督查力度，督促各类幼儿园依法依规办园，切实提高保教质量。三是加强师德师风建设，进一步健全幼儿教师资格准入制度，严把入口关，建设一支师德高尚、热爱儿童、业务精良、结构合理的幼儿教师队伍。四是要明确教师的行为规范，加强教师法治教育，提高教师法治意识和底线意识。五是积极推进学前教育立法，为学前教育依法办园、规范管理提供法治保障。

1739 | **12 月 12 日**

国务院教育督导办发布《加快中西部教育发展工作督导评估监测办法》。《办法》指出，督导评估监测主要包括七个方面的内容，其中一项是积极发展农村学前教育，具体包括扩充公办幼儿园资源，支持普惠性民办幼儿园发展，补充学前教育师资队伍，改革学前教育管理体制等。

1740 | **12 月 26 日**

北京市财政局、市教委印发《北京市市级财政支持学前教育事业发展补助资金管理使用实施细则（暂行）》。《实施细则》指出，北京市级财政从 2018 年起对全市公办园和普惠性幼儿园给予扩大学位供给补助、生均定额补助和租金补助。生均定额补助标准：按照实际在园人数（3 岁至 6 岁幼儿数），市级示范园和一级园每生补助 1000 元 / 月；二级和三级园每生补助 700 元 / 月。此外，还将对公办幼儿园和普惠性民办幼儿园通过租赁场地扩大办园规模给予租金补助，补助标准为一天不高于 5 元 / 平方米。

2018 年

改革进行时

• 重要文件

中共中央、国务院《关于全面深化新时代教师队伍建设改革的意见》

中共中央、国务院《关于学前教育深化改革规范发展的若干意见》

中共中央办公厅、国务院办公厅《关于分类推进人才评价机制改革的指导意见》

国务院办公厅《关于进一步调整优化结构提高教育经费使用效益的意见》

教育部、国务院扶贫办《深度贫困地区教育脱贫攻坚实施方案(2018—2020 年)》

教育部等五部门《教师教育振兴行动计划(2018—2022 年)》

教育部《教育信息化 2.0 行动计划》

教育部《教育统计管理规定》

• 重要政策

组建中央教育工作领导小组

实施深度贫困地区教育脱贫攻坚

全面深化新时代教师队伍建设改革

建立幼儿园教师全员培训制度

开展幼儿园“小学化”专项治理

运用互联网等信息化手段对儿童托育中育儿过程加强监管

• 重要会议

中共中央、国务院召开全国教育大会

教育部召开全国基础教育工程计划推进会

教育部召开全国校外培训机构专项治理工作推进会

• 改革亮点

召开全国教育大会。在中国特色社会主义进入新时代、全面建成小康社会进入决胜阶段的大背景下，党中央召开了新时代第一次全国教育大会，从党和国家事业全局的战略高度，对新时代教育工作作出全面系统深入的阐述和部署。

开展幼儿园“小学化”专项治理。教育部提出严禁教授小学课程内容、纠正“小学化”教育方式、整治“小学化”教育环境、解决教师资质能力不合格问题、小学坚持零起点教学等五方面的具体举措，促进幼儿园树立科学保教观念，落实以游戏为基本活动，坚决纠正“小学化”倾向，切实提高幼儿园科学保教水平，促进幼儿身心健康发展。

1801 | **1月8日**

由公安部扶贫办、中国社会福利基金会、授渔计划公益促进中心、河北女子职业技术学院等单位共同主办的“授渔计划·平安成长”困境青少年平安成长论坛，在中国人民公安大学举行。论坛邀请学科专家、行业专家、幼教机构负责人等共同研讨学前教育专业师资培养和幼儿安全等问题，从职业规范与法律层面探索幼教师资队伍的建设和管理，以更好地服务幼教行业，促进困境青少年平安成长。

1802 | **1月15日**

教育部、国务院扶贫办发布《深度贫困地区教育脱贫攻坚实施方案（2018—2020年）》。《实施方案》指出，计划用三年时间，使深度贫困地区建档立卡贫困人口教育基本公共服务实现全覆盖。《实施方案》提出，省级统筹学前教育资金向“三区三州”倾斜，实施好第三期学前教育行动计划。鼓励在“三区三州”实施“幼有所育”计划，大力发展公办园，支持每个乡镇至少办好一所公办中心幼儿园，大村独立建园，小村联合办园或设分园，完善农村学前教育服务网络，帮助农村贫困家庭幼儿就近接受学前教育，解放农村劳动力。采取多种方式鼓励普惠性民办幼儿园招收建档立卡贫困学生。落实幼儿园教职工配备标准，配足配齐幼儿园教职工，加大对农村幼儿园教师特别是小学转岗教师的培训力度。

1803 | **1月20日**

中共中央、国务院印发《关于全面深化新时代教师队伍建设改革的意见》。《意见》提出，全面贯彻落实党的十九大精神，以习近平新时代中国特色社会主义思想为指导，遵循教育规律和教师成长发展规律，加强师德师风建设，培养高素质教师队伍，倡导全社会尊师重教，形成优秀人才争相从教、教师人人尽展其才、好教师不断涌现的良好局面。经过五年左右努力，教师培养培训体系基本健全，职业发展通道比较畅通，事权人权财权相统一的教师管理体制普遍建立，待遇提升保障机制更加完善，教师职业吸引力明显增强。教师队伍规模、结构、素质能力基本满足各级各类教育发展需要。《意见》强调，全面提高幼儿园教师质量，建设一支高素质善保教的教师队伍。办好一批幼儿师范专科学校和若干所幼儿师范学院，支持师范院校设立学前教育专业，培养热爱学前教育事业，幼儿为本、才艺兼备、擅长保教的高水平幼儿园教师。创新幼儿园教师培养模式，前移培养起点，大力培养初中毕业起点的五年制专科层次幼儿园教师。优化幼儿园教师培养课程体系，突出保教融合，科学开设儿童发展、保育活动、教育活动类课程，强化实践性课程，培养学前教育师范生综合能力。建立幼儿园教师全员培训制度，切实提升幼儿园教师科学保教能力。加大幼儿园园长、乡村幼儿园教师、普惠性民办幼儿园教师的培训力度。创新幼儿园教师培训模式，依托高等学校和优质幼儿园，重点采取集中培训与跟岗实践相结合的方式培训幼儿园教师。鼓励师范院校与幼儿园协同建立幼儿园教师培养培训基地。

1804 | **1月23日至24日**

教育部在北京召开2018年全国教育工作会议。教育部部长陈宝生讲话指出，围绕落实习近平总书记关于学前教育重要批示精神，加强顶层设计，制定符合我国实际的幼教规划和重大举措。要以第三期学前教育行动计划为抓手，坚持政府主导，不断扩大普惠性资源总量。要坚持公益普惠，在大力发展公办园的同时，积极引导和扶持民办园提供普惠性服务。要强化体制机制，建立健全“国务院领导、省市统筹、以县为主”的学前教育管理体制。要建立生均拨款、收费、资助一体化机制，出台公办园生均拨款、普惠性民办园补助标准，健全资助标准。要完善编制管理办法和工资待遇保障机制，提高准入门槛，引导和监督依法配足配齐保教人员。要提高保教质量，完善质量评估体系，落实《幼儿园办园行为督导评估办法》，建立办园行为常态监测机制，确保依法依规办园。要加大力度持续开展“小学化”专项治理，完善教研责任区制度，强化对各类幼儿园特别是薄弱园的专业指导，让每一个在园儿童接受专业化、有质量的学前教育。坚决防止幼儿园伤害幼儿事件发生，一经发现必须严肃查处。

1805 | **1月28日**

据《中国教育报》报道，中共重庆市委、重庆市人民政府出台普惠性学前教育“1+3”系列文件（“1”指的是《关于第三期学前教育行动计划的实施意见》，“3”指的是《2017—2018年度加快发展主城区普惠性学前教育工作方案》《重庆市主城区义务教育学校和幼儿园规划用地建设管理暂行办法》《关于实施国家级贫困区县农村学前教育儿童营养改善计划的通知》），围绕未来三年和今后一个时期重庆学前教育改革发展，构建顶层设计，制定目标任务，规划实施路径，落实经费保障。

1806 | **1月31日**

教育部发布《教育部2018年工作要点》。2018年教育部工作要点包括：深入学习贯彻习近平新时代中国特色社会主义思想和党的十九大精神，坚决维护党中央权威和集中统一领导；加强和改进党对教育工作的领导，推动全面从严治党向纵深发展；深化教育体制机制改革，充分激发教育发展活力；落实立德树人根本任务，大力发展素质教育；大力促进教育公平，完善公共教育服务体系；着力提升质量，扎实推进教育内涵式发展；全面加强教师队伍建设，培养高素质教师队伍；进一步提高保障能力，夯实教育可持续发展基础。

1807 | **2月7日**

在教育部新春发布会上，教育部教育督导局负责人介绍，目前，中小学校责任督学挂牌督导工作格局已经基本完备，全国12万余名专兼职督学活跃在各地各校，形成了对全国中小学校全覆盖、全方位、全过程的督导网络。挂牌督导制度将延伸到幼儿园，加强对入园难、入园贵、“小学化”等问题的常态化监管。

1808 | **2月11日**

教育部、国家发改委、财政部、人社部、中央编办等五部门发布《教师教育振兴行动计划（2018—2022年）》。《计划》提出，经过五年左右努力，办好一批高水平、有特色的教师教育院校和师范类专业，教师培养培训体系基本健全，为我国教师教育的长期可持续发展奠定坚实基础。师德教育显著加强，教师培养培训的内容方式不断优化，教师综合素质、专业化水平和创新能力显著提升，为发展更高质量更加公平的教育提供强有力的师资保障和人才支撑。《计划》强调，提升教师培养规格层次，办好一批幼儿师范高等专科学校和若干所幼儿师范学院。各地根据学前教育发展的实际需求，扩大专科以上层次幼儿园教师培养规模。

1809 | **2月12日**

教育部办公厅发布《关于规范管理面向基础教育领域开展的竞赛挂牌命名表彰等活动的公告》。《公告》要求，各级教育行政部门要强化日常监督，对未经批准、违规举办的此类活动，要发现一起、处理一起。对一些“山寨社团”“离岸社团”举办以营利为目的的所谓“国际”“全球”“大中华”赛事，教育行政部门要会同有关部门坚决予以查处。

1810 | **2月27日**

据《中国教育报》报道，中共中央办公厅、国务院办公厅印发《关于分类推进人才评价机制改革的指导意见》。《指导意见》提出，健全教育人才评价体系，坚持立德树人，把教书育人作为教育人才评价的核心内容。适应中小学素质教育和课程改革新要求，建立充分体现中小学教师岗位特点的评价标准，重点评价其教育教学方法、教书育人工作业绩和一线实践经历。严禁简单用学生升学率和考试成绩评价中小学教师。

1811 | **3月5日**

十三届全国人大一次会议在北京人民大会堂开幕，国务院总理李克强作《政府工作报告》。《报告》指出，五年来，坚持教育优先发展，财政性教育经费占国内生产总值比例持续超过4%。关于2018年的教育工作，《报告》指出，发展公平而有质量的教育。儿童是民族的未来、家庭的希望。要多渠道增加学前教育资源供给，重视对幼儿教师的关心和培养，运用互联网等信息化手段对儿童托育中育儿过程加强监管，一定要让家长放心安心。发展民族教育、特殊教育、继续教育和网络教育。加强师资队伍和师德师风建设。要办好人民满意的教育，让每个人都有平等机会通过教育改变自身命运、成就人生梦想。

1812 | **3月16日**

十三届全国人大一次会议新闻中心在梅地亚中心举行记者会，教育部部长陈宝生就“努力让每个孩子都能享有公平而有质量的教育”回答中外记者提问。陈宝生指出，2018年，一是要实施好第三个三年行动计划；二是加强顶层设计；三是继续加强对幼儿园的监管，督导各级各类幼儿园提高办园质量，满足入托、入园的需求；四是加强幼儿园的安全管理；五是要综合治理“小学化”倾向；六是加强师资队伍建设；七是加快学前教育立法进程。

1813 | **3月20日**

教育部办公厅印发《关于加快推进校外培训机构专项治理工作的通知》。通知要求，各地教育行政部门要坚定改革决心，压实责任举措，确保专项治理工作取得决定性胜利。

1814 | **3月21日**

据新华社报道，中共中央发布《深化党和国家机构改革方案》，提出组建中央教育工作领导小组，将其作为党中央决策议事协调机构。其主要职责是：研究提出并组织实施在教育领域坚持党的领导、加强党的建设方针政策；研究部署教育领域思想政治、意识形态工作；审议国家教育发展战略、中长期规划、教育重大政策和体制改革方案；协调解决教育工作重大问题等。中央教育工作领导小组秘书组设在教育部。

1815 | **3月23日**

A20全球关爱儿童社会领导力峰会在北京召开。国务院妇儿工委办公室负责人表示，在构建人类命运共同体的过程中，我们将与各国一道共同应对儿童权利保护领域的问题和挑战，为促进全球儿童保护事业探索新路径，提供中国方案，贡献中国智慧，促进中国儿童事业与世界各国同步发展。

1816 | **3月26日**

第二十三个全国中小学生安全教育日到来之际，公安部、教育部在北京举行“做自己的首席安全官——平安校园行”主题宣传活动启动仪式。此项活动组织全国担任法制副校长、法制辅导员的30余万名公安民警集中走进学校，以防骗、防拐、防校园欺凌、远离“黄赌毒”、抵制传销、交通安全及消防安全、反恐防爆、危险感知和逃生自救等方面的常识和技能为重点，开展法治安全教育和互动交流，全面提升广大师生安全防范能力，营造全社会共同关注校园安全的良好氛围。

1817 | **3月29日**

中共中央政治局委员、国务院副总理孙春兰在教育部调研时强调，要深入学习贯彻习近平新时代中国特色社会主义思想，坚持把教育事业放在优先发展位置，继续深化教育改革，加快教育现代化，办好人民满意的教育，为实现中华民族伟大复兴提供坚实支撑。孙春兰强调，要多渠道增加学前教育资源供给。

1818 | **4月9日**

全国160家校外培训机构在河南郑州共同签署《校外培训机构自律公约》，承诺依法、诚信、规范办学，避免“超纲教学”“强化应试”，决不组织中小学生等级考试及竞赛等，坚决抵制将培训结果与中小学校招生入学挂钩的行为，坚决抵制与中小学校及其教师建立不正当经济利益关系等。

1819 | **4月13日**

教育部发布《教育信息化2.0行动计划》。《计划》提出，基本目标是：通过实施教育信息化2.0行动计划，到2022年基本实现“三全两高一大”的发展目标，即教学应用覆盖全体教师、学习应用覆盖全体适龄学生、数字校园建设覆盖全体学校，信息化应用水平和师生信息素养普遍提高，建成“互联网+教育”大平台，推动从教育专用资源向教育大资源转变、从提升师生信息技术应用能力向全面提升其信息素养转变、从融合应用向创新发展转变，努力构建“互联网 +”条件下的人才培养新模式，发展基于互联网的教育服务新模式，探索信息时代教育治理新模式。

1820 | **4 月 19 日**

国务院教育督导委员会办公室印发《关于开展中小学生欺凌防治落实年行动的通知》。通知要求，各教育部门要明确学生欺凌防治工作机构，明确学生欺凌防治工作负责人和联系人。学校要成立学生欺凌治理委员会，每学期至少开展一次关于学生欺凌专题教育，结合思想道德教育、法制教育和心理健康教育，普及防治学生欺凌知识和反欺凌技能。

1821 | **5 月 11 日**

据《中国教育报》报道，中国“山村幼儿园计划”与其他国家教育改革与创新的 11 个项目共同入围 2018 年世界教育创新峰会（WISE）教育项目奖。这个奖项旨在表彰教育领域中最具创新力的项目，这些项目在应对全球教育挑战方面作出了积极的贡献。

1822 | **5 月 19 日**

2018 年全国学前教育宣传月启动仪式在上海举行。2018 年宣传月的主题是“我是幼儿园教师”。中共教育部党组成员、教育部副部长朱之文出席仪式并讲话。朱之文强调，要抓住契机，持续不断地把宣传月活动抓实抓好。同日还举办了“幼儿教师的专业性”专题论坛、“行家里手，守望童年”幼师风采展、“育儿加油站”大型育儿咨询活动、“亲子嘉年华”幼儿园教师自制玩教具及自编亲子游戏活动等。

1823 | **5 月 23 日**

国务院总理李克强主持召开国务院常务会议。会议确定加大困难地区和薄弱环节教育投入，推进多渠道增加托幼和学前教育资源供给。会议指出，2018 年至 2020 年中央财政新增安排 70 亿元，重点支持“三区三州”教育脱贫攻坚。为更好满足亿万家庭“幼有所育”需求，会议要求，严格落实城镇小区配建幼儿园政策，引导社会力量按照规范要求举办普惠性幼儿园和托幼机构，鼓励各地因地制宜多渠道增加供给；强化幼儿安全防护，依法加强准入、安全等监管，落实幼师持证上岗制度；防止和纠正学前教育“小学化”倾向；让广大幼儿健康快乐、父母安心放心。

1824 | **5 月 25 日**

国务院新闻办公室召开国务院政策例行吹风会。教育部部长助理郑富芝专门介绍了教育投入继续向困难地区和薄弱环节倾斜相关工作情况，并回答了记者的提问。郑富芝介绍，从 2012 年到 2017 年，国家财政性教育经费的投入呈现“两快一加强”。从区域上看，西部地区增长最快，增幅达 50%，特别是“三区三州”增幅达 82%，远高于全国平均增幅；从教育阶段看，学前教育经费投入增长最快，5 年翻了一番；从困难群体上看，学生资助力度持续加强，2017 年全国资助困难学生的经费达 1400 多亿元，5 年增长了 62%。

1825 | **5 月 28 日**

教育部在广州召开全国基础教育工程计划推进会。会议通报第三期学前教育行动计划、高中阶段教育普及攻坚计划、第二期特殊教育提升计划实施情况，交流各地经验做法，部署下一阶段推进工作。

1826 | **5 月 28 日**

教育部在广州召开全国校外培训机构专项治理工作推进会。会议认真总结开展专项治理以来的工作进展和成效，交流各地经验做法，全面部署下一阶段专项治理工作。

1827 | **5 月 30 日**

中共中央总书记、国家主席、中央军委主席习近平给陕西照金北梁红军小学的学生回信，勉励学生们用实际行动把红色基因一代代传下去，怀着一颗感恩的心，珍惜时光，努力学习，将来做对国家、对人民、对社会有用的人。6 月 6 日，中共教育部党组印发《关于学习贯彻习近平总书记给陕西照金北梁红军小学学生重要回信精神的通知》，要求各地教育部门和各中小学校深入学习贯彻习近平总书记重要回信精神，坚持以习近平新时代中国特色社会主义思想为指导，把思想和行动统一到党中央对教育改革发展的新要求新任务上来，落实立德树人根本任务，不断提高教育质量，努力把基础教育越办越好，培养中国特色社会主义事业合格建设者和可靠接班人。

1828 | **6月15日**

中共中央、国务院发布《关于打赢脱贫攻坚战三年行动的指导意见》。《指导意见》提出，着力实施教育脱贫攻坚行动。在贫困地区优先实施教育信息化2.0行动计划，加强学校网络教学环境建设，共享优质教育资源。改善贫困地区乡村教师待遇，落实教师生活补助政策，均衡配置城乡教师资源。加大贫困地区教师特岗计划实施力度，深入推进义务教育阶段教师校长交流轮岗和对口帮扶工作，国培计划、公费师范生培养、中小学教师信息技术应用能力提升工程等重点支持贫困地区。鼓励通过公益捐赠等方式，设立贫困地区优秀教师奖励基金，用于表彰长期扎根基层的优秀乡村教师。健全覆盖各级各类教育的资助政策体系，学生资助政策实现应助尽助。加大贫困地区推广普及国家通用语言文字工作力度。开展民族地区学前儿童学习普通话行动。

1829 | **6月25日**

教育部发布《教育统计管理规定》。《规定》从统计调查和统计分析两个维度、四个方面入手，细化业务流程，明确工作规范，切实将提高教育统计数据质量落实到可操作、可查证的层面上来。

1830 | **7月4日**

教育部办公厅印发《关于开展幼儿园“小学化”专项治理工作的通知》。通知要求，通过自查摸排、全面整改和专项督查，促进幼儿园树立科学保教观念，落实以游戏为基本活动，坚决纠正“小学化”倾向，切实提高幼儿园科学保教水平，促进幼儿身心健康发展。通知提出五大治理任务：一是严禁教授小学课程内容；二是纠正“小学化”教育方式；三是整治“小学化”教育环境；四是解决教师资质能力不合格问题；五是小学坚持零起点教学。

1831 | **7月6日**

中央全面深化改革委员会第三次会议召开。会议审议通过《关于规范校外培训机构发展的意见》《关于学前教育深化改革规范发展的若干意见》。会议指出，规范校外培训机构发展，要全面贯彻党的教育方针，坚持立德树人，发展素质教育，以建立健全校外培训机构监管机制为着力点，构建校外培训机构规范有序发展的长效机制，切实解决人民群众反映强烈的中小学生课外负担过重问题。要提高学校教学质量，强化学校教育的主阵地作用。会议强调，推动学前教育深化改革规范发展，是党和政府为老百姓办实事的重要民生工程。要全面贯彻党的教育方针，遵循学前教育规律，完善学前教育体制机制，健全学前教育政策保障体系，推进学前教育普及普惠安全优质发展，满足人民群众对幼有所育的期盼。

1832 | **7月30日**

国务院总理李克强主持召开国务院常务会议。会议研究优化教育经费使用结构和落实义务教育教师工资待遇。会议指出，办好人民满意的教育，必须在保障教育合理投入的同时，把义务教育作为投入的重中之重，优化教育支出结构，促进公平而有质量的教育发展。各地要制定区域内各级学校生均经费和财政拨款基本标准，并建立动态调整机制。引导社会力量加大教育投入。财政教育经费存量资金优先保障、增量资金更多用于支持深度贫困地区和贫困家庭子女。把教育经费的每一笔钱用到关键处。

1833 | **8月7日**

教育部办公厅印发《关于开展人工智能助推教师队伍建设行动试点工作的通知》。通知提出，教育部决定在宁夏基础教育领域开展人工智能助推教师队伍建设行动试点，在北京外国语大学开展高等教育领域人工智能助推教师队伍建设行动试点。教育部将采取专项督查和第三方评估等方式，对试点工作进行检查评估和试点验收。

1834 | **8月17日**

国务院办公厅印发《关于进一步调整优化结构提高教育经费使用效益的意见》。《意见》强调，坚持“优先保障、加大投入，尽力而为、量力而行，统筹兼顾、突出重点，深化改革、提高绩效”的原则，对教育经费投入、使用、管理提出明确要求：一是完善教育经费投入机制；二是优化教育经费支出结构；三是科学管理使用教育经费。

1835 | **8月30日**

中共中央总书记、国家主席、中央军委主席习近平给中央美术学院八位老教授回信。习近平强调，美术教育是美育的重要组成部分，对塑造美好心灵具有重要作用。做好美育工作，要坚持立德树人，扎根时代生活，遵循美育特点，弘扬中华美育精神，让祖国青年一代身心都健康成长。[①]

1836 | **8月30日**

教育部、国家卫生健康委员会等八部门联合发布《综合防控儿童青少年近视实施方案》。《方案》提出，到2023年力争实现全国儿童青少年总体近视率在2018年的基础上每年降低0.5个百分点以上，近视高发省份每年降低1个百分点以上。到2030年，实现儿童青少年新发近视率明显下降，儿童青少年视力健康整体水平显著提升，6岁儿童近视率控制在3%左右。

1837 | **8月31日**

教育部公布2018年全国教书育人楷模名单。10位楷模的先进事迹集中体现了新时代广大教师师德高尚、潜心育人，争做党和人民满意的“四有”好老师的新形象新风貌。上海市杨浦区本溪路幼儿园应彩云光荣上榜，是10位楷模中唯一的一位幼儿园教师。

1838 | **9月10日至11日**

中共中央、国务院在北京召开全国教育大会。中共中央总书记、国家主席、中央军委主席习近平出席会议并发表重要讲话。9月10日是我国第

---

① 参见《人民日报》，2018年8月31日。

1838

三十四个教师节，习近平代表党中央，向全国广大教师和教育工作者致以节日的热烈祝贺和诚挚问候。习近平指出，党的十九大从新时代坚持和发展中国特色社会主义的战略高度，作出了优先发展教育事业、加快教育现代化、建设教育强国的重大部署。习近平强调，党的十八大以来，我们围绕培养什么人、怎样培养人、为谁培养人这一根本问题，全面加强党对教育工作的领导，坚持立德树人，加强学校思想政治工作，推进教育改革，加快补齐教育短板，教育事业中国特色更加鲜明，教育现代化加速推进，教育方面人民群众获得感明显增强，我国教育的国际影响力加快提升，13亿多中国人民的思想道德素质和科学文化素质全面提升。习近平指出，教育工作的根本任务是培养社会主义建设者和接班人，培养一代又一代拥护中国共产党领导和我国社会主义制度、立志为中国特色社会主义奋斗终身的有用人才。习近平指出，要努力构建德智体美劳全面培养的教育体系，形成更高水平的人才培养体系。习近平强调，建设社会主义现代化强国，对教师队伍建设提出新的更高要求，也对全党全社会尊师重教提出新的更高要求。做老师就要执着于教书育人，有热爱教育的定力、淡泊名利的坚守。习近平指出，要深化教育体制改革，健全立德树人落实机制，扭转不科学的教育评价导向，坚决克服唯分数、唯升学、唯文凭、唯论文、唯帽子的顽瘴痼疾，从根本上解决教育评价指挥棒问题。①

中共中央政治局常委、国务院总理李克强出席会议并发表讲话。李克强指出，要认真学习领会和贯彻落实习近平总书记重要讲话精神，以习近平新时代中国特色社会主义思想为指导，准确把握教育事业发展面临的新形势新任务，全面落实教育优先发展战略，在经济社会发展规划上优先安排教育、财政资金投入上优先保障教育、公共资源配置上优先满足教育和人力资源开发需要。李克强强调，要增强教育服务创新发展能力，培养更多适应高质量发展的各类人才。李克强要求，要深化教育领域“放管服”

① 参见《人民日报》，2018年9月11日。

改革，充分释放教育事业发展生机活力。[①]

9月11日，中共中央政治局委员、国务院副总理孙春兰出席闭幕式并作总结讲话。孙春兰强调，各地各部门要把深入学习贯彻习近平总书记重要讲话和大会精神作为当前的重要任务，提高思想认识，制定具体方案，确保党中央决策部署落地见效。孙春兰指出，习近平总书记关于教育的重要论述，是系统科学的新时代中国特色社会主义教育理论体系，为做好新时代教育工作提供了根本遵循。学习贯彻大会精神，最重要的是深入学习领会、全面准确把握科学内涵和精神实质，更好地武装头脑、指导实践、推动工作。[②]

1839 | **9月12日**

中共教育部党组召开扩大会暨部党组理论学习中心组学习扩大会，认真学习领会在全国教育大会上习近平总书记重要讲话以及李克强总理讲话和孙春兰副总理总结讲话精神，研究部署贯彻落实工作。中共教育部党组书记、教育部部长陈宝生主持集体学习。会议决定，印发《关于认真学习贯彻全国教育大会精神的通知》和《学习宣传贯彻全国教育大会精神工作方案》，以指导教育系统迅速掀起学习宣传贯彻习近平总书记重要讲话和大会精神的热潮。

1840 | **9月26日**

据《中国教育报》报道，中共教育部党组决定成立“百人宣讲团”，由中共教育部党组书记、教育部部长陈宝生担任团长，启动教育系统学习宣传贯彻全国教育大会精神宣讲对谈活动。“百人宣讲团”将围绕习近平总书记在全国教育大会上的重要讲话，面向教育系统领导干部和师生员工以及社会各界人士，着力宣讲习近平总书记关于教育的重要论述精神，从9月中旬起至12月底在全国各地各校开展面对面宣讲和互动化对谈活动。

---

① 参见《人民日报》，2018年9月11日。
② 参见《人民日报》，2018年9月12日。

《辉煌四十年：中国基础教育改革大事记·学前教育卷》索引表

索引词拼音首字母	索引词	条目
A	爱国主义	8313、9214、9427、9506、9602、9815、0429、1307、1329、1525、1604
B	办学（园）条件	8936、9006、9033、9225、9226、1030
	报刊社论、评论	7705、7706、7712、7713、7803、7809、8008、8402、9305、9418、0002
	拨乱反正	7708、7712、7903
C	陈鹤琴	8318、8526、9211、0238
	城市教育综合改革	9026、9129、9215、9228、9343、9514、9636、9720、9723、0019
	城市幼儿园	7915、8819
	传统文化教育	1409、1705
D	党代会	7704、7818、8116、8209、8412、8740、9034、9229、9527、9716、0016、0239、0516、0628、0711、0828、1042、1132、1232、1340、1731
	德　育	8614、8718、9428、0406、0414、0417、0419、0420、0423、0821、0830、1136、1520
	电化教育	8744、8816
E	儿童发展规划、纲要	9127、9208、0109、1431

（续表）

索引词拼音首字母	索引词		条 目
E	儿童权利公约		8930、9022
F	法制宣传教育		8515、1335、1620
	防治和纠正“小学化”		1137、1830
	非典防治		0306、0308、0309、0310
G	广播体操		9219、9808、0221
	“国十条”		1049、1050
H	环境教育		8525、9232、9639、1119
J	家庭教育		8817、9414、9713、0434、0510、1521、1628
	教 师	编 制	8709、1724
		表彰、奖励	7705、7917、8007、8305、8409、8505、8609、8622、8731、8925、8926、9008、9025、9231、9424、9515、9628、9801、9818、9909、9910、0514、1837
		队伍管理	7801、9513、9812、9817、1123、1222、1227、1301、1736、1803、1833
		工资、福利	7710、7817、8119、8521、8741、8801、8806、8904、9814、1343、1832
		合格证书	8620、8625、8703、8742
		奖励基金会	8623、8704、8809、8909、9008、9628、9637、9825、9910
		教师节	8118、8502、8523、8610、8622、8923、9818、1332、1333、1423、1518
		民办教师	7817、8120、9025、9104、9328、9424、9441、9529、9715

（续表）

索引词拼音首字母	索引词		条　目
J	教　师	培训、进修	7709、7714、8213、8301、8407、8603、8729、9315、9919、0103、0129、0207、0401、1102、1128、1217、1315、1338、1410、1421、1735
		特级教师	7816、9322、0716
		职　称	1120、1125、1516
		职　务	8613、8715、8802、8803、9032、9120、9235
		职业道德	8411、9122、9714、0825、0920、1330、1403
		住　房	9434、9531、9702、9819
		专业标准	1204、1501
		资　格	9534、9536、0015、0101、0108、0122、1327
		尊　师	8008、8504、8734、1517
	教育部工作要点		0501、0522、0701、0802、0901、1005、1107、1203、1304、1405、1503、1606、1704、1806
	教育督导、检查		7802、8312、8708、8825、9111、9112、9203、9223、9429、9520、9615、9918、0017、0121、0125、0209、0217、0305、0432、1205、1215、1223、1224、1225、1229、1323、1328、1406、1506、1601、1622、1630、1713、1737、1739、1807
	教育法律		7805、8212、8829、9015、9121、9124、9331、9336、9407、9411、9421、9442、9511、9521、9528、9625、0133、0243、0635、1207、1524、1629
	教育方针		7805、8001、8108、8116、8212、8524、8710、8730、8937、9003、9031、9119、9307、9308、9326、9339、9630、1614、1823

（续表）

索引词拼音首字母	索引词	条　目
J	教育费附加	8612、9019、0513
	教育扶贫	1324、1523、1608、1633、1723、1802、1823、1828
	教育改革	8303、8913、9422、9425、9439、9632、9907、9912、0110、0113、0114、0127、0130、0206、0303、1010、1305、1727、1736、1831
	教育规划	8108、8520、9012、9205、9304、9613、9618、9711、0106、0119、0216、0428、0611、0634、0705、0824、1014、1019、1028、1031、1116、1219、1610、1617、1628、1633、1701
	教育经费	8117、8415、8807、8904、8936、9006、9033、9224、9225、9226、9814、0917、1122、1127、1312、1343、1824、1832、1834
	教育科研	7904、8315、8727、9412、1306、1722
	教育论著	8318、8418、9021、9234、9237、9323、9607、0331、0333
	教育收费	9431、0218、0311、0404、0827、1006、1023、1026、1138、1322
	教育体制	8412、8501、8513、8522、8527、8528、8721、1022、1034、1035、1044、1115、1730
	教育先进县	8823、8921、9126、9329、9622、0307
	教育信息化	0214、0230、0323、1114、1210、1211、1325、1326、1338、1427、1512、1617、1632、1711、1819
	教育振兴行动计划	9824、9903、0408、1808
	教育质量	0714、1012
	教育装备	8606、9035、1118、1317、1337

（续表）

索引词拼音首字母	索引词	条　目
J	教育资助	0823、1126、1134、1624
	节约型学校	0603、1308、1336
	近视眼防治	8201、8726、1836
K	抗震救灾	0807、0808、0810、0811、0812、0813、0815、0817、0818
	课程改革	0111、0120、0215、0231、0316、0334、0424、0916、1017、1131、1733
L	联合国儿童基金会	8213、8729、8735、8929、8934、9316、9533、9823、0213
	联合国教科文组织	7902、9233
	留守儿童教育	0422、1607
	“六一”国际儿童节	8112、8614、8716、8811、8917、9320、9816、9911、0421、0618、0622、0706、1415
M	美　育	8102、8627、8630、8705、8815、8903、8920、8928、8933、9420、9516、9641、9709、0004、0216、0223、0302、1402、1504、1519、1623、1625、1835
	民族教育	8011、8104、9212、9230、9334、0222、0832、0913、0915
N	男幼师	0003、0320、1714
	年度会议	8605、8702、8805、8901、9001、9103、9202、9301、9404、9504、9603、9701、9803、9901、9923、0020、0134、0242、0337、0437、0521、0633、0717、0833、1004、1105、1202、1303、1404、1502、1605、1702、1804
	农村教育	7914、8308、8314、8415、8721、8743、8833、8915、9117、9438、9440、9704、0004、0325、0327、0415、0828、0918、1513

（续表）

索引词拼音首字母	索引词	条　目
N	农村教育综合改革	8706、8919、9020、9227、9430、9432、9518、0627
	女童教育	9030、9316、9627、0517
P	贫困地区教育	9227、9302、9512、9637、1431
	普通话	7813、7908、8005、8204、8304、8407、9128
Q	青少年权益	8722、1429
	全国基础教育工作会议	0007、0112、0301、0507、0806
	全国教育大会	8512、9416、9417、9913、1032、1838、1839、1840
	全国科学大会	7707、7806
	全国民族教育大会	8104、9212、0224
	全国托幼工作会议	7911、7912
	全国幼儿教育工作会议（座谈会）	8738、0131
	全民教育	9005、9307、0335、0518、0606、1112
R	人事制度改革	0014、0326、0332、0624
S	三个面向	8316、8824、9330、9332
	少年儿童读物	7819、8016、8202、8309、8310、8416、8510、8701、8714、8719、9004、9113、9207、9218、9313
	少年儿童工作座谈会	8107、8720、9114、0010
	少年儿童影视	8717、8910、0202

（续表）

索引词拼音首字母	索引词	条　目
S	社会力量办学	8406、8725、8745、8828、8830、9123、9437、9522、9525、9614、9620、9623、9712、9719、9722、0012、0220、0236、0405、0413、0619、0710、0809、1051、1101、1220、1321、1412、1634、1635、1728
	社会主义核心价值观教育	1415、1418、1425、1520
	社区教育	0241、0615
	师范教育	7815、8012、8511、8607、8821、8831、9130、9505、9718、0506、1408
	世界学前教育组织	8826、0127、0232、1320
	手拉手	9508、9608、0520
	四　有	8205、8530
	素质教育	9621、9706、9907、9912、9914、0123
T	特殊教育	8609、8818、8832、8905、9426、1201、1401、1618、1725
	童工问题	8723、9110、0235
	图书馆	8110、1025
	托儿所	8013、8014、8115、8529、8732、9444
	拖欠教师工资	9009、9325、9340、9341
W	文化设施免费开放	0411、0427
	五讲四美	8105、8106、8203、8206、8305
X	校　车	0707、0822、1213、1309、1311
	校舍建设	7814、0906、1040、1117、1339

（续表）

索引词拼音首字母	索引词		条　目
X	校外教育		8626、9106、9519、0602
	校外培训机构治理		1813、1818、1826、1831
	校　长（园长）	培　训	9115、9605、9721、9804、1726
		任职、职责	9606、1501
	心理健康辅导		0225、0819、1234
	学前班		8615、9116、9443、9601
	学前教育三年行动计划		1046、1109、1129、1130、1426、1430、1716、1718
	学前教育宣传月		1218、1316、1414、1511、1615、1717、1822
	学前教育巡回支教试点工作		1216、1318、1411
	学生体质健康		7812、9821、9920、0612、0908、1626
	学生、学校（幼儿园）安全		8619、9118、9523、9610、9811、9813、0022、0211、0403、0425、0430、0431、0433、0435、0504、0508、0511、0605、0620、0623、0625、0702、0708、0713、0804、0816、0829、0903、0909、1007、1018、1021、1039、1124、1314、1507、1515、1613、1616、1627、1630、1631、1710、1715、1721、1816、1820
	学校（幼儿园）财务管理		8745、0834、1235
	学校（幼儿园）党的建设		9433、0012、1619
	学校（幼儿园）基本建设		8004、8732、8819、9311、9906、1611
	学校（幼儿园）体育、卫生工作		7807、7901、8013、8529、8629、8726、8822、9017、9444、0233、0302、0315、0318、0616、0619、0631、0632、0826、0910、1029、1037、1612

（续表）

索引词拼音首字母	索引词	条　目
X	学校（幼儿园）治安综合治理	9221、9638、0013、0228、0416、1020
Y	依法治校	9922、0317、1233
	幼儿园工作规程	8918、8935、9612、9626、1602
	幼儿园管理条例	8924、8935
	幼儿园教育纲要	8121、8317、0117
	优秀成果奖	8902、9010、9409、9708、1422
	预防未成年人违法犯罪	9915、0011、0416、0436、0503、0519、0601
	语言文字工作	8601、8618 、9128、1328
Z	政府工作报告	7804、7909、8010、8123、8211、8311、8405、8507、8608、8711、8808、8906、9007、9108、9213、9312、9408、9509、9611、9703、9805、9904、0005、0105、0210、0304、0409、0505、0610、0703、0803、0904、1011、1113、1209、1310、1407、1505、1609、1709、1811
	治理“三乱”	9027、9102、9105、0312、0314、0321、0322、0407、0608、0614、1015、1016、1322、1514
	中国关工委	9013、9634、1039
	中国教育电视台	8737、8916
	中国学前教育研究会	9210、9530、9921、0124、0229、0331、0410
	中国幼儿园园长大会	0629、1027
	最大失误问题	8907、8908、8912
	尊重知识、尊重人才	7701、8611